AMERIKANISHER
BRIEFEN-SHTELER

Alexander Harkavy

•

Permanent preservation of this book was made possible by
Aaron Lansky
in honor of
the members of the National Yiddish Book Center

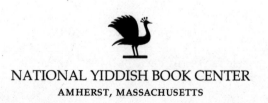

NATIONAL YIDDISH BOOK CENTER
AMHERST, MASSACHUSETTS

THE STEVEN SPIELBERG DIGITAL YIDDISH LIBRARY PROVIDES
ON-DEMAND REPRINTS OF MODERN YIDDISH LITERATURE

ORDERS MAY BE PLACED BY PHONE AT (413) 256-4900 X149; BY FAX AT
(413) 256-4700; BY E-MAIL AT ORDERS@BIKHER.ORG; OR BY MAIL AT
NATIONAL YIDDISH BOOK CENTER, 1021 WEST STREET,
AMHERST, MA 01002-3375 U.S.A.

•

MAJOR FUNDING FOR THE
STEVEN SPIELBERG DIGITAL YIDDISH LIBRARY
WAS PROVIDED BY:
Righteous Persons Foundation
Lloyd E. Cotsen Trust
Harry and Jeanette Weinberg Foundation
David and Barbara B. Hirschhorn Foundation
Robert Price
Sarah and Ben Torchinsky
The Seymour Grubman Family
Lief D. Rosenblatt
AND MEMBERS AND FRIENDS OF THE
National Yiddish Book Center

•

The *goldene pave,* or golden peacock, is a traditional
symbol of Yiddish creativity. The inspiration for our
colophon comes from a design by the noted artist
Yechiel Hadani of Jerusalem, Israel.

BOOK DESIGN BY PAUL BACON

PRINTED IN THE U.S.A. ON ACID-FREE PAPER

האַרקאַוויס

אַמעריקאַנישער בריעפען-שטעלער,

ענגליש און יידיש.

ענטהאלט :

געשעפטס-בריעף, פאמיליענ-בריעף, ליעבע-בריעף, נאכפראגען, טעלעגראמען צו געבורטס-טעג
און חתונות, ידיעות פון פאסט, אייזענ-באהן און טעלעגראף, סטאטיסטיק און פער-
שיעדענע אנדערע וויכטיגע זאכען, אויך רעגלען צום לעזען און א בעזונדער
אבטהיילונג צו לערנען שרייבען.

דריטע פערבעסערטע און פערמעהרטע אויפלאגע.

מיט בעזונדערע ביילאגע :

בוכהאַלטונג פיר יידען.

HARKAVY'S

American Letter Writer

WITH USEFUL INFORMATION and A TREATISE ON BOOK KEEPING

ENGLISH AND YIDDISH.

Published by

THE HEBREW PUBLISHING COMPANY,

83-85-87 Canal Street, New York.

פאָרוואָרט
צו דער 3=טער אויפלאַגע.

מיט 10 יאָהר צוריק (אין 1892) איז ארויסגעגעבען געוואָרען מיין ערסטער ענגלישער בריעפענשטעלער פיר אידען. דיזער בריעפענשטעלער איז געווען א קליינער, נאָר ער איז געווען גרויס גענוג פיר דיא צייט אין וועלכע ער איז ערשיענען. אידען אין יענער צייט זיינען אין דיזען לאַנד געווען וועניגער וויא היינט, און דיא וואס זיינען געווען, זיינען נאָך ניט געווען געוועהנט צו אידיש־ענגלישע ווערק; אויך זיינען פערלעגער דאַן געשטאַנען אויף א קליינע שטופע און זייא האבען ניט געוואָלט פיעל ריזיקירען. דער ערסטער ענגלישער בריעפענשטעלער איז אָבער אוועקגעגאַנגען בעסער וויא געוואונשען און האט דערלעבט דריי אויפלאַגען.

זעהענדיג דעם ערפאָלג פון דעם ערסטען אידיש־ענגלישען בריעפענשטעלער איז מיין פערלעגער, מר. י. קאַצענעלענבאָגען, איינגעגאַנגען אויף דעם פּלאַן ארויס־צוגעבען א **גרויסעס** ווערק פיר קאָררעספּאָנדענץ אין ענגליש און אידיש און איך האב צוזאמענגעשטעלט דיזען „אמעריקאנישען בריעפענשטעלער“, וועלכער איז שוין דורכגעגאַנגען צוויי גרויסע אויפלאַגען און ערשיינט יעצט צום דריטען מאָל!

(דיזע אויפלאַגע ווערט ארויסגעגעבען פון דער „היברו פּאָבלישינג קאָמפּאַני“, פון וועלכע מר. קאַצענעלענבאָגען איז א מיטגליעד.)

אין דיזער 3טער אויפלאַגע פון דעם „אמעריקאנישען בריעפענשטעלער“ זיינען געמאַכט געוואָרען פיעלע פערבעסערונגען, ענדערונגען און פערמעהרונגען. עס זיינען אין איהר אויסגעבעסערט געוואָרען דרוק־פעהלער, וואס האבען זיך געפונען אין דיא פריהערדיגע אויסגאַבען; עס זיינען פיעלע זאכען געמאַכט געוואָרען לייכטער און פערשטענדליכער; עס זיינען צוגעגעבען געוואָרען בריעף, וואס זיינען נויטהיג אין פערזענליכען לעבען, וויא אויך אזעלכע, וואָס זיינען נויטהיג אין דעם לעבען פון קהילות; ענדליך איז אין דיזער אויפלאַגע צוגעגעבען געוואָרען א בעזונדערער גאַנצער טהייל: „**בוכהאלטונג פיר אידען**,“ פון וועלכען יעדער איד, וואס פערשטעהט נאָר אידיש, קען זיך אויסלערנען צו פיהרען זיינע אייגענע געשעפטסביכער.

איך האָף, דאס דיזע נייע אויפלאַגע פון „אמעריקאנישען בריעפענשטעלער“ וועט פיעל מעהר צופריעדען שטעלען וויא זיינע פריהערדיגע אויסגאַבען.

ניו יאָרק, פעברואר 3, 1902. **אלכסנדר הארקאַווי.**

אינהאלטס פערצייכניס.

דריטער טהייל.

וויכטיגע ידיעות.

אייזענבאהנען.

ערסטער טהייל.

רעגלען צום לעזען.

§ 1. דיא בוכשטאַבען.

1. געדרוקטע.

Aa	Bb	Cc	Dd	Ee	Ff	Gg	Hh	Ii	Jj	Kk	Ll	Mm
אֵיי	בי	סי	די	אי	עף	דזשי	אֵייטש	אַי	דזשיי	קיי	על	עם

Nn	Oo	Pp	Qq	Rr	Ss	Tt	Uu	Vv	Ww	Xx	Yy	Zz
ען	אָו	פּי	קיו	אַר	עס	טי	יו	ווי	דאָבל־יו	עקס	ואַי	זעד

2. געשריעבענע.

Aa Bb Cc Dd Ee Ff Gg Hh Ii Jj

Kk Ll Mm Nn Oo Pp Qq Rr Ss

Tt Uu Vv Ww Xx Yy Zz.

§ 2. איינטהיילונג פון דיא בוכשטאַבען.

נאָך זייערע קלאַנגע ווערען דיא בוכשטאַבען איינגעטהיילט אין וואָקאלען (vowels וואַו׳עלז) און קאָנסאָנאנטען (consonants קאָנ׳סאָנאַנטס).

וואָקאלען הייסען בוכשטאבען, וועלכע קענען אויסגעזאָגט ווערען אליין, אָהן דער הילף פון אַנדערע בוכשטאַבען.

קאָנסאָנאַנטען הייסען בוכשטאַבען, וועלכע קענען ניט אויסגעזאָגט ווערען אַליין, נייערט זיי פאָדערען דיא הילף פון אַנדערע בוכשטאַבען.

דיא וואָקאַלען זיינען: **a, e, i, o, u, y**; דיא קאָנסאָנאַנטען — דיא אַלע איבעריגע בוכשטאַבען פון דעם איי־בי־סי: **b, c, d, f, g, h** או. אז. וו.

§ 3. קלענגע פון דיא וואָקאַלען.

a האט פינף קלענגע: 1) אֵי, 2) אַע (אין איינעם), 3) אַ, 4) אָא (אין איינעם) און 5) ע (עטוואָס געצויגען); צ. ב.

ape	*ape*	אֵייפ	אַן אַפע
pan	*pan*	פּאַען	אַ פּאַן
hard	*hard*	האַרד	האַרט
tall	*tall*	טאָאַל	הויך
fare	*fare*	פע'ר	שפּייז

e האָט דריי קלענגע: 1) אִי, 2) ע און 3) אֶי; צ. ב.

eve	*eve*	איוו	אָבענד
bed	*bed*	בעד	אַ בעט
pert	*pert*	פּאֶירט	מונטער

i האָט דריי קלענגע: 1) אַי, 2) אִי (קורץ) און 3) אֶי; צ. ב.

time	*time*	טאַים	צייט
still	*still*	סטילל	שטיל
first	*first*	פאֶירסט	ערסט

o האָט פיער קלענגע: 1) אָו, 2) אָ, 3) אַ און 4) או; צ. ב.

told	*told*	טאָולד	געזאָגט
love	*love*	לאָוו	ליעבע
stop	*stop*	סטאָפּ	אָבשטעלען
move	*move*	מו'וו	ריהרען

u האָט פיער קלענגע : 1) יוּ, 2) אָ, 3) א[illegible]און 4) אָי ; צ. ב.

tube	*tube*	טיוב	אַ רעהר
but	*but*	באָט	אָבער
full	*full*	פולל	פול
burn	*burn*	באָירן	ברענען

y האט דריי קלענגע : 1) אַי, 2) אי (קורץ) און 3) אָי ; צ. ב.

type	*type*	טאַיפּ	אַ בילד
stony	*stony*	סטאָוּני	שטיינערדיג
myrtle	*myrtle*	מאָירטל	אַ מירטהע

§ 4. אויסשפּראַכע פון דיא צוזאַמענגעזעצטע וואָקאַלען.

דיא צוזאמענגעזעצטע וואָקאלען זיינען : **ai, au, aw, ay, ea, eau, ee, ei, eo, ew, ey, ie, iew, oa, oi, oo, ou, ow, oy, ui.**

ai ווערט געלעזען אין מאנכע ווערטער אֵיי און אין מאנכע ע ; צ. ב.

pail	*pail*	פּייל	אַן עמער
said	*said*	סעֶד	געזאָגט

au ווערט געלעזען אָאַ, אַ און אַע ; צ. ב.

laud	*laud*	לאָאַד	לויבען
launch	*launch*	לאַנטש	העראָבלאָזען
aunt	*aunt*	אַענט	מוהמע

aw ווערט געלעזען אָאַ ; צ. ב.

law	*law*	לאָאַ	אַ געזעץ
crawl	*crawl*	קראָאַל	קריעכען

ay ווערט געלעזען אֵי ; צ. ב.

day	*day*	דיי	אַ טאָג
staying	*staying*	סטיי'אינג	בלייבען

ea ווערט געלעזען אַי (געצ..ייגען), ע, אַיי און אַ; צ. ב.

heat	*heat*	הי־ט	הײן
lead	*lead*	לעד	בלײַ
great	*great*	גרייט	גרויס
heart	*heart*	האַרט	אַ הערץ

eau ווערט געלעזען יו און אָו; צ. ב.

beauty	*beauty*	ביוטי	שעהנהײט
beau	*beau*	באָו	אַ ליעבהאָבער

ee ווערט געלעזען אַי (געצווייגען); צ. ב.

sweet	*sweet*	סווי־ט	זיס
keep	*keep*	קי־פּ	האַלטען

ei ווערט געלעזען אַי (געצווייגען:) און אַי; צ. ב.

weir	*weil*	ווי־ר	אַ וואַסער־וואַנד
rein	*rein*	רײַן	אַ לײַצע

eo ווערט געלעזען אַי (געצווייגען) און ע; צ. ב.

people	*people*	פּי־פּל	אַ פֿאָלק
leopard	*leopard*	לע־פּאָרד	אַ לעמפּערט

eu און **ew** ווערען געלעזען יו; צ. ב.

feud	*feud*	פֿיוד	אַ שטרײַט
new	*new*	ניו	נײַ

ey ווערט געלעזען אַי און אַיי; צ. ב.

money	*money*	מאַ׳ני	געלט
grey	*grey*	גריי	גרוי

ie ווערט געלעזען אַי (געצויגע) און אַי ; צ. ב.

field	*field*	פי־לד	אַ פעלד
lie	*lie*	לאַי	ליעגען

iew ווערט געלעזען יו ; צ. ב.

view	*view*	וויו	אַ בליק
review	*review*	ריוויו	איבערזעהן

oa ווערט געלעזען אָו און אָאַ ; צ. ב.

boat	*boat*	באָוט	אַ שיפעל
broad	*broad*	בראָאַד	ברייט

oi ווערט געלעזען אָי ; צ. ב.

oil	*oil*	אָיל	אויל
boil	*boil*	באָיל	קאָכען

oo ווערט געלעזען או (אין מאַנכע ווערטער געצויגען און אין מאַנכע קורץ) ; צ. ב.

hoop	*hoop*	הו־פּ	אַ רייף
book	*book*	בוק	אַ בוך

ou ווערט געלעזען אַו, אָו, אָ און או (עבּוואָם געצויגען) ; צ. ב.

proud	*proud*	פּראַוד	שטאָלץ
soul	*soul*	סאָול	אַ נשמה
couple	*couple*	קאָפּל	אַ פּאָאַר
coupon	*coupon*	קו־פּאָן	אַ קופּאָן

ow ווערט געלעזען אָו און אַו ; צ. ב.

low	*low*	לאָו	ניעדריג
bow	*bow*	באַו	זיך בוקען

oy ווערט געלעזען אָי ; צ. ב. .

boy	*boy*	באָי	אַ ייגגעל
toy	*toy*	טאָי	אַ שפּיעל־צייג

ui ווערט געלעזען יו, או (נאָך r), אי און אַי ; צ. ב.

suit	*suit*	סיוט	אַן אנצוג
fruit	*fruit*	פרו"ט	פרוכט
build	*build*	בילד	בויען
guide	*guide*	גאַיד	פיהרען

§ 5. אויסשפּראַכע פון **c, g, s, t, v, w, x, z**.

c האָט דריי קלאַנגע : 1) ס, 2) ק און 3) ש. וויא ס ווערט **c** געלעזען פאר **e, i, y** ; וויא ש — פאר **ia, ie, io** ; וויא ק — אין אלע אנדערע פעלע ; צ. ב.

face	*face*	פּיים	אַ געזיכט
cell	*cell*	סעלל	אַ צימערל
cist	*cist*	סיסט	אַ קאַסטען
city	*city*	סי'טי	אַ שטאָדט
cygnet	*cygnet*	סיג'נעט	אַ שוואַן
cycle	*cycle*	סאַיקל	אַ קייקעל

---

special	*special*	ספּע'שיאָל	ספּעציעל
musician	*musician*	מיוזי'שיאָן	אַ מוזיקער
ancient	*ancient*	אֵיינ'שיאָנט	אלט
suspicion	*suspicion*	סאָספּי'שיאָן	פערדאַכט
delicious	*delicious*	דילי'שיאָס	געשמאַק

---

cape	*cape*	קייפּ	אַ קאָלנער
cone	*cone*	קאָון	אַ שישקע
cut	*cut*	קאַט	שניידען
cure	*cure*	קיור	היילען
curb	*curb*	קאָירב	קרימען
act	*act*	אֶקט	אַן אַקט
fact	*fact*	פֿאֶקט	אַ פֿאַקט
clean	*clean*	קליין	ריין
club	*club*	קלאָבּ	אַ קלוב
crime	*crime*	קראַים	אַ פֿערברעכען
panic	*panic*	פּאֶ'ניק	אַ שרעק
public	*public*	פּאָבּ'ליק	א פּובּליקום

☞ ווען **c** שטעהט ניט פֿאר **e, i, y** אָדער פֿאר **ia, io, ie** ווערט עס אימער געלעזען וויא ק.

g האָט צוויי קלאַנגע: 1) דזש און 2) ג. וויא דזש ווערט **g** געלעזען פֿאר **e, i, y**; וויא ג אין אַלע אַנדערע פֿעלע; צ. ב.

age	*age*	אֵיידזש	דאָס אַלטער
gem	*gem*	דזשעם	אַן עדעלשטיין
gin	*gin*	דזשין	שנאַפּס
ginger	*ginger*	דזשינ'דזשער	אינגבער
clergy	*clergy*	קלאָיר'דזשי	פּריעסטערשאַפֿט
gymnastics	*gymnastics*	דזשימנאֶס'טיקס	גימנאַסטיק

---

big	*big*	בּיג	גרויס
dog	*dog*	דאָג	אַ הונד
gab	*gab*	גאֶבּ	אַ מויל

game	*game*	גיים	אַ שפיעל
fling	*fling*	פלינג	שליידערן
grind	*grind*	גראַינד	מאָהלען
gum	*gum*	גאָם	גומע
long	*long*	לאָנג	לאַנג
peg	*peg*	פעג	אַ טשוועקעל
stag	*stag*	סטאַג	אַ הירש
tug	*tug*	טאַג	ציעהען
glass	*glass*	גלאַסס	גלאָז
great	*great*	גרייט	גרויס

S האָט פיער קלאַנגען: 1) ס, 2) ז, 3) ש און 4) זש. וויא ש אָדער זש ווערט **S** געלעזען פאר **ia, ie, io, u**; וויא ס אָדער ז — אין אַלע אנדערע פעלע; צ. ב.

Asia	*Asia*	איי'זשיאָ	אזיען
Asiatic	*Asiatic*	אייזשיאָ'טיק	אזיאַטיש
transient	*transient*	טריינ'שיענט	פערגענגליך
decision	*decision*	דיסי'זשיאָן	אַ בעשייד
occasion	*occasion*	אָקקיי'זשיאָן	אַ געלעגענהייט
excursion	*excursion*	עקסקאָיר'שיאָן	אַ שפּאַציר־פאָהר
sure	*sure*	שור	זיכער
pleasure	*pleasure*	פלע'זשור	פערגניגען

t האָט דריי קלאַנגען: 1) ט, 2) טש און 3) ש. וויא טש ווערט **t** געלעזען פאר **eo**, פאר **u** און צווישען **s—ia, s—io**; וויא ש — פאר **ia, ie, io**; אין אַלע אנדערע פעלע — וויא ט; צ. ב.

beauteous	*beauteous*	ביו'טשיאָס	זעהר שעהן
actual	*actual*	אַק'טשואַל	ווירקליך
picture	*picture*	פּיק'טשור	אַ בילד

partial	*partial*	פּאַר׳שיאָל	פּאַרטייאיש
patient	*patient*	פּיי׳שיענט	געדולדיג
nation	*nation*	ניי׳שיאָן	אַ נאַציאָן

---

take	*take*	טייק	נעהמען
ten	*ten*	טען	צעהן
hot	*hot*	האָט	היים
battle	*battle*	באָטל	אַ שלאַכט
turn	*turn*	טאָירן	דרעהען

V ווערט געלעזען איינפאַך וויא װ ; צ. ב.

vast	*vast*	וואָסט	זעהר גרויס
vest	*vest*	וועסט	אַ וועסט
vein	*vein*	וויין	אַן אָדער

W ווערט געלעזען וויא װ קוים בעריהרט מיט דיא ליפּען, דאָס קומט אויס א ביסעל עהנליך צו דעם וואָקאַל ו ; צ. ב.

wall	*wall*	ואָאָל	אַ וואַנד
west	*west*	ועסט	וועסט־זייט
will	*will*	ואילל	אַ ווילען
wind	*wind*	ואינד	אַ ווינד

X האָט פיער קלענגע : 1) קס, 2) גז, 3) קש און 4) ז. וויא קש ווערט X געלעזען פאַר io אָדער פאַר u ; וויא ז — אין דעם אָנפאַנג פון אַ וואָרט ; צ. ב.

complexion	*complexion*	קאָמפּלעק׳שיאָ:	געזיכטס־פאַרב
luxury	*luxury*	לאָק׳שורי	לוקסוס
xyster	*xyster*	זיס׳טעד	אַ שאָב־מעסער

---

ax	*ax*	אָקס	אַ האַק

fox	*fox*	פאָקס	אַ פוקס
buxom	*buxom*	באָק׳סאָם	מונטער

---

example	*example*	עגזאַמ׳פל	אַ ביישפיעל
exist	*exist*	איגזיסט׳	עקסיסטירען
luxuriant	*luxuriant*	לאַגזיו׳ריאָנט	רייכליך

z האָט צוויי קלענגע: 1) ז און 2) זש. וויא זשווערט **z** געלעזען פאר **ie** און פאר **u**; צ. ב.

glazier	*glazier*	גליי׳זשער	אַ גלעזער
azure	*azure*	איי׳זשור	־לויקייט

---

zinc	*zinc*	זינק	צינק
graze	*graze*	גרייז	עסען גראָז
seize	*seize*	סי־ז	כאַפּען

§ 6.- b, d, f, h, j, k, l, m, n, p, q, r.

b ווערט געלעזען וויא ב; צ. ב.

bid	*bid*	ביד	בעטען
blast	*blast*	בלאָסט	בלאָזען
bind	*bind*	באַינד	בינדען

d ווערט געלעזען וויא ד; צ. ב.

deck	*deck*	דעק	דעקען
dull	*dull*	דאָלל	דול
dame	*dame*	דיים	דאַמע

f ווערט געלעזען וויא פ; צ. ב.

fast	*fast*	פאָסט	פעסט

fire	*fire*	פאַיר	פייער
full	*full*	פולל	פול

h ווערט געלעזען וויא ה; צ. ב.

hand	*hand*	האַנד	האַנד
hind	*hind*	האינד	הינטער
home	*home*	האָום	היים

j ווערט געלעזען וויא דזש; צ. ב.

jam	*jam*	דזשאַם	קוועטשען
joke	*joke*	דזשאָוק	אַ שפּאַס
jump	*jump*	דזשאַמפּ	שפּרינגען

k ווערט געלעזען וויא ק; צ. ב.

keg	*keg*	קעג	אַ פּעסעל
kind	*kind*	קאַינד	פריינדליך
kitten	*kitten*	קיט׳טען	אַ קעצעלע

l ווערט געלעזען וויא ל; צ. ב.

land	*land*	לאַנד	לאַנד
long	*long*	לאָנג	לאַנג
lust	*lust*	לאַסט	לוסט

m ווערט געלעזען וויא מ; צ. ב.

market	*market*	מאַר׳קעט	מאַרק
more	*more*	מאָור	מעהר
must	*must*	מאַסט	מוזען

n ווערט געלעזען וויא נ; צ. ב.

name	*name*	ניים	נאָמען
neat	*neat*	ני״ט	נעט
number	*number*	נאַמ׳בער	נומער

p ווערט געלעזען וויא פּ; צ. ב.

party	*party*	פּאַר'טי	פּארטיי
peck	*peck*	פּעק	פּיקען
post	*post*	פּאָוסט	פּאָסט

qu ווערט געלעזען וויא קוו; צ. ב.

quash	*quash*	קוואָש	קוועטשען
quit	*quit*	קוויט	קוויט

r ווערט געלעזען וויא ר; צ. ב.

rat	*rat*	ראַט	ראַץ
rest	*rest*	רעסט	רעסט
rum	*rum*	ראָם	ראָם

§ 7. קלענגע פון דיא צוזאַמענגעזעצטע קאָנסאָנאַנטען.

דיא צוזאמענגעזעצטע קאָנסאָנאַנטען זיינען: **ch, gh, ph, qu, sh, sch, th, wh.**

ch ווערט געלעזען וויא טש, ק און ש (מעהרסטענס וויא טש); צ. ב.

chat	*chat*	טשאָט	פלוידערן
cheese	*cheese*	טשי־ז	קעז
child	*child*	טשאילד	אַ קינד
chop	*chop*	טשאַפּ	האַקען

---

character	*character*	קאָ'ראָקטער	אַ כאַראַקטער
chorus	*chorus*	קאָו'ראָס	אַ כאָר

---

machine	*machine*	אָשין'	אַ מאַשין
chemise	*chemise*	'מיז	אַ פרויענ'

gh ווערט אין מאַנכע ווערטער געלעזען וויא פ ; צ. ב.

laugh	*laugh*	לאַף	לאַכען
draught	*draught*	דראַפט	אַ צוג
enough	*enough*	אינ'אַף'	גענוג
cough	*cough*	קאָף	הוסטען

ph ווערט געלעזען וויא פ ; צ. ב.

phosphor	*phosphor*	פאָס'פאָר	שוועבעל
philosopher	*philosopher*	פילאָ'סאָפער	אַ פילאָזאָף

qu ווערט געלעזען וויא קוו ; צ. ב.

quack	*quack*	קוואַק	קוואַקען
quit	*quit*	קוויט	קוויט

sh ווערט געלעזען וויא ש ; צ. ב.

shame	*shame*	שיים	שאַנדע
shed	*shed*	שעד	פערגיעסען
dish	*dish*	דיש	אַ שיסעל

sch ווערט געלעזען וויא סק ; צ. ב.

scholar	*scholar*	סקאַ'לער	שילער
school	*school*	סקו־ל	שולע
schooner	*schooner*	סקו־'נער	אַ שיפעל

th האָט צוויי קלענגע: אַ ווייכען און אַ האַרטען. דער ווייכער קלאַנג איז וויא ז אויסגעשפראָכען מיט דער צונג צווישען דיא צייהנער; דער האַרטער — וויא ס אויסגעשפראָכען מיט דער צונג צווישען דיא צייהנער.

☞ דעם ווייכען קלאַנג פון th וועלען מיר דאָ בעצייכנען מיט דה, דעם האַרטען — מיט טה: צ. ב.

that	*that*	דהאָט	דאָס
bathe	*bathe*	בּיידה	באָדען

thank	*thank*	טהאַנק	דאַנקען
thin	*thin*	טהין	דין
thunder	*thunder*	טהאַנ'דער	דונער

wh ווערט געלעזען וויא הוו, דאָס הייסט, מיט דעם קלאַנג פון **h** פאר'ן **w** (hw); צ. ב.

what	*what*	הוואַט	וואָס
whale	*whale*	הוויל	אַ וואַהל־פיש
when	*when*	הוועז	ווען
which	*which*	הוויטש	וועלכער

§ 8. שטומע בוכשטאַבען.

דיא בוכשטאַבען **b, e, g, h, k, l, n, t, gh** זיינען אין געוויסע פעלע שטום, דאָס הייסט, זיי ווערען ניט אויסגעשפראָכען.

b איז שטום פאר **t** און נאָך **m**; צ. ב.

debt	*debt*	דעט	אַ שולד
doubt	*doubt*	דאַוט	אַ צווייפעל
lamb	*lamb*	לאַם	אַ לאַם
climb	*climb*	קלאַים	קלעטערן
dumb	*dumb*	דאַם	שטום
tomb	*tomb*	טום	אַ קבר

e איז שטום צו ענדע פון ווערטער, וועלכע האָבען אויסער איהם נאָך איינעם אָדער מעהרערע וואָקאַלען; צ. ב.

name	*name*	ניים	אַ נאָמען
life	*life*	לאַיף	לעבען
fine	*fine*	פאַין	פיין
force	*force*	פאָורס	מאַכט

true	*true*	טרו	ריכטיג
tube	*tube*	טיוב	אַ רעהר

g איז שטום פאַר **n** ; צ. ב.

gnat	*gnat*	נאַט	אַ קאָמאַר
gnaw	*gnaw*	נאָא	גריזשען
sign	*sign*	סאַין	אַ צייכען
reign	*reign*	ריין	רעגיערען

h איז שטום אין אונבעשטימטע פעלע (אין ניט פיעלע ווערטער), וויא אין:

honor	*honor*	אַ׳נאָר	עהרע
honest	*honest*	אַ׳נעסט	עהרליך
hour	*hour*	אַור	אַ שטונדע

k איז שטום פאַר **n** ; צ. ב.

knave	*knave*	נייוו	אַ שורקע
knife	*knife*	נאַיף	אַ מעסער
knob	*knob*	נאָב	אַ קנאָפּ

l איז שטום צווישען **a–f**, **a–k**, **a–m**, **a–v** און **o–k** ; צ. ב.

calf	*calf*	קאַף	אַ קאַלב
half	*half*	האַף	האַלב
talk	*talk*	טאָאַק	רעדען
calm	*calm*	קאַם	רוהיג
calves	*calves*	קאַווז	קעלבער

n איז שטום נאָך **l** און נאָך **m** ; צ. ב.

kiln	*kiln*	קיל	אַ ברענ־אויווען
damn	*damn*	דאַם	פערדאַמען

p איז שטום אין אָנפאנג ווארט פאר **s** און פאר **t** ; צ. ב.

psalm	*psalm*	סאַלם	פסאַלם (מזמור)
psalter	*psalter*	סאָל'טער	דער תהלים
ptisan	*ptisan*	טי'זאַן	גערשטענ־וואַסער

t איז שטום אין דיא צוזאמענזעצונגען **stle** (אָדער stl) און **sten** ; צ. ב.

nestling	*nestling*	נעס'לינג	נעסט־פויגעל
whistle	*whistle*	הוויסל	פייפען
rustle	*rustle*	ראַסל	רוישען
thistle	*thistle*	טהיסל	אַ דאָרן
fasten	*fasten*	פאַסן	בעפעסטיגען
hasten	*hasten*	הייסן	איילען
listen	*listen*	ליסן	צוהערען

gh איז שטום נאָך **i** און אין אייניגע ווערטער נאָך **au** און **ou** ; צ. ב.

night	*night*	נאַיט	נאַכט
sigh	*sigh*	סאַי	אַ זיפץ
taught	*taught*	טאָאַט	געלערנט
dough	*dough*	דאָו	טייג

☞ אין דער יידישער איבערגעבונג פון ענגלישע ווערטער, וואָס וועלען פאָרקומען אין דיזען בוך, וועלען דיא אונגעוועהנליכע ענגל'שע קלענגע בעצייכענט ווערען אַזוי :

אֶע דורך אֶ	אִי געצויגען, דורך אִי־
אָא „ אָ־	או „ „ אוּ־
ע געצויגען „ ע־	th הארטה „ טה
אי קורץ „ אִי	th ווייך „ דה

כללים צום אויסלעגען (ספעללען).

מעהרצאָהל.

דיא מעהרצאָהל פון זאַכען ווערט אין ענגליש בעצייכענט דורך דיא צוזעצונג פון דעם בוכשטאַב s ; צ. ב.

table	טייבל	אַ טיש	—	tables	טייבלז	טישען
garden	גאַרדן	אַ גאָרטען	—	gardens	גאַרדנז	גערטנער

אין אַלע ווערטער, וואָס ענדיגען זיך מיט ch, s, sh, x, z, ווערט פיר דיא מעהרצאָהל צוגעזעצט es ; צ. ב.

torch	טאָרטש	אַ פאַקעל	—	torches	טאָר'טשיז	פאַקלען
gas	גאָס	גאַז	—	gases	גאָ'סיז	גאַזען
glass	גלאָסס	אַ גלאָז	—	glasses	גלאָס'סיז	גלעזער
bush	בוש	אַ קוסט	—	bushes	בו'שיז	קוסטען
fox	פאָקס	אַ פוקס	—	foxes	פאָק'סיז	פוקסען
fez	פעז	אַ יאַרמולקע	—	fezes	פע'זיז	יאַרמולקעס

es ווערט אויך צוגעזעצט פיר דיא מעהרצאָהל אין ווערטער, וואָס ענדיגען זיך מיט o, פאַר וועלכען עס קומט א קאָנסאָנאַנט ; צ. ב.

hero	הי'ראָו	אַ העלד	—	heroes	הי'ראָוז	העלדען
cargo	קאַר'גאָו	לאַדונג	—	cargoes	קאַר'גאָיז	לאַדונגען
potato	פאָוטיי'טאָו	אַ קאַרטאָפעל	—	potatoes	פאָוטיי'טאָוז	קאַרטאָפלעס

אין ווערטער, וואָס ענדיגען זיך מיט y, פאַר וועלכען עס קומט א קאָנסאָ־נאַנט, ווערט y פערביטען אויף ies אין דער מעהרצאָהל ; צ. ב.

body	באַ'די	אַ קערפער	—	bodies	באַ'דיז	קערפערס
fly	פלאַי	א פליעג	—	flies	פלאַיז	פליעגען
ferry	פער'רי	אַ פאַראָם	—	ferries	פער'ריז	פאַראָמען

☞ מען דאַרף האָבען גוט אין זינען: דאָס y פערבייט זיך אין דער מעהרצאָהל אויף ie נאָר דאַן, ווען עס שטעהט פאַר איהם אַ קאָנסאָנאַנט, אָבער קיינמאָל ניט, ווען עס שטעהט פאַר איהם אַ וואָקאַל ; צ. ב.

boy	באָי	אַ יינגעל	—	boys	באָיז	יינגלאַך
day	דיי	אַ טאָג	—	days	דייז	טעג

אין מעהרערע ווערטער, וואָס ענדיגען זיך מיט f, ווערט f פערביטען אויף ves אין דער מעהרצאָהל; צ. ב.

leaf	לי־ף	אַ בלאַט	—	leaves	לי־ווז	בלעטער
thief	טהי־ף	אַ גנב	—	thieves	טהי־ווז	גנבים
loaf	לאָוף	אַ לאַבען	—	loaves	לאָ־ווז	לאַבענס
calf	קאָף	אַ קאַלב	—	calves	קאָ־ווז	קעלבער
half	האָף	אַ העלפט	—	halves	האָ:וז	העלפטען

☞ אין ווערטער, וואָס ענדיגען זיך אין oof, ff און אין דיא ווערטער chief, grief, gulf, dwarf ווערט קין ענדערונג ניט געמאַכט אין דער מעהרצאָהל — עס ווערט נאָר צו זיי צוגעזעצט דער בוכשטאַב s; צ. ב.

roof	רוּף	אַ דאַך	—	roofs	רו־פס	דעכער
proof	פרו־ף	אַ פראָבע	—	proofs	פרו־פס	פראָבעס
hoof	הו ף	אַ קאַפּיטע	—	hoofs	הו־פס	קאַפּיטעס
chief	טשי ף	אַן עלסטע	—	chiefs	טשי־פס	עלסטע
grief	גרי־ף	אַ שמערץ	—	griefs	גרי־פס	שמערצען
gulf	גאָלף	אַ שטראָם	—	gulfs	גאָלפס	שטראָמען
dwarf	דוואָ־רף	אַ קאַרליק	—	dwarfs	דוואָ־רפס	קאַרליקעס

אין ווערטער, וואָס ענדיגען זיך מיט te ווערט f פערביטען אויף v אין דער מעהרצאָהל; צ. ב.

life	לאַיף	דאָס לעבען	—	lives	לאַיווז	דיא לעבענס
wife	וואַיף	אַ פרוי	—	wives	וואַיווז	פרויען
knife	נאַיף	אַ מעסער	—	knives	נאַיווז	מעסערס

☞ פון דיזער רעגעל גיהען הערויס דיא ווערטער fife און strife, אין וועלכע f בלייבט ניט געענדערט:

fife	פאַיף	אַ טרובע	—	fifes	פאַיפס	טרובעס
strife	סטראַיף	אַ שטרייט	—	strifes	סטראַיפס	שטרייטע

דיא מעהרצאָהל פון דיא ווערטער man, woman, child, ox, foot, goose, tooth, louse, mouse ווערט ניט געמאַכט דורך דיא צוזעצונג פון s, נאָר אויף אַן אנדער ארט, וויא פאָלגט:

man	מאָן	אַ מענש	—	men	מען	מענשען
woman	וואו'מאָן	אַ פרוי	—	women	ווי'מען	פרויען
child	טשאַילד	אַ קינד	—	children	טשיל'דרען	קינדער

ox	אָקס	אַן אָקס	—	oxen	אָקסען	אָקסען
foot	פוּט	אַ פוּס	—	feet	פִּיט	פִּיס
goose	גוּס	אַ גאַנז	—	geese	גִיס	גענז
tooth	טוּטה	אַ צאָהן	—	teeth	טִיטה	צייהנער
louse	לאַוּס	אַ לויז	—	lice	לאַיס	לייז
mouse	מאַוּס	א מויז	—	mice	מאַיס	מייז

בעזיץ-פּאַל.

בעזיץ־פּאַל ווערט אָנגערופען דיא פאָרם פון א וואָרט, וועלכע בעצייכענט א בעזיצער אָדער בעזיצערין פון עפּעס, וויא דיא פאָרמען פון boy, lady, man אין דיא פאָלגענדע ביישפּיעלע:

the boy's book	דהי באָיז בוּק	דעם יינגעל'ס בּוּך
the lady's dress	דהי לייידיז דרעס	דיא דאַמע'ס קלייד
the man's hat	דהי מאָנז האָט	דעם מאַנ'ס הוט
the boys' books	דהי באָיז בוקס	דיא יינגלאַכ'ס בּיכער
the ladys' dresses	דהי לייידיז דרעס'סיז	דיא דאַמענ'ס קליידער
the men's hats	דהי מענז האָטס	דיא מענער'ס היט

דער בעזיץ־פּאַל פון ווערטער אין איינצאָהל ווערט געמאַכט דורך דיא צוזעצונג פון s' און אין מעהרצאָהל — דורך דיא צוזעצונג פון דעם צייכען ' אליין.

איינצאָהל.

the boy's	דהי באָיז	דעם יינגעל'ס
the lady's	דהי לייידיז	דיא דאַמע'ס

מעהרצאָהל.

the boys'	דהי באָיז	דיא יינגלאַכ'ס
the ladies'	דהי לייידיז	דיא דאַמענ'ס

דער בעזיץ־פּאַל פון דיא ווערטער man, woman, child, ox, foot, goose, tooth, mouse, louse ווערט סיי אין איינצאָהל סיי אין מעהרצאָהל געמאַכט דורך s' .

the man's	דעם מאַנ'ס	—	the men's	דיא מענער'ס
the woman's	די'א פרוי'ס	—	the women's	דיא פרויענ'ס
the child's	דאָס קינד'ס	—	the children's	ד'א קינדער'ס
the ox's	דעם אָקס'ס	—	the oxen's	דיא אָקסיינ'ס

או. אז. וו.

פערדאפלונג פון ענד-קאנסאנאנטען.

אין איינזילביגע ווערטער, וואס ענדיגען זיך מיט א קאנסאנאנט, פאר וועלכען עס קומט אן איינצעלנער וואקאל, ווערט דער ענד־קאנסאנאנט פערדאפעלט פאר די צוגעזעצטע ענדונגען er, est, ing, ed ; צ. ב.

hot	האט	הייס	—	hotter	האט׳טער	הייסער
red	רעד	רויטה	—	redder	רעד׳דער	רייטהער
bid	ביד	באטען	—	bidder	ביד׳דער	באטער
hat	האט	הוט	—	hatter	האט׳טער	הוט־מאכער
hop	האפ	שפרינגען	—	hopper	האפ׳פער	שפרינגער
tan	טאן	גערבען	—	tanner	טאנ׳נער	גערבער

hot	האט	הייס	—	hottest	האט׳טעסט	הייסעסט
red	רעד	רויטה	—	reddest	רעד׳דעסט	רויטהסט
snug	סנאג	בעקוועם	—	snuggest	סנאג׳געסט	בעקוועמסט

bid	ביד	באטען	—	bidding	ביד׳דינג	באטענד
fit	פיט	פאסען	—	fitting	פיט׳טינג	פאסענד
stop	סטאפ	אבשטעלען	—	stopping	סטאפ׳פינג	אבשטעלענד
tan	טאן	גערבען	—	tanning	טאנ׳נינג	גערבענד

stop	סטאפ	אבשטעלען	—	stopped	סטאפפט	אבגעשטעלט
rob	ראב	רויבען	—	robbed	ראבבד	גערויבט
gag	גאג	פערשטאפען	—	gagged	גאגגד	פערשטאפט
tan	טאן	גערבען	—	tanned	טאננד	געגערבט

mud	מאד	בלאטע	—	muddy	מאד׳די	בלאטיג
wit	וויט	וויץ	—	witty	וויט׳טי	וויציג
crag	קראג	פעלז	—	craggy	קראג׳גי	פעלזיג

דיא זעלבינע איז אויך דיא רעגעל פון צוויי־זילבינע ווערטער, וואס האבען דעם אקצענט (דעם דריק) אויף דער לעצטער זילבע ; צ. ב.

regret'	ריגרעט'	בעדויערן	—	regretted	ריגרעט'טער	בעדויערט
compel'	קאמפעל'	צווינגען	—	compelled	קאמפעללד'	געצוואונגען

דיא רעגעל פון all און full.

ווען דיא ווערטער all און full פעראייניגען זיך מיט אנדערע ווערטער ווערט אין זיי הערויסגעלאזען איין l ; צ. ב.

all·most — almost	א־ל'מאוסט	כמעט
all-ready — already	א־לרע'די	שוין
faith·full — faithful	פייטה'פול	טריי
hand-full — handful	האנד'פול	א הויפען

פערבייטונג פון דעם בוכשטאב y.

אין ווערטער, וואס ענדיגען זיך מיט y, פאר וועלכען עס קומט א קאנסאָנאנט, ווערט y פערביטען אין ie ביי דער צוזעצונג פון d אדער s, און אין i ביי דער צוזעצונג פון est, er ; צ. ב.

cry	קריי	שרייען	—	cried	קראיד	געשריען
carry	קא'רי	טראגען	—	carried	קא'ריד	געטראגען
tally	טאלי	שטימען	—	tallied	טאלי־ד	געשטימט

---

cry	קראי	שרייען	—	cries	קראיז	שרייט
carry	קא'רי	טראגען	—	carries	קא'ריז	טראגט
tally	טא'לי	שטימען	—	tallies	טא'ליז	שטימט

---

dry	דראי	טרוקען	—	drier	דראי'ער	טריקענער
happy	האפ'פי	גליקליך	—	happier	האפ'פיער	גליקליכער

---

dry	דראי	טרוקען	—	driest	דראי'עסט	טריקענסט
happy	האפ פי	גליקליך	—	happiest	האפ'פיעסט	גליקליכסט

פערבייטונג פון ie.

אין ווערטער, וואָס ענדיגען זיך מיט ie, ווערען דיזע בוכשטאַבען פערביטען אויף y ביי דער צוזעצונג פון ing; צ. ב.

iie	לאַי	ליעגען —	lying	לאַי׳אינג	ליעגענד
die	דאַי	שטאַרבען —	dying	דאַי׳אינג	שטאַרבענד

אויסלאָזונג פון e.

אין ווערטער, וואָס ענדיגען זיך מיט א שטומען e, ווערט דאָס e אויסגעלאָזען ביי דער צוזעצונג פון ing; צ. ב.

take	טייק	נעהמען —	taking	טיי׳קינג	נעהמענד
save	סייוו	רעטען —	saving	סיי׳ווינג	רעטענד
ride	ראַיד	רייטען —	riding	ראַי׳דינג	רייטענד

☞ פון דיזער רעגעל געהען הערויס דיא צוויי ווערטער dye (דאַי — פאַרבען) און singe (סינדזש — סמאַליען), וועלכע שרייבען זיך dyeing, singeing, אום זיי צו אונטער־שיידען פון דיא ווערטער dying (שטאַרבען) און singing (זינגען).

פערצייכניס פון דיא ענגלישע קלאַנגע.

1. וואָקאַל־קלאַנגע.

אַ, אַע, אַי, אַו, אֵי.

ע קורץ, ע געצויגען.

אִי קורץ, אִי געצויגען.

אָ, אָאַ, אָו, אָ׳.

או קורץ, או געצויגען, יו.

2. קאָנסאָנאַנטען־קלאַנגע.

ב, ג, ד, דזש, ה, וו שטאַרק, וו שוואַך, ז, זש, ט, טש, י, ל, מ, נ, ס, פ, ק, ר, ש, ז מיט דער צונג צווישען דיא צייהנער, ס מיט דער צונג צווישען דיא צייהנער.

וויא דיא קלאַנגע ווערען געשריעבען.

אָ ווערט געשריעבען דורך a, au, o; צ. ב.

far	פאַר	ווייט
launch	לאַנטש	הערונטערלאזען
stop	סטאָפ	אָבשטעלען

אַע ווערט געשריעבען דורך **a, au**; צ. ב.

man	מאַען	אַ מענש
aunt	אַענט	אַ מוהמע

אַי ווערט געשריעבען דורך **i, y, ei, ui**; צ. ב.

fine	פאַין	פיין
by	באַי	דורך
height	האַיט	הויכקייט
guide	גאַיד	פיהרען

אַו ווערט געשריעבען דורך **ou, ow**; צ. ב.

loud	לאַוד	הויך
now	נאַו	יעצט

אֵיי ווערט געשריעבען דורך **a, ai, ay, ea, ei, ey**; צ. ב.

name	ניים	אַ נאָמען
fail	פייל	פעהלען
day	דיי	אַ טאָג
great	גרייט	גרויס
their	דהייר	זייערער
they	דהיי	זיי

עֶ קורץ ווערט געשריעבען דורך **e**; צ. ב.

bed	בעד	אַ בעט
net	נעט	א נעץ

עֶ געצויגען פאַר **r** ווערט געשריעבען **a**; צ. ב.

fare	פע־ר	שפייז
care	קע־ר	זאָרג

אִי קורץ ווערט געשריעבען דורך **i, ui**; צ. ב.

fit	פיט	פאַסען
build	בילד	בויען

אֵי געצויגען ווערט געשריעבען דורך e, ea, ee, ei, eo, ey, ie צ. ב.

אַבענד	אי־וו	eve
טהעע	טי־	tea
פיהלען	פי־ל	feel
ענטוועדער	אי־דהער	either
אַ פעלד	פי־לד	field
געלד	מאָ־ני־	money
אַ פאָלק	פי־פל	people

אָ ווערט געשריעבען דורך o, u, ou; צ. ב.

אַ פאָרם	פאָרם	form
שניידען	קאָט	cut
אַ פאָאָר	קאָפל	couple

אָאַ ווערט געשריעבען דורך a, au, aw, oa; צ. ב.

פאַלען	פאָאַל	fall
לויבען	לאָאַר	laud
אַ געזעץ	לאָאַ	law
ברייט	בראָאַד	broad

אָו ווערט געשריעבען דורך o, ou, ow; צ. ב.

אַ לאָך	האָול	hole
שימעל	מאָולד	mould
ניעדריג	לאָו	low

אָי ווערט געשריעבען דורך oi, oy; צ. ב.

קאָכען	באָיל	boil
אַ יינגעל	באָי	boy

או ווערט געשריעבען דורך oo, ou, o, u; צ. ב.

אַ בוך	בוק	book
אַ קופאָן	קופאָן	coupon
טהאָן	דו	do
בעוועגען	מו־וו	move
לעגען	פוט	put

יו ווערט געשריעבען דורך **u, eu, ew**; צ. ב.

אַ נוץ	יוס	use
אַ שטרייט	פיוד	feud
נײַ	ניו	new

דיא רעגלען פון אַ און אָ.

ווען מען הערט, אָדער מען האָט אין זינען, דעם קלאַנג אַ פאַר r, שרייבט מען געוועהנליך a; צ. ב. far (פאַר), part (פאַרט), harm (האַרם).

ווען מען הערט דעם קלאַנג אַ פאַר אַנדערע בוכשטאַבען (דאָס הייסט ניט פאַר r) שרייבט מען o; צ. ב. shop (שאָפּ), bond (באַנד), stop (סטאָפּ).

ווען מען הערט דעם קלאַנג פון אָ פאַר r, שרייבט מען o; צ. ב. for (פאָר), lord (לאָרד), torn (טאָרן).

ווען מען הערט דעם קלאַנג אָ פאַר אַנדערע בוכשטאַבען (דאס הייסט ניט פאַר r) שרייבט מען u; צ. ב. but (באָט), must (מאָסט), tub (טאָב).

ב ווערט געשריעבען דורך **b**; צ. ב.

שלעכט	באֶד	bad
רויבען	ראָב	rob

ג ווערט געשריעבען דורך **g, gu**; צ. ב.

אַ טהויער	גייט	gate
אַ פוס	לעג	leg
פיהרען	גאַיד	guide
אַ בונד	ליג	league

ד ווערט געשריעבען דורך **d**; צ. ב.

אַ טאָג	דיי	day
משוגע	מאֶד	mad

דזש ווערט געשריעבען דורך **g, j**; צ. ב.

אַ סלאָי	דזשאַר	jar
גראַדע	דזשאָסט	just

gem	דזשעם	אַן עדעל־שטיין
rage	ריידזש	צאָרן

ה ווערט געשריעבען דורך h; צ. ב.

house	האַוס	אַ הויז
hinder	הינ׳דער	הינדערן

װ שטאַרק ווערט געשריעבען דורך V; צ. ב.

varnish	וואַר׳ניש	לאַקירען
vest	ווערסט	אַ ווערסט

װ שוואַך (כמעט ו) ווערט געשריעבען דורך W; צ. ב.

was	ואַז	געוועזען
west	ועסט	מערב־זייט

ז ווערט געשריעבען דורך Z, S; צ. ב.

rise	ראַיז	אויפשטעהן
lose	לוז	פערליערען
size	סאַיז	דיא גרויס
zero	זי׳ראָו	אַ נול
fez	פעז	אַ יאַרמולקע

זש ווערט געשריעבען דורך S, Z; צ. ב.

pleasure	פלע׳זשור	פערגניגען
glazier	גליי׳זשער	אַ גלעזער

ט ווערט געשריעבען דורך t; צ. ב.

turn	טאָירן	דרעהען
hat	האַט	אַ הוט

י ווערט געשריעבען דורך i, y; צ. ב.

boil	באַיל	קאָכען
young	יאָנג	יונג

ל ווערט געשריעבען דורך l; צ. ב.

lame	ליים	הינקעדיג
hold	האָולד	האַלטען

מ ווערט געשריעבען דורך **m** ; צ. ב.

man	מאָן	אַ מאַן
name	נייִם	אַ נאָמען

נ ווערט געשריעבען דורך **n** ; צ. ב.

nest	נעסט	אַ נעסט
find	פאַינד	געפינען

ס ווערט געשריעבען דורך **c, s** ; צ. ב.

cist	סיסט	אַ קאַסטען
face	פייס	אַ געזיכט
sun	סאָן	דיא זון
house	האַוס	אַ הויז

פּ ווערט געשריעבען דורך **p** ; צ. ב.

pin	פּין	אַ שפּילקע
lip	ליפּ	אַ ליפּ

פ ווערט געשריעבען דורך **f, ph, gh** ; צ. ב.

fan	פאָן	אַ פעכער
life	לאַיף	דאָס לעבען
phial	פאַי'אָל	אַ פלעשעל
laugh	לאָף	לאַכען

ק ווערט געשריעבען דורך **c, k, ck, q** ; צ. ב.

cat	קאָט	אַ קאַץ
almanac	אָ־ל'מאָנאָק	אַ לוח
kitten	קיטט'ן	אַ קעצעלע
pick	פּיק	קלייבען
antique	אָנטיקי'	אַלט

ווערט געשריעבען דורך **r** ; צ. ב.

run	ראָן	לויפען
far	פאַר	ווייט

ש ווערט געשריעבען דורך **c, s, sh, t**; צ. ב.

שיינען	שאַין	shine
שטיל!	האַש	hush
גנעדיג	גריי״שאַס	gracious
טאַדעל	סענ־שור	censure
נאַציאָן	ניי״שאַן	nation

ז אָדער ס, אויסגעשפּראָכען מיט דער צונג צווישען די צייהנער, ווערט געשריעבען דורך **th** (דה, טה); צ. ב.

דאָס	דהאָט	**that**
באָדען	ביידה	**bathe**
דיק	טהיק	**thick**
אַ באָד	באָטה	**bath**

וועגען איבערטראגען טהיילען פון ווערטער.

טהיילונג פון ווערטער אין זילבען.

ווען מען האַלט איין שרייבען ביי׳ן ענדיגען אַ צייַלע און עס איז ניטאָ גענוג אָרט פיר דאָס לעצטע וואָרט, קען מען אַ טהייל פון איהם שרייבען אין יענער צייַלע און דעם איבריגען טהייל איבערטראָגען צו דער צווייטער צייַלע; אָבער ביי אַזאַ איבערטראָגען מוז די טהיילונג פון דעם וואָרט געמאַכט ווערען נאָך דער איינטהיילונג פון זיינע זילבען.

אום צו טהיילען ווערטער נאָך זייערע זילבען מוז מען זיין בעקאַנט מיט די טהיילען, פון וועלכע זיי זיינען צוזאַמענגעשטעלט.

ווערטער בעשטעהען פון ו ו אָ ר צ ל ע ן און פון טהיילען, געוועהנליך איינזילבינע, וועלכע קומען צוגעזעצט פ אַ ר די וואָרצלען און נ אָ ך די וואָרצלען. די טהיילען, וואָס קומען פאַר די וואָרצלען, הייסען **פאָרזילבען**; **די, וואָס קומען נאָך די וואָרצלען**, הייסען נ אָ כ־ז י ל ב ע ן.

דיא פאָר־זילבען פון ענגלישע ווערטער זיינען געוועהנליך:

a	ag	as	dis	ic	oc
ab	al	at	em	in	of
ac	an	be	en	ir	op
ad	ap	de	ex	mis	re
af	ar	di	im	ob	se

צום ביישפיעל:

away — a-way
abstain — ab-stain
accuse — ac-cuse
advent — ad-vent
affirm — af-firm
aggress — ag-gres
allot — al-lot
annul — an-nul
apply — ap-ply
arrest — ar-rest
assist — as-sist
attend — at-tend
become — be-come
deduct — de-duct
divert — di-vert

distrust — dis-trust
empower — em-power
entangle — en-tangle
explain — ex-plain
import — im-port
include — in-clude
inspect — in-spect
irritate — ir-ritate
misplace — mis-place
object — ob-ject
occult — oc-cult
offend — of-fend
oppose — op-pose
receive — re-ceive
seclude — se-clude

דיא נאָך־זילבען פון ענגלישע ווערטער זיינען געוועהנליך:

age	dom	ful	ist	ment
al	ence	hood	ive	ness
ance	ent	ing	less	or
ant	er	ish	ly	ship

צום ביישפיעל:

bondage — bond-age
rental — rent-al
penance — pen-ance

mordant — mord-ant
kingdom — king-dom
presence — pres-ence

student — stud-ent
teacher — teach-er
handful — hand-ful
boyhood — boy-hood
farming — farm-ing
childish — child-ish
artist — art-ist
active — act-ive
useless — use-less
manly — man-ly
statement — state-ment
kindness — kind-ness
tenor — ten-or
friendship — friend-ship

safety — safe ty.

מאנכע ווערטער בעשטעהען בלויז פון ווארצלען, מאנכע האבען צו דיא ווארצלען צוגעזעצט נאר פאר־זילבען, מאנכע -- נאר נאכ־זילבען, און מאנכע — אי פאר־זילבען אי נאכ־זילבען; צ. ב.

vest

דיזעסווארט איז בלויז א ווארצעל.

invest

דיזעס ווארט בעשטעהט פון א ווארצעל און א פאר־זילבע (in).

vestment

דיזעס ווארט בעשטעהט פון א ווארצעל און א נאכ־זילבע (ment).

investment

דיזעס ווארט בעשטעהט פון א ווארצעל מיט א פאר־זילבע (in) און א נאכ־זילבע (ment).

מאנכע ווערטער האבען צוגעזעצט צום ווארצעל מעהר אלס איין פאר־זילבע אדער נאכזילבע; צ. ב.

disapprove — (dis, ap) צוויי פאר־זילבען

watchfulness — (ful, ness) צוויי נאכ־זילבען

ביי דער טהיילונג פון ווערטער אין זילבען דארף מען אבזונדערן דיא פאר־זילבען און דיא נאכ־זילבען פון דיא ווארצלען; צ. ב.

lively — live ly
livelihood live li-hood
office — of-fice.

ווען עס קומען פאָר אין אַ וואָרט דאָפּעלטע קאָנסאָנאַנטען, וויא dd, pp, tt או. אז. וו., דאַרף מען זיי ביי דער טהיילונג אָבזונדערן; צ. ב.

attempt — at-tempt
office — of-fice
rattle — rat-tle
stopped — stop-ped
patting — pat-ting

ed זיינען אימער אַ בעזונדערע זילבע, ווען זיי קומען נאָך אַ d אָדער אַ t; צ. ב.

handed — hand-ed
rested — rest-ed

es זיינען אימער אַ בעזונדער זילבע ווען זיי קומען צו בעצייכנען דיא מעהר־צאָהל פון זאכען אָדער דיא דריטע פּערזאָן פון צייטווערטער נאָך ch, s, sh, x, z; צ. ב.

churches — church-es
glasses — glass-es
gases — gas-es
boxes — box-es
fezes — fez-es

---

he reaches — reach-es
he catches — catch-es
he passes — passe-es
he washes — wash-es
he fixes — fix-es.

נעמען פון פערזאָנען.

1. מענליכע נעמען.

Aaron	Aaron	אָ׳ראָן (אהרן)
Abraham	Abraham	אֵייבּ׳ראָהאָם (אברהם)
Adolph	Adolph	אַ׳דאָלף
Albert	Albert	אַל׳בּערט
Alexander	Alexander	אָליגזאָנ׳דער
Alfred	Alfred	אַל׳פרעד
Arthur	Arthur	אַר׳טהור
Augustus	Augustus	אָגאָס׳טאָס
Barnet	Barnet	באַר׳ניעט
Benjamin	Benjamin	בּענ׳דזשאָמין
Bennett	Bennett	בּענ׳נעט
Bernard	Bernard	בּערנאַרד
Charles	Charles	טשאַרלז
Conrad	Conrad	קאָנ׳ראָד
David	David	דיי׳וויד (דוד)
Daniel	Daniel	דיי׳ניעל (דניאל)
Edward	Edward	עד׳וואַרד
Elias	Elias	עלאַי׳אָס (אליהו)
Emanuel	Emanuel	עמאָ׳ניעל (עמנואל)
Ephraim	Ephraim	אי׳פריים (אפרים)
Felix	Felix	פע׳ליקס
Francis	Francis	פראָנ׳סיס
Frank	Frank	פראָנק

Gabriel	Gabriel	גיי׳בריעל (גבריאל)
Gedaliah	Gedaliah	געדאָלאַי׳אַ (גדליה)
George	George	דזשאָרדזש
Gottlieb	Gottlieb	גאָטט׳ליעב
Harris	Harris	האָר׳ריס
Harry	Harry	האָר׳רי
Herbert	Herbert	הער׳בערט
Herman	Herman	הער׳מאַן
Hyman	Hyman	האַי׳מאָן
Isaac	Isaac	אַי׳זאָק (יצחק)
Isidor	Isidor	אי׳סידאָר
Israel	Israel	איז׳רייעל (ישראל)
Jacob	Jacob	דזשיי׳קאָב (יעקב)
John	John	דזשאָהן
Joseph	Joseph	דזשאָ׳זעף (יוסף)
Judah	Judah	דזשו׳דאַ (יהודה)
Lazarus	Lazarus	לאַ׳זאַראָס (לייזער, אליעזר)
Leon	Leon	לי׳אָן
Leopold	Leopold	לי׳אָפּאָלד
Louis	Louis	לואי, לואיס
Marcus	Marcus	מאַר׳קאָס
Mark	Mark	מאַרק
Matthew	Matthew	מאָט׳טיו
Morris	Morris	מאָר׳ריס
Moses	Moses	מאָו׳זעס (משה)

Naphthali	Naphthali	נאַפטהאַ'לי (נפתלי)
Nathan	Nathan	ניי'טהאָן (נתן)
Nicholas	Nicholas	ני'קאָלאַס
Noah	Noah	נאָו'אַ (נח)
Oliver	Oliver	אָ'ליווער
Oscar	Oscar	אָס'קאַר
Paul	Paul	פאָ"ל
Peter	Peter	פי'טער
Philip	Philip	פי'ליפ
Reuben	Reuben	רעאו'בען (ראובן)
Robert	Robert	ראָ'בערט
Samson	Samson	סאֶמ'סאָן (שמשון)
Samuel	Samuel	סאֶמיועל (שמואל)
Simon	Simon	סאַי'מאָן (שמעון)
Solomon	Solomon	סאָ'לאָמאָן (שלמה)
Theodore	Theodore	טהי'אָדאָר (טודרוס)
Thomas	Thomas	טהאָ'מאַס
Tobias	Tobias	טאָובאַי'אַס (טוביה)
Ulysses	Ulysses	אָליס'סעס
Uriah	Uriah	יוראַי'אַ (אוריה)
Victor	Victor	וויקטאָר
Walter	Walter	וואָל'טער
William	William	ווילל'יאַם
Zacchoriah	Zacchoriah	זאַקקאָראַי'אַ (זכריה)
Zadok	Zadok	זאַ'דאָק (צדוק)

2. ווייבליכע נעמען.

Adelle	Adelle	אַדעלל׳
Alice	Alice	אֶ׳ליס
Amy	Amy	אַיי׳מי
Anna	Anna	אַנ׳נאַ
Annie	Annie	אֶנ׳ני
Barbara	Barbara	בּאַרבּאַ׳ראַ
Bella	Bella	בּעל׳לאַ
Belle	Belle	בּעלל
Bertha	Bertha	בער׳טהאַ
Bessie	Bessie	בעס׳סי
Betsey	Betsey	בע׳טסי
Carolina	Carolina	קאַראָלאַי׳נאַ
Charlotte	Charlotte	טשאַרלאָטט
Clara	Clara	קלאַ׳ראַ
Deborah	Deborah	דעבּאָ׳ראַ
Dinah	Dinah	דאַי׳נאַ
Dora	Dora	דאָ׳ראַ
Edith	Edith	אי׳דיטה
Eliza	Eliza	אילאַי׳זאַ
Elizabeth	Elizabeth	אילי׳זאַבּעטה
Emily	Emily	ע׳מילי
Emma	Emma	עמ׳מאָ
Eve	Eve	איוו
Esther	Esther	עס׳טהער
Ettie	Ettie	עט׳טי

Flora	Flora	פלאָ׳רא
Florence	Florence	פלאָ׳רענס
Flossie	Flossie	פלאָס׳סי
Frances	Frances	פראָנ׳סעס
Gertrude	Gertrude	גער׳טרוד
Grace	Grace	גרייס
Hannah	Hannah	האַנ׳נאַ
Hattie	Hattie	האָט׳טי
Helen	Helen	הע׳לען
Henrietta	Henrietta	הענריעט׳טאָ
Ida	Ida	אַי דאַ
Isabel	Isabel	אַי׳סאַבעל
Isabella	Isabella	אַיסאַפּעל׳לאַ
Jane	Jane	דזשיין
Jeanette	Jeanette	דזשאַנעטטי
Julia	Julia	דזשו׳ליאַ
Kate	Kate	קייט
Katie	Katie	קיי׳טי
Laura	Laura	לאָ׳רא
Lena	Lena	לע׳נאַ
Lillie	Lillie	לי׳לי׳לי
Lizzy	Lizzy	ליז׳זי
Lottie	Lottie	לאָט׳טי
Louisa	Louisa	לואי׳זאַ
Mabel	Mabel	מיי׳בעל

Margaret	Margaret	מאַר׳גאַרעט
Martha	Martha	מאַר׳מהא
Mary	Mary	מאָ׳רי
Matilde	Matilda	מאַטיל׳דאָ
Minnie	Minnie	מינ׳ני
Miriam	Miriam	מיריאַם
Nellie	Nellie	נעל׳לי
Nettie	Nettie	נעט׳טי
Nina	Nina	נאַי׳נאַ
Olga	Olga	אָל׳גאַ
Olive	Olive	אָ׳ליוו
Paulina	Paulina	פּאָלי׳נאַ
Pauline	Pauline	פּאָ׳לין
Rachel	Rachel	ריי׳טשעל
Rebecca	Rebecca	ר... קקאַ
Rosa	Rosa	ראָ׳זאַ
Rosalia	Rosalia	ראָזאָ׳ליאַ
Rose	Rose	ראָז
Rosie	Rosie	ראָ׳זי
Sabina	Sabina	סאָבּי׳נאַ
Sarah	Sarah	סאָ׳ראַ
Sophia	Sophia	סאָפאַי׳אַ
Susan	Susan	סיו׳זאַן
Victoria	Victoria	... קטאָ ריאַ

אבקירצונגען.

וועלכע קומען אָפט פאָר אין ענגלישע בריעף.

אַבקירצונג.	דאָס גאַנצע וואָרט.	בעדייטונג.
Acct.	Account	רעכנונג
A. M.	Ante Meridiem (לאַט.)	פאָר־מיטטאָג
Amt.	Amount	בעטראָג, סך־הכל
Bal.	Balance	באַלאַנס, רעסט
Bbl.	Barrel	פעסעל
Co.	Company	קאָמפּאַניע
Co.	County	בעצירק (אויעזד)
C. O. D.	Collect on Delivery	איינצוקאַסירען ביין אָב־ליעפערן
Ct.	Cent	סענט (מטבע)
Cwt.	Hundred weight	געוויכט פון הונדערט פונט
D.	Denarii (לאַט.)	פּעננים (ענגלישעס געלד)
Esq.	Esquire	פאָרנעהמער הערר
Etc., &c.	Et cœtera	און אזוי ווייטער
Gal.	Gallon	א מאָס פון 4 קוואָרט (אַ טאָפּ)
In.	Inch, Inches	א צאָל (1/36 יאַרד), צאָלען
Inst.	Instant	געגענווערטיגער מאָנאַט
£	Librae (לאַט.)	פונטען (ענגלישעס געלד)
Lb.	Libra (לאַט.)	א פונט (געוויכט)
L. S.	Locus Sigilli (לאַט.)	דער אָרט פון זיעגעל (מקום החותם)
L. S. D.	Librae, Shillings, Denarii	פונטען, שיללינגס, פּעננים (ענגלישעס געלד)
Mem.	Memorandum	נאָטיץ, פערצייכנונג
Messrs.	Messieurs	הערען

אַבקירצונג.	דאָס גאַנצע װאָרט.	בעדייטונג.
Mr.	Mister	הערר
Mrs.	Mistress	מאדאם
N. A.	North America	נאָרד־אַמעריקאַ
Oz.	Ounce	אַן אונץ (16|1 פונט)
Pr. ct.	Per centum (לאַט.)	פּראָצענט (%)
P. O.	Post Office	פּאָסט־אַמט
P. S.	Post Script	נאָכשריפט אין אַ בריעף
P. M.	Post Meridiem (לאַט.)	נאָכ־מיטטאָג
Qt.	Quart	אַ קװאָרט
Rev.	Reverend	עהרװירדיג (אויף אַ גייסטליכען)
R. R.	Rail Road	אייזענבאַהן
S.	Shillings	שיללינגס (ענגלישעס געלד)
S. A.	South America	זיד־אַמעריקאַ
Sec.	Secretary	סעקרעטער
St.	Street	גאַס
Ult.	Ultimo (לאַט.)	לעצטען מאָנאַט
U. S. A.	United States of America	די פעראייניגטע שטאַאַטען פון אַמעריקאַ
Yd.	Yard	יארד (½1 אייל)

צווייטער טהייל.

בריעף.

דיא שפּראַך פון בריעף.

ביי דעם שרייבען פון בריעף דארף מען האָבען קלאָר אין זינען דיא פונקטען, איבער וועלכע מען געהט שרייבען, און דיא דאָזיגע פונקטען דארפען האָבען א גע־העריגע אָרדנונג; מעהרער וויכטיגע זאַכען דארפען קומען פריהער, און וועניגער וויכטיגע זאַכען דארפען קומען שפּעטער.

דיא שפּראַך פון א בריעף דארף זיין דייטליך און גענוי; מען דארף קיין מאָל ניט בענוצען מעהר ווערטער וויא עס איז נויטהיג אויסצודריקען דאָס, וואָס מען האָט צו שרייבען.

שרייבען בריעף לערנט מען זיך אויס אם לייכטסטען דורך מוסטער־בריעף פון גוטע בריעפען־שטעלערס. דיא ערסטע צייט שרייבט מען דיא מוסטער־בריעף איבער כמעט וויא זיא שטעהען, דאַן איז מען שוין אין שטאַנד זיי פיעל צו ענדערן און צוגעבען אייגענעס, און ענדליך איז מען אין שטאַנד **אליין** צו פערפאַסען בריעף.

דאַטום, אַנפאַנגס-ווערטער און שלום-ווערטער.

אין יעדען בריעף דאַרף קומען דער נאָמען פון דעם אָרט (שטאָדט, דאָרף),
וואו ער ווערט געשריעבען; דאָס דאַטום, ווען ער ווערט געשריעבען; דער טיטעל
און דער נאָמען פון דער פערזאָן, צו וועלכער ער ווערט געשריעבען; אויסער דעם
דאַרפען קומען אַ פּאָאָר קאָמפּלימענט-ווערטער, וויא „ווערטהער הערר," „ליעבער
פריינד," „געעהרטע מאַדאַם" או. אז. וו.; צום שלום פון בריעף קומען געוועהנליך
אייניגע ווערטער, וועלכע דריקען אויס אכטונג, פריינדשאַפט או. אז. וו. וויא צום
ביישפּיעל, „מיט אכטונג אייערער," „פון מיר דיין פריינד," „דיין ליעבענדער"
או. אז. וו.

אָרדנונג פון דיא טהיילען פון אַ בריעף.

דער נאָמען פון דעם אָרט און דאָס דאַטום ווערען געשריעבען גלייך צום
אָנהייב אין איין צייִלע; דיזע צייִלע קומט גערוקט צום צווייטען ווינקעל פון דעם
פּאַפּיער (אין יידיש צו דער לינקער האַנד, אין ענגליש צו דער רעכטער). נאָך דעם
נאָמען פון דעם אָרט און דעם דאַטום קומט דער טיטעל „הערר," „מאַדאַם," און
דער נאָמען פון דער פערזאָן, צו וועמען מען שרייבט; דיזע צייִלע קומט גערוקט
אויף צורוק (אין יידיש צו דער רעכטער האַנד, אין ענגליש צו דער לינקער). אונטער
דיזע צוויי צייִלען קומט דער אָרט (שטאָדט, דאָרף) פון דער פערזאָן, צו וועלכער
דער בריעף ווערט געריכטעט; דיזע צייִלע קומט נאָהענט פון דער צייִלע, וועלכע
ענטהאַלט דעם טיטעל און דעם נאָמען; נאָך דיזער צייִלע קומען דיא אַנפאַנגס-
ווערטער אָדער דיא קאָמפּלימענט-ווערטער — גערוקט אויף צורוק (אין יידיש צו
דער רעכטער האַנד, אין ענגליש צו דער לינקער); נאָך דיזע אַלע צייִלען הייבט
זיך אָן דער בריעף גופא. דער בריעף גופא הויבט זיך אָן ענטוועדער אָן אין איין צייִלע
מיט דיא אַנפאַנגס-ווערטער אָדער מיט אַ בעזונדער צייִלע, וועלכע קומט עטוואס
אייַנגעשלאַנגען, אייַנגערוקט. אונטער דעם גוף פון בריעף קומען דיא שלום-ווערטער —
גערוקט צו דער אַנדערער זייט (אין יידיש צו דער לינקער האַנד, אין ענגליש צו דער
רעכטער). אונטער דיא שלום-ווערטער קומט דיא אונטערשריפט פון דער פערזאָן,
וועלכע שרייבט אָדער שיקט דעם בריעף.

פארט פון א יידישען בריעף.

ניו יארק, יאנואר 1, 1899.

ה' ד. זוסמאן,

פילאדעלפיא.

ווערטהער הערר, —

פאריגע וואך האב איך או. אז. וו. ....

....

....

....

....

מיט פיעל אכטונג,

מ. יאקאבסאן.

פארם פון אן ענגלישען בריעף.

New York, January 1, 1899.

Mr. D. Susman,

Philadelphia.

Dear Sir, —

Last week I &c. ....

....

....

....

....

Very respectfully,

M. Jacobson.

טיטלען, אַנפאַנגס-ווערטער און שלוס-ווערטער אין ענגליש.

דער נאָמען פון דער פּערזאָן, צו וועלכער דער בריעף ווערט געריכטעט, ווערט בעגלייטעט, ווען א מאַנס־פּערזאָן — מיט דעם טיטעל Mr. (Mister) אָדער Esq. (Esquire), וועלכע בעדייטען „הערר"; ווען א פרויען־צימער — מיט Miss (פריי־ליין), ווען אונפערהייראַטהעט, און Mrs. (Mistress), וואָס מיינט „פרוי", ווען פער־הייראַטהעט. דיא טיטלען Mr., Miss, Mrs. קומען פ א ר דעם נאָמען, Esq. — נ אָ ך דעם נאָמען; צ. ב. Charles Davis, Esq.; Mr. Charles Davis

דיא מעהרצאָהל פון Mr. איז Messrs. (Messieurs), פון Esq. — Esqs. (Esquires).

צו גאָר א פרעמדער פּערזאָן ווענדעט מען זיך מיט דיא ווערטער Sir (הערר) און Madam (מאַדאַם) און מען שליעסט דעם בריעף מיט דיא ווערטער Yours obediently (געהאָרזאַם אייערער) אָדער Your obedient servant (אייער געהאָר־זאַמער דיענער).

דיא מעהרצאָהל פון Sir איז Sirs, אָבער צו מעהרערע פּערזאָנען אָדער צו א קאָמ־פּאַניע שרייבט מען געוועהנליך Gentlemen (הערען); דיא מעהרצאָהל פון Madam איז Mesdames (מיינע דאַמען).

צו א פּערזאָן, וועלכע מען בעטראַכט אַלס העכערע פון זיך, שליעסט מען דעם בריעף מיט דיא ווערטער Yours respectfully (אַכטונגספאָל אייערער); צו א פּער־זאָן, וועלכע מען בעטראַכט אַלס גלייכע מיט זיך, שליעסט מען מיט דיא ווערטער Yours faithfully אָדער Yours truly (טרייליך אייערער).

צו א פּערזאָן, מיט וועלכער מען איזט א ביסעל אינטים, זיינען דיא אַנפאַנגס־ווערטער: My dear Sir (מיין ווערטהער הערר) און My dear Madam (מיין ווערטהע מאַדאַם), און דיא שלוס-ווערטער זיינען: Yours very truly (זעהר טרייליך אייערער) אָדער Yours very sincerely (זעהר אויפריכטיג אייערער).

צו א פּערזאָן, מיט וועלכער מען איז מעהר אינטים און פון איין גלייכען, פאַנגט מען אָן מיט דיא ווערטער Dear Mr. (ווערטהער הערר) און Dear Mrs. (ווערטהע מאַדאַם) פאַר'ן נאָמען (Dear Mr. Davis, Dear Mrs. Davis) און מען שליעסט מיט דיא ווערטער Yours very truly (זעהר טרייליך אייערער).

צו א פּערזאָן, מיט וועלכער מען איז זעהר אינטים, איז אָנגענומען צו שטעלען פאַר דעם וואָרט dear (מיין) My; צ. ב. My dear Mr. Davis (מיין טהייערער הערר דייוויס), My dear Mrs. Davis (מיין טהייערע פרוי דייוויס).

צו פערוואַנדטע אָדער זעהר שטאַרק אינטימע פריינד קען מען הערויסלאָזען די טיטעל־ווערטער Mr., Mrs., Miss און שרייבען דעם נאָמען פון פערוואַנדט־שאַפט און פריינדשאַפט (friend, cousin), אָדער איינפאַך דעם נאָמען מיט דיא ווערטער My dear פאָרויס, וויא צ. ב. My dear cousin (מיין ליעבער שוועסטער־קינד), My dear friend (מיין טהייערער פריינד), My dear David (מיין טהייערער דוד), My dear Leah (מיין טהייערע לאה) או. אז. וו. צו אַזעלכע פערזאָנען שליעסט מען דיא בריעף מיט דיא ווערטער: Yours affectionately (ליעבע־פאָל אייערער) אָדער Very affectionately yours (זעהר ליעבע־פאָל אייערער).

אַדרעס.

אויף דעם קאָנווערט, וועלכער ענטהאַלט דעם בריעף, קומט דער אדרעס ד. ה. דער נאָמען און טיטעל פון דער פערזאָן, צו וועלכער ער ווערט געשיקט, דיא נאָמען פון דעם אָרט, און דיא גאַס און נומער פון דעם הויז, וואו יענער וואוינט. עס איז זעהר גוט, ווען דיא פערזאָן, וואָס שיקט דעם בריעף, זאָל שטעלען — אויף דעם לינקען ווינקעל פון דעם קאָנווערט — דעם אייגענעם אדרעס.

דיא פאָרם פון אַדרעס.

R. DAVIS,
19 John St.,
New York.

מאַרקע.

Mr. S. Jonas,
46 Jefferson Street,
Chicago, Ill.

איינינע בעמערקונגען וועגען דעם אַדרעס.

ווען מען שיקט אַ בריעף נאָך אויסלאַנד דאַרף דער אַדרעס נאַטירליך ענט־האַלטען דעם נאָמען פון דעם לאַנד און פון דער פּראָווינץ, אין וועלכער דער אָרט (שטאָדט, שטעדטעל אָדער דאָרף) געפינט זיך. ווען מען שיקט אַ בריעף נאָך אַן אָרט אין דיא פערייניגטע שטאַאטען (יונאַיטעד סטייט) דאַרף דער אַדרעס ענט־האַלטען דעם נאָמען פון דעם שטאַאַט (סטייטס), אין וועלכען דער דאָזיגער אָרט געפינט זיך. ווען דער אָרט איז אַ קליין שטעדטעל אָדער אַ דאָרף דאַרף מען אויך אָנגעבען דעם בעצירק (דיא קאַונטי). יעדענפאַלס איז נויטהיג נאָך יעדען אָרט אָנצו־געבען דעם שטאַאַט, ווייל עס זיינען דאָ ערטער אין בעזונדערע שטאַאטען מיט דיא זעלביגע נעמען; עס זיינען דאָ, צום ביישפּיעל, דריי ניו יאָרקס, אַכט פילאַדעלפיאַס, דרייצעהן באָסטאָנס. ווען מען שרייבט ניט אונטער דעם נאָמען פון דעם שטאַאַט, קען דיא פּאָסט אמאָל ניט וויסען, וואוהין דעם בריעף צו שיקען.

ווען מען שיקט אַ בריעף צו איינעם אין דער זעלבינער שטאָדט, שרייבט מען בלויז City (שטאָדט) און מען פערשפּאָרט אָנצוגעבען דעם נאָמען פון דעם אָרט, פון דעם שטאַאַט און פון דעם בעצירק.

עס איז אָנגענומען צו שרייבען דיא נעמען פון דיא שטאַאטען אַבגעקירצט, וויא צ. ב. N. Y. אָנשטאָט New York, N. J אָנשטאָט New Jersey, P.. אָנ־שטאָט Pennsylv nia. דיזע אַבקירצונגען דאַרפען געשריעבען ווערען זעהר דייטליך און פּינקטליך, דען דורך דיא עהנליכקייט פון בוכשטאַבען קען דיא פּאָסט אַ מאָל אַ טעות האָבען. דיא אַבקירצונגען פון דיא נעמען פון דיא שטאַאטען New York (N. Y.) און פון New Jersey (N. J.) ווערען זעהר לייכט פערביטען, ווייל פיעלע שרייבען Y און J אויף איין שטייגער. דיא בוכשטאַבען I, J, Y מוזען גענוי אונ־טערשיעדען ווערען. אַ געשריעבענער I איז *I*; אַ געשריעבענער J איז *J*; אַ געשריעבענער Y איז *Y*

I.

געשעפטס בריעף.

1. א ביטע צו שיקען פרייזען פון וואארע.

ניו יארק, פעברואר 3, 1899.

הערן מ. בראון,

טשיקאגא

מיין הערר: —

איהר וועט זיין אזוי גוט מיר צו לאזען וויסען מיט דער צווייטער פאסט די פרייזען פון די ארטיקלען, פון וועלכע איך האב היער איינגעשלאסען א ליסטע. זוען זיי וועלען מיך צופריעדען שטעלען, וועט איהר אין גיכען פון מיר קריגען א גרויסע בעשטעלונג.

אכטונגספאל אייערער,

ר. יאנאס.

2. ענטפער אויף דעם פריהערדיגען בריעף.

טשיקאגא, פעברואר 7, 1899.

הערן ר. יאנאס,

ניו יארק.

מיין הערר: —

לויט אייער ביטע האב איך געצייכענט דעם פרייז פון יעדען ארטיקעל אין דעם צעטעל, וועלכען איהר האט מיר געשיקט; איך האב צוגלייך אויך אנגעוויעזען די פרייזען פיר איינצעל־פערקויף, אום איהר זאלט קענען בעשטימען די פראפיטען. אזוי וויא איך ערווארט, דאס דיזע פרייזען וועלען אין גיכען ווערען העכער, ראטה איך אייך, אז איהר זאלט מאכען אייער בעשטעלונג אונגעזאמט.

אכטונגספאל אייערער,

מ. בראון.

LETTERS.

I. BUSINESS LETTERS, RECOMMENDATIONS, APPLICATIONS &c.

---

1. Request to send prices of goods.

New York, February 3, 1899

Mr. M. Brown,
      Chicago.

Sir: —

You will kindly let me know by return of mail the prices of articles, of which I have enclosed a list. If they will satisfy me, you will shortly receive from me a large order.

Respectfully Yours,

R. Jonas

---

2. Answer to the foregoing letter.

Chicago, February 7, 1899.

Mr. R. Jonas,
      New York.

Sir: —

In accordance with your request, I have marked the price of each article on the list you sent me, showing at the same time the retail prices, so that you may be enabled to determine the profits. As I expect that those prices will be shortly advanced, I advise you to send your order soon.

Respectfully yours,

M. Brown.

3. בעשטעלונג פון וואארע.

פילאדעלפיא, מערץ 6, 1899.

העררן וו. ריטשארדז,

מאנטשעסטער, ענגלאנד.

מיין הערר: —

איך האב פער צופאל געזעהען א פראבע פון טוך, וועלכעס איהר פערקויפט צו 4 שיללינג דעם פונט. דאס טוך קומט מיר פאר זעהר פיין און דער פרייז ניט הויך, דעריבער בעט איך אייך, אז איהר זאלט מיר גלייך הערויסשיקען איין פאק פון דיזען טוך, פון אונגעפעהר 500 פונט. א שטיקעל פון דער פראבע געפינט איהר איינגעשלאסען אין דיזען בריעף.

מיט דער גרעסטער אכטונג,

ק. גודמאן.

---

4. בעשטעלונג פיר וואארע, וואס זיינען אנאנסירט געווארען אין א צייטונג.

סיילעם, מאסס., מערץ 15, 1899.

העררן בלאנק און גרין,

באסטאן.

מיינע העררען: — איך האב אויסגעקליעבען דיא פאלגענדע ארטיקלען, וועלכע זיינען אנאנסירט און בעשריעבען געווארען אין דער צייטונג Transcript. שיקט זיי געפעלינגסט אויף מיין אדרעס דורך עקספרעס פער נאכנאהמע.

300 איילען קאטון אויף 7 סענט אן אייל.

150 איילען פראסטע אטלעס אויף 8 סענט אן אייל.

מיט אכטונג,

ג. פאקס.

---

5. בעשטעלונג פיר ביכער.

העררן א. הארט,

ניו יארק.

מיין הערר: — איהר געפינט דא איינגעשלאסען א באנק־אנווייזונג פיר $15.00 פיר וועלכע איהר וועט זיין אזוי גוט מיר צו שיקען:

וועבסטער'ס ווערטערבוך;

טהאמאס פיינ'ס ווערק;

ראבערט אינגערסאלל'ס ווערק און שעקספיר'ס ווערק אין ענגליש און דייטש.

מיט אכטונג,

מ. פריד.

3. Order for Goods.

Philadelphia, March 6, 1899.

W. Richards, Esq.

Manchester, England.

Sir:—

I happened to see a sample of cloth which you sell at 4 s.[1] pr. lb.[2] I find the same very fine and the price modorate, wherefore I request you to forward to me at once one bale of this cloth, of about 500 lbs.[3] A piece of the sample you find enclosed in this letter.

Most respectfully

C. Goodman.

[1] 4 s. — four shillings. [2] pr. lb. — per libra, per pound פּער פּונט. [3] lbs. — libras, pounds.

---

4. Order for Advertised Goods.

Salem, Mass., March 15, 1899.

Messrs. Blank & Green,

Boston.

Gentlemen: — I have selected the following articles, advertised and described in the "Transcript." Send them, please, to my address by express C. O. D.[1]

300 yds.[2] calico @[3] 7 cts. the yard.
150 yds. farmer satin @ 8 cts. the yard.

Respectfully,

G. Fox.

[1] C. O. D. — Cash On Delivery געלד ביים אָבליעפערן. [2] yds. — yards איילען. [3] @ — at אויף.

---

5. Order for Books.

Mr. A. Hart,

New York.

Sir: — Enclosed find check for $15.00, for wich you will please send me:

Webster's Dictionary;
Thomas Payne's works; and
Shakspeare's works, English and German.

Respectfully,

M. Freed.

6. אנבאטונג פון וואארע.

מיין הערר: — מען האט מיר געזאגט, דאס איהר גיט גרויסע בעשטעלונגען פיר טוך; אזוי וויא איך האב א גרויסע אויסוואהל פון דיזען ארטיקעל, דענק איך, דאס איך קען אייך פאלשטענדיג צופריעדען שטעלען, און בעט אייך, אז איהר זאלט מיר ערלויבען אייך אנצובאטען מיינע דיענסטע. איך וואלט מיך שעצען גליקליך, ווען איהר וואלט מיך בעעהרען מיט א בעשטעלונג אלס א פראבע.

מיט דער האפנונג, דאס איך וועל באלד קריגען פון אייך אן ענטפער און א בעשטעלונג, פערבלייב איך,

אייער געהארזאמער דיענער.

---

7. ענטפער אויף דעם פריהערדיגען בריעף.

מיין הערר: — איך בין אייך פיעל דאנקבאר פיר אייער אנבאטען פון וואארע אין אייער בריעף פון דעם 15טען פון דיזען מאנאט. עס איז וואהר, דאס איך פערברויך פיעל טוך און איך וואלט אייך וועלען געבען א בעשטעלונג, ווען איך זאל זיין בעקאנט מיט דיא סארטען פון אייער טוך. אום צו דערגרייכען דיזען צוועק, וועט איהר זיין אזוי גוט מיר צו שיקען אזוי באלד וויא מעגליך פראבען פון אייערע וואארען און א צעטעל פון פרייזען. ווען דיזע וועלען מיר געפעלען, מעגט איהר זיכער זיין, דאס איך וועל אייך אין קורצען געבען א קליינע בעשטעלונג, און ווען איך וועל דערמיט זיין צופריעדען, וועלען פון מיר קומען גרעסערע בעשטעלונגען.

ערווארטענדיג אייער פריינדליכע אנטווארט, פערבלייב איך,

מיט העכסטער אכטונג.

---

8. ווענען ערהאלטען וואארע, שיקען געלד און נייע בעשטעלונגען.

מיין הערר: — איך האב ערהאלטען אייער בריעף פון דעם 18טען דיזען מאנאט, מיט אייער וואארען-פערצייכניס און פראבט-צעטעל. איך שיק אייך מיט דיזער פאסט אן אנווייזונג אויף הערערן דייוויס און קאמפ. פיר $450 און איך בעט אייך, אז איהר זאלט מיר שיקען אזוי באלד וויא איהר קענט 45 שטיקער טוך פון אוננעפעהר $1.25 אן אייל, און 15 שטיקער אונטערשלאג פון 15 אדער 20 סענט אן אייל, און איך לאז אייך אליין איבער דיא זעלבע אויסצוקלייבען.

איך פערבלייב מיט אכטונג אייערער.

6 Offer of Goods.

Sir: — I have been informed that you give large orders for cloth, and having a large assortment of the article, I think that I can fully satisfy you, and beg leave to offer you my services. I should be happy if you would honor me with a trial order.

Hoping that I shall soon receive your answer with an order, I remain

Your obedient servant.

---

2. Answer to the Foregoing Letter.

Sir: — I am much obliged to you for your offer of goods in your favor of the 15th inst.[1] It is true that I consume much cloth and I should feel inclined to give you an order, if I were acquainted with the qualities of your cloths. To obtain this object, please to send me as soon as possible samples of your goods and list of prices. If these answer my purpose, you may be sure that I shall shortly give you a small order and that if satisfied with it, larger orders will follow.

Awaiting your kind answer, I remain,

Most respectfully.

1 inst. — instant דיזען מאָנאַט.

---

8. Goods Received, Amount Remitted, New Orders.

Sir: — I have received yours of the 18th inst., with your invoice and bill of lading enclosed. I remit you, by this mail, a bill of exchange upon Messrs. Davis and Co. for $450, and beg you will send me at your earliest convenience 45 pieces of cloth about $1.25 a yard, and 15 pieces of lining at 15 or 20 cts. a yard, leaving to you the selection of the same.

I remain, respectfully yours.

9. אנטוואָרט אויף דעם פריהערדיגען בריעף.

מיין הערר: — אייער ווערטהען בריעף פון דעם 21טען דיזען מאָנאט ליעגט פאר מיר צוזאמען מיט אייער אַנווייזונג אויף הערר דייוויס און קאָמפּ. פיר 450$. זיא (דיא אַנווייזונג) איז אַנגענומען געוואָרען און דיא סומע איז געהעריג הערייננע־טראָגען געוואָרען אויף אייער קרעדיט. איך וועל אייך שיקען פער אייזענבאהן 45 שטיקער טוך און 15 שטיקער אונטערשלאָג, לויט אייער בעשטעלונג, און איך האָף, דאָס איהר וועט זיין צופריעדען מיט מיין אויסוואהל.

אייער געהאָרזאמער דיענער.

10. וועגען ערהאַלטען וואַרע און שיקען געלד.

מיין הערר: — איך האָב ערהאלטען דיא וואארע, וועלכע איך האָב בע־שטעלט, און אייער ווערטהען בריעף פון דעם 24טען פון לעצטען מאָנאט, מיט א וואארען־פערצייכניס אויף 450$. איך בין דורכאויס צופריעדען מיט דיא סאָרטען פון דיא וואארע און איך שליעס היער איין אַן אַנווייזונג פיר דיא אויבען־גענאַנטע סומע, אויף צוויי מאָנאט דאטום, אויף הערר דזאָרדזש גלאַסס, פון אייער אָרט, וועלכע איהר וועט זיין אזוי גוט אנערקענען און שטעלען אויף מיין קרעדיט.

איך פערבלייב,

מיט דער גרעסטער אכטונג.

11. אַנטוואָרט אויף דעם פריהערדיגען בריעף.

מיין הערר: — איך אַנערקען, דאָס איך האָב ערהאלטען אייער בריעף פון דעם 3טען פון דיזען מאָנאט און איך האָב קרעדיטירט אייער רעכנונג פיר דיא איינגע־שלאָסענע אַנווייזונג פון 450$, ווען זיא זאָל ריכטיג בעצאָהלט ווערען, און איך שיק אייך מיין בעסטען דאנק דאפיר.

מיט דער גרעסטער אכטונג.

9. Answer to the Foregoing.

Sir: — Your favor of 21st inst. lies before me, together with your draft on Messrs. Davis and Co. for $450; it has been accepted, and the amount duly carried to your credit. I will send to you by railway 45 pieces of cloth and 15 pieces of lining, according to your order, and hope you will be satisfied with my selection.

Your obedient servant.

---

10. Goods Received, Amount Remitted.

Sir: — I received the goods ordered and your favor of the 24th ult.*, with invoice amounting to $450. I am fully satisfied with the quality of the goods and I inclose a draft for the above sum at two months date, on Mr. George Glass, of your place, which please to acknowledge and place to my credit.

I remain,

Most respectfully.

* **ult.** — ultimo לעצטען מאָנאַט,

---

11. Answer to the Foregoing.

Sir :—I acknowledge the receipt of yours of the 3rd inst. and have credited your account for the enclesed draft of $450, if duly paid, and return you my best thanks.

Most respectfully.

12. געלד־זענדונג און אבציעהונג פיר פערדארבענע וואארע.

מיינע העררען: —

אייערע זיידענע וואארע מיט דער רעכנונג, וועלכע איז דאטירט דעם 5טען, זיינען מיר אנגעקומען אין געהעריגע צייט. אין אלגעמיין קען מען מיט דיא וואארע זיין צופריעדען, אבער עס טהוט מיר לייד אייך צו מעלדען, דאס צווישען דעם פעקעל שווארצע זיידענע האנד־שוה איז איין דוצענד אזוי פערדארבען דורך ראסט־פלעקען, דאס עס איז קיין מעגליכקייט ניטא זיי צו פערקויפען זאגאר אויף זייער קאסט־פרייז. איהר וועט דעריבער ניט האבען דאגעגען וואס איך ציעה אב פיער דאללאר, וואס ביי דעם בלייבט נאך אלץ איבער א שאדען.

היער איז איינגעשלאסען א באנק־אנווייזונג פיר 96 דאללאר, וועלכע זיינען צוזאמען מיט דיא אבגעצויגענע 4 דאלאר דער באלאנס פון מיין רעכנונג.

ערווארטענדיג פון אייך אן ערהאלטונגס־קוויטונג, פערבלייב איך,

מיט דער גרעסטער אכטונג.

---

13. וועגען א פעהלער אין א רעכנונג.

מיינע העררען: —

איך איל מיך אייך צו וויסען צו געבען, דאס נאך דעם וויא איך האב איבערגעזעהען דיא רעכנונג פון דיא וואארע, וואס איהר האט מיר געשיקט דעם 20טען פון דיזען מאנאט, און זיא פערגליכען מיט מיין השבון, געפין איך א טעות אין דעם צוזאמענרעכנען פון דיא ארטיקלען פון דעם רעכנונג־צעטעל, וועלכען איך שיק אייך דא צוריק, אום איהר זאלט אליין איבערזעהן. איהר וועט זעהן, דאס איך האב אייך געהאט צו צאהלען פינף דאללאר וועניגער אלס איך האב אייך ווירקליך בעצאהלט, און איהר וועט זיין אזוי גוט מיר זיי הערויסצוצאהלען צוריק.

אייערער או. אז. וו.

---

14. ענטפער.

מיר בעדויערן זעהר פיעל דעם פעהלער, וועגען וועלכען איהר האט געמעלדעט. מיר דאנקען אייך פיר אייער מעלדונג און מיר שליעסען היער איין פינף דאללאר.

מיט אכטונג או.

---

12. Remittance with Deduction for Damaged Goods.

Gentlemen: —

Your silk goods, with invoice dated the 5th, have reached me in due time. In general the goods are satisfactory, but I am sorry to inform you, that among the parcel of black silk gloves, one dozen is so damaged by rust spots, that there is no chance of selling them even at their cost price. You will therefore not object to my deducting four dollars, which still leaves a loss.

Enclosed is a check for $96 which, together with the deducted $4 forms the balance of my account.

In expectation of your receipt, I remain,

Most respectfully.

———

13. Concerning an Error in a Bill.

Gentlemen: —

I hasten to inform you that upon examining the bill of Goods you sent me on the 20th inst., and comparing it with my account, I find an error in summing up the items of the bill, which I herewith return to you for your own examination. You will see that I had to pay you five dollars less than I did actually pay you, which you will kindly refund.

Yours &c.

———

14. Answer.

We regret very much the error of which you kindly informed us. We thank you for the information, and enclose the five dollars.

Respectfully &c.

———

15. קלאגע וועגען שלעכטע וואארע.

אלבאני, מאי 5, 1899.

העררן פ. ניומאן,

ניו יארק

ווערטהער הערר : —

אייער לעצטער וואארענ־צעטעל איז געוועזן א קלענליכער. וויא אזוי האט איהר מיר געקענט שיקען אזעלכע געמיינע וואארע ? עס איז אונרעכט, זעהר אונ־רעכט פון אייך מיך אזוי צו בעהאנדלען. איך האב אייך אימער פינקטליך געצאהלט און איך האב געהאט א רעכט צו ערווארטען, אז מיינע בעשטעלונגען זאלען בעד־זארגט ווערען וויא געהעריג איז.

ווען דיא זעלבינע זאך זאל פאסירען נאך א מאל, וועל איך זיין געצוואונגען צו קויפען וואארע ערגעץ אנדערש.

מיט אכטונג,

ס. פרענד

---

16. ענטפער.

ניו יארק, מאי 6, 1899.

העררן ס. פרענד,

אלבאני.

ווערטהער הערר : —

ערהאלטענדיג אייער ווערטהען בריעף פון דעם 3טען פון דיזען מאנאט, האב איך מיך גלייך בעמיהט אויסצוגעפינען דיא אורזאך פון דעם פעהלער, וועגען וועלכען איהר בעקלאגט אייך. אזוי וויא אונזער הויפט־פעקער איז קראנק, איז אייער קאסטען געפאקט געווארען דורך אן אנדער מענשען, וועלכער האט אייערע וואארע פערביטען אויף אנדערע.

איך וועל גלייך און פריי פון קאסטען אייך הערוישיקען דיא ריכטיגע וואארע און איך בעט אייך מיר צוריקצושיקען דיא געמיינע וואארע אויף מיינע קאסטען.

מיט דער האפנונג, דאס איהר וועט ענטשולדיגען דעם פעהלער,

פערבלייב איך, מיט דער גרעסטער אכטונג,

פ. ניומאן.

---

15. Complaining about Bad Goods,

Albany, May 5, 1899.

Mr. P. Newman,

New York.

Dear Sir: —

Your last invoice of goods was miserable. How could you send me such common goods? It is wrong, very wrong of you to treat me thus. I have always paid you punctually, and had a right to expect my orders properly executed.

If the same should happen ogain, I shall be obliged to purchase elsewhere.

Respectfully,

S. Friend.

———

16. Answer.

New York, May 7, 1899.

Mr. S. Friend,

Albany.

Dear Sir: —

On receiving your favor of the 3rd inst., I immediately tried to find out the cause of the mistake you complain of. Our principal packer being sick, your case was packed by another person who exchanged your goods tor others.

I shall send you the proper goods without delay and free of charge, and request you to return the inferior goods at my expense.

Hoping that you will excuse the mistake,

I remain, Most respectfully,

P. Newman.

———

17. נאך א בריעף וועגען שלעכטע וואארע.

ווערטהער הערר:

ווערענד איך מוז צוגעבען, דאס דיא וואארע, וועלכע איך האב פון אייך ערהאלטען ביז צום לעצטען מאי, זיינען געוועזען אזוי גוט וויא איך האב מיר געוואונשען, טהוט מיר לייד צו זיין געצוואונגען אייך צו זאגען, דאס דיא לעצטע דריי פעקלאך, וועלכע איהר האט געשיקט, זיינען אזוי שלעכט, דאס ווען איך זאל זיי אנבאטען מיינע קונדען וועל איך זיכער שאדען מיין געשעפט. אונטער דיזע אומשטענדע קענט איהר לייכט פערשטעהן, דאס וואו איהר וועט מיר ניט שיקען קיין ריכטיגע וואארע אנשטאט יענע, וועל איך מוזען אויפהערען מיט אייך צו קארעספאנדירען און הערייננעהן אין פערבינדונג מיט אן אנדערער פירמע.

ווען איהר וועט באלד ענטפערן וועט איהר טהאן א געפאלען

אייער ערגעבענעם

אהרן זאקס.

---

18. ענטפער.

ווערטהער הערר: —

עס טהוט מיר זעהר לייד צו ערפאהרען פון אייער בריעף פון נעכטיגער דאטע, דאס דיא וואארע, וועלכע איך האב אייך לעצטען מאל געשיקט, זיינען געוועזען פון א געמיינערן סארט אלס איהר האט געקענט ערווארטען, דאס איך זאל אייך שיקען. איך האב זיי קיינמאל ניט גערעכענט צו שיקען צו אייך, אבוואהל איך האב בעשלאסען זיי צושיקען צו זייטיגע קונדען פיר א קלענערען פרייז. דורך אן אירטהום פון מיינע געשעפטס־בעדיענטע, וועלכע האבען בעזארגט אייער בעשטעלונג אין דער צייט וואס איך בין געוועזען אוועג פון שטאדט אויף איין טאג, האט איהר א גוטע אורזאך זיך צו בעקלאגען; איך בעדויער עס זעהר שטארק און ערנסט, ווייל מיין וואונש איז אימער געוועזען טריי צו בעהאנדלען אזא טרייען קונד וויא איהר זייט. אבער אום דאס גוט צו מאכען, שיק איך אייך מיט עקספרעס יענע וואארע, וועלכע זיינען פון אנפאנג געוועזען בעשטימט פיר אייך, אויף מיינע אייגענע קאסטען; איך האף, דאס איהר וועט מיט זיי צופריעדען זיין און ענטשולדיגען דיזען שלעכטען צופאל, און איך פערשפרעך אייך, דאס אזוינס וועט נאך א מאל ניט פאסירען.

איך בין, מיין הערר, אייערער אג. צו. א

---

17. Another Letter about Bad Goods.

Dear Sir: —

While I must confess that the goods received from you up to May last were as good as I wished them to be, I am sorry to be compelled to tell you that the last three parcels sent are so bad that in offering them to my customers I would surely injure my business. Under these circumstances you can easily understand that unless you send me proper goods in exchange of them, I must withdraw my correspondence and establish a connection with another firm.

Your immediate answer will oblige

Yours respectfully,

Aaron Sachs.

18. Answer.

Dear Sir: —

I am extremely sorry to learn from yours of yestarday's date that the last goods sent to you were of a more inferior quality than you could have expected me to forward to you. I never intended to send them to you, though I had made up my mind to dispose of them at a lower price to stray purchasers. By a mistake on the part of my clerks, who filled your order while I was absent from the city for one day, you got a good cause for complaining, which I deeply and sincerely regret, my desire always having been to faithfully attend to such a faithful correspondent as you are. But in order to make up for it, I forward to you, by express, those goods which had been originally intended for you, at my own expense, and hope that you will be pleased with them, and excuse this mishap, the like of which shall, I promise you, not occur again.

I am, Sir, Yours &c.

19. וועגען ענטזאגען זיך אנצונעהמען וואארע.

משיקאגא, אילל., 15טען מאי, 1899.

העררן פ. דזש. נודריטש,

מילוואקי, וויס.

ווערטהער הערר: —

איך אנערקען היערמיט, דאס איך האב ערהאלטען דיא וואארע, וועלכע זיינען מיר אנגעמעלדעט געווארען דורך דעם וואארען־צעטעל פון דעם 5טען פון דיזען מאנאט, אבער עס טהוט מיר לייד, דאס איך בין געצוואונגען מיך צו בעקלאגען אויף אייער בעהאנדלונג.

דיא וואארע זיינען אנגעקומען אין אזא צושטאנד, דאס איך קען זיי דורכאויס נים בענוצען פיר איינצעל־פערקויף, ווען איך וויל אנהאלטען מיין געשעפט און מיינע קונדען.

איך בין אלזא געצוואונגען מיך אין גאנצען צו ענטזאגען אנצונעהמען דיא וואארע און אייך צו בעטען זיי צוריק־צונעהמען.

דיא קאסטען פון פראכט בעטרעפען $9.25; ווען איך וועל דיזע פון אייך ערהאלטען, וועט איהר דיא וואארע ערהאלטען צוריק.

איך האף, דאס איהר וועט שיקען נאך זיי ביי דער פריהעסטער געלעגענהייט, ווייל עס איז דא צו ווענינ ארט אין מיין געשעפט און דיא וואארע וועלען נעוויס פערליערן זייער ווערטה, ווען זיי וועלען לאנג פערבלייבען געפאקט אין קאסטענס.

זעהר אכטונגספאל,

ראבערט וויללאיאמס.

שלוס־רעכנונג צו ענדע פון דעם יאהר.

מיינע הערען: —

איהר וועט דא געפינען איינגעשלאסען דיא רעכנונג, וועלכע איהר האט פער־לאנגט דורך אייער ווערטהען בריעף פון דעם 24טען פון דיזען מאנאט. איך שיק אייך פיעלע דאנקען פיר אל דיא פריינדשאפט, וועלכע איהר האט מיר געוויזען אין דעם לויף פון דיזען יאהר, און איך האף, דאס איך וועל ווייטער אויך פער־דיענען אזוי פיעל פריינדשאפט ביי אייך דורך דעם, וואס איך וועל מיך ווידער בעמיהען שנעל צו בעזארגען אייערע בעשטעלונגען.

איך בין, מיינע הערען, או. וו. וו.

19. Refusing to Accept Goods.

Chicago, Ill., May 15, 1899.

F. J. Goodrich, Esq.,

Millwaukee, Wis.

Dear Sir: —

I hereby acknowledge the receipt of the goods notified me by invoice of the 5th inst., but I am sorry to be compelled to complain of your services.

The goods arrived in a condition altogether unfit for retail sale, if I want to keep my business and my customers.

Consequently I am bound to refuse the acceptance of the goods totally, and to request you to receive them back.

The expenses for freight amount to $9.25, upon the receipt of which the goods shall be returned to you.

I hope you will send for them at your very earliest convenience, the space in my business place being too limited and the goods being sure to lose by long remaining packed in boxes.

Very respectfully,

Robert Williams.

20. Statement at the Close of the Year.

Gentlemen: —

You will find hereto annexed the account you requested by your favor of the 24th inst. I return many thanks for all the kindness you bestowed on me in the course of this year, and hope I shall continue to deserve as much at your hands by making new efforts to promptly execute your orders.

I am, Gentlemen, &c.

21. ענטפֿער.

מײן הערר : — מיר האָבען פֿאר אונז אײער ווערטהען בריעף פֿון דעם 27טען פֿון דיזען מאָנאַט צוזאַמען מיט אונזער רעכנונג. מיר בעדויערן, וואָס מיר זײנען געצוואונגען אײך צו מעלדען, דאַס זיא (דיא רעכנונג) שטימט ניט מיט אונזער בוך, ווײל דער באַלאַנס אויף אונזער זײט בעטרעפֿט $324 אַנשטאַט $245. מיר בעטען אײך אַלזאָ, אַז איהר זאָלט איבערזעהן דיא רעכנונג און אונז באַלד דעריבער צו וויסען צו געבען.

מיר פֿערבלײבען או. אַז. וו.

---

22. פֿאָרשלאַגע וועגען עפֿנען אַ קאָנטע.

מײן הערר : — מײן פֿרײנד, הערר דייווים פֿון דיזער שטאַדט, האָט וועגען אײך געשפּראָכען אַזוי פֿיעל גוטעס, דאַס איך האָב געפֿונען פֿיר רעכט צוריקצר ציהען מײנע בעשטעלונגען פֿון סאַש און קאָמפֿ. און צו עפֿנען אַ קאָנטע מיט אײער פֿירמע. איהר וועט וועט מיר דעריבער טהאָן אַ גרויסען געפֿאַלען, ווען איהר וועט מיר שיקען אַ פּרײז־ליסטע צוזאַמען מיט אַנדערע נױטהיגע אײנצעלהײטען וועגען דער אַרט, ווי איהר טהוט געשעפֿט.

איך בין מײן הערר,
מיט אַכטונג אײיערער.

---

23. אַ בריעף וועגען קרעדיט.

מײנע העררען : —

זײט אַזוי גוט און ניט מיר הערן נ. בראָון, פֿון דיזען אָרט, אַלע אַרט וואַארע און פֿיר יעדע סומע, וועלכע זאָל ניט בעטרעפֿען מעהר אַלס $500, און איך וועל מיך האַלמען פֿעראַנטוואָרטליך פֿיר דיא בעצאַהלונג אין פֿאַל, ווען הערר בראָון וועט אַלײן פֿיר זײ ניט בעצאָהלען.

איהר וועט וועט מיר געפֿעליגסט געבען צו וויסען וועגען דער סומע, פֿיר וועלכע איהר וועט איהם געבען קרעדיט ; און אין פֿאַל ווען איהר קריענט ניט דיא בעד צאָהלונג, זאָלט איהר מיר גלײך שרײבען.

איך בין, מײנע העררען, אײער געהאָרכזאַמסטער דיענער, או. אַז. וו.

21. Answer.

Sir: — We hove your favor of the 27th inst. before us, together with our account. We regret our being obliged to inform you that it does not agree with our own book, for the balance on our side amounts to $324, instead of $245. We therefore beg you to revise the account and to inform us about it soon.

We remain &c.

---

22. Proposing to Open an Account.

Sir: — My friend, Mr. Davis of this city, has spoken of you in terms so high that I have found reason to withdraw my orders from Sash & Co. and to open an account with your firm. You will therefore much oblige me by forwarding a list of prices, together with other necessary particulars as to your manner of doing business.

I am, Sir,
Yours respectfully.

---

23. Letter of Credit.

Gentlemen: —

Please deliver to Mr. N. Brown, of this place, goods of any kind, to any amount not exceeding $500, and I will hold myself accountable to you for the payment of the same in case Mr. Brown should fail to make the payment himself.

You will kindly notify me of the amount for which you may give him credit; and in case of default of payment, you will please communicate with me immediately.

I am, Gentlemen, your most obedient servant, &c.

---

24. וועגען דער בעצאָהלונג פון אַ קליינעם חוב.

מיין ווערטהער הערר: — אַזוי וויא איך בין יעצט ענג אין געלד בין איך נעצוואונגען אייך צו עראינערן, דאָס איך האָב ביי מיר אייער חוב־צעטעל פיר דיא סומע פון $50. איך האָב נאָר ווייטער צו זאָגען, אַז איך ערוואַרט פון אייך צו הערען, ווען עס וועט זיך לאָזען, מיט דער צווייטער פּאָסט, און איך פערבלייב,

מיין ווערטהער הערר,

זעהר אויפריכטיג אייערער.

---

25. ענטפער.

ווערטהער הערר: — איך פיהל מיך גליקליך דאָס איך בין אין שטאַנד איינצושליעסען דיא סומע, וועלכע איך בין אייך געוועזען שולדיג אַזוי לאַנג. איך פערזיכער אייך, דאָס טוישונגען, וועלכע איך האָב ניט געקענט פּאַראויסזעהען, זיינען געוועזען דיא אורזאַך פון מיין אונפּינקטליכקייט.

אייער דאַנקבאַרער און טרייער דיענער.

---

26. וועגען פערלאַנגען צאָהלונג.

מיין הערר: — דורך אַן אונערוואַרטעטע פאָדערונג פון מיר, בין איך נעצוואונגען מיך צו ווענדען צו אייך וועגען דעם באַלאַנס פון $250, וואָס קומט מיר פיר דיא לעצטע וואַרען־זענדונג.

ווען איהר זייט ניט אין שטאַנד מיר צו בעצאָהלען דיא גאַנצע סומע מיט אַ מאָל, וועל איך אייך זיין דאַנקבאַר פיר אַ טהייל דערפון, אָבער איך האָף, דאָס איהר וועט מיך ניט לאָזען בלייבען געטוישט גאָר אין גאַנצען.

איך פערבלייב, אייער געהאָרכזאַמער דיענער.

---

27. ענטפער.

מיין הערר: — איך אַנערקען, דאָס איך האָב ערהאַלטען אייער ווערטהען בריעף, און איך פיהל מיך גליקליך, דאָס איך קען אייך שיקען היער איינגעשלאָסען דיא גאַנצע סומע פון אייער באַלאַנס פון $250. איך וואָלט עס שוין לאַנג האָבען אָבגעצאָהלט, אָבער דער באַנקראָט פון צוויי פון מיינע קונדען האָט מיר אַזוי נעשאַדעט, דאָס איך האָב ביז היינטיגען טאָג ניט געקענט ערפילען מיין פליכט.

ווינשענדיג אייך דעם בעסטען ערפאָלג, פערבלייב איך,

טרייליך אייערער

24. About Payment of a Small Debt

My Dear Sir: — Being at present rather short of cash, I am compelled to remind you that I have in my possession your I O U* for the sum of $50. I need say no more, but that I hope to hear from you, if convenient, by return of post, and remain,

My dear Sir,

Yours, most sincerely.

* עס איז אָנגענומען אין דער קויפמענישער וועלט צו שרייבען דיא בוכשטאַבען I O U אַנשטאַט דיא ווערטער I Owe You („איך בין אייך שולדיג״); אזוי ווערט אָנגערופען אַ חוב־צעטעל.

---

25. Answer.

Dear Sir: — I am happy in being able to enclose you the sum which I have been owing you soo long. I assure you that unforeseen disappointments have been the cause of my want of punctuality.

Your obliged and faithful servant.

---

26. Demanding Payment.

Sir: — By an unexpected demand, I am obliged to call upon you for the balance of $250 due to me on my last shipment.

Should you not be able to pay the whole amount at once, I shall thank you for any part of it, but hope that you will not disappoint me altogether.

I remain, your obedient servant.

---

27. Answer.

Sir: — I acknowledge the receipt of your favor, and am happy that I can send you the whole amonnt of your balance of $250 inclosed. I should have settled it long ago, but the failure of two of my customers had so crippled me, that up to this day I have been unable to fulfil my engagement.

With the best wishes for your success, I remain,

Yours truly.

28. ביטע וועגען צאהלונג.

מיין הערר : — אזוי וויא איך האב צו צאהלען אן אונערוואַרטעטע רעכנונג און איך בין דיזען אויגענבליק קורץ אין געלד, נעהם איך מיר דיא פרייהייט אייך צו בעמיהען וועגען דעם קליינעם באלאנס, וואס איהר זייט מיר שולדיג לויט אונזער רעכנונג. ווען עס איז אייך אונבעקוועם מיר צו געבען דיא גאנצע סומע, וועל איך זיין זעהר צופריעדען מיט א טהייל דערפון.

ערוואַרטענדיג אייער ענטפער, פערבלייב איך, מיט גרויס רעספעקט, או. אז. וו.

---

29. ענטפער.

מיין הערר : —

אויף אייער ביטע האב איך היער איינגעשלאָסען פיר דעם גאנצען באלאנס, וועלכען איך בין אייך שולדיג, אן אַנווייזונג צו הערכן פוט, פון אייער אַרט, וועלכער וועט זיא אָננעהמען, ווען ער וועט פון אייך ערהאלטען א צעטעל דאפיר.

איך בעט אייך, ווייטער זאָלט איהר מיר געהעריג צו וויסען געבען, ווען איהר פערלאנגט צאהלונג.

אייערער, או. אז. וו.

---

30. קלאגע וועגען פערציעהען א בעשטעלונג.

מיינע הערען : — מיין בעשטעלונג פון דעם 1טען פון דיזען מאָנאט האט איהר ניט בעזאָרגט. אלע טאג פערליער איך קונדען דורך דעם, ווייל דער אַרטיקעל ווערט זעהר שטאַרק געפּאָדערט אין מיין געשעפט. איך קען ניט פערשטעהן דיזע נאכלעסינקייט, און איך מח אייך בעטען, אז איהר זאָלט מיר גלייך שיקען דיא וואַארע ; ווען ניט, וועל איך זיי מוזען בעשטעלען אנדערסוואו.

אייערער, או. אז. וו.

---

31. ענטפער.

ווערטהער הערר : — איהר וועט ענטשולדיגען אונזער פערציעהען ; אזוי וויא מיר האבען ניט ביי אונז מאנכע פון דיא וואַארע, וואס געפינט זיך אין אייער בע־שטעלונג, זיינען מיר געוועזען געצוואונגען צו וואַרטען ביז זיי וועלען אָנקומען פון דער פאבריק ; דאס איז געוועזען דיא אורזאך פון דעם פערציעהען זיך.

אייערער או. אז. וו.

---

28. Asking for Payment.

Sir: — Having an unexpected bill to pay, and being momentarily short of money, I take the liberty of troubling you for the small balance due to me on the account between us. If it should be inconvenient for you to let me have the whole, a part will be very welcome to me now.

Expecting your answer, I remain, with profound respect, &c.

---

29. Answer.

Sir: —

Upon your request I have enclosed for the full balance which remains due, an order to Mr. Foot, of your place, who will honor it upon receiving your receipt for the same.

Please for the future to give me proper notice when you wish payment to be made.

Yours, &c.

---

30. Complaint of Delay in Executing an Order.

Gentlemen: — My order of the 1st inst. has not been executed by you. I am daily losing customers by it, as the article is in great demand in my business. I cannot comprehend this carelessness, and must request you to send the goods immediately; if not, I shall have to order them elsewhere.

Yours &c.

---

31. Answer.

Dear Sir: — You will excuse our delay; not having some of the goods contained in your order on hand, we were obliged to await their arrival from the factory; this was the cause of the delay.

Yours &c.

32. דרינגענדע ביטע וועגען צאהלונג.

מיין הערר : — אזוי וויא איך דארף צוזאמענמאכען א גרויסע סומע געלד ביז דעם 15טען פון דיזען מאנאט, מוז איך אייך בעטען, אז איהר זאלט גלייך שענקען אויפמערזאמקייט מיין רעכנונג, וועלכע איז שוין ווייט העריבערגעלאפען דיא געוועהנליכע צייט פון מיין קרעדיט. איהר האט מיר פיר פינף מאנאטען צייט געראנישט געשיקט, און איך בין ווירקליך געצוואונגען אייך צוצוטרייבען, אז איהר זאלט זיין פינקטליכער, ווייל מיין געשעפט ערלויבט מיר ניט צו לאזען ווארטען אויף מיין געלד אזוי לאנג.

איך בין

אייער געהארכזאמער דיענער.

---

33. ענטפער.

מיין הערר : — עס טהוט מיר ווירקליך לייד, וואס איך האב אייך פערשאפט אונאנגענעהמינקייט, אבער איך פערזיכער אייך, דאס דיא שלעכטע געשעפטען פון דער לעצטער צייט האבען אויף מיך געהאט דיא זעלבינע ווירקונג, און איך האב כמעט ניט געוואוסט וואו איך זאל מיך ווענדען אום הערויסצופלאנטערן זיך פון דער שווערער לאגע.

ווען איהר וועט זיין אזוי פריינדליך און ווארטען נאך דריי אדער פיער וואכען, דענק איך, דאס איך קען אייך זיכער פערשפרעכען צו שיקען צוויי הונדערט דאל־לאר, און דעם איבריגען טהייל פון אייער רעכנונג אין עטליכע מאנאטען הערום.

מיט בעדויערן, דאס איך קען גליך ניט ערפילען אייער פערלאנג,

פערבלייב איך,

טרייליך אייערער.

---

34. וועגען איינקאסירען א וועקסעל.

מיין הערר : — איינגעשלאסען אין דיזען בריעף ערלויב איך מיר אייך צוצו־שיקען א וועקסעל פון דריי הונדערט דאללאר אויף העררן סאמיועל דייוויס, פון אייער ארט, און איך בעט אייך דעם זעלבען איינצוקאסירען און שטעלען דיא סומע אויף מיין רעכנונג.

מיט אכטונג אייערער.

---

32. Urging Payment.

Sir : — As I have to make up a heavy **sum by the 15th** inst., I must beg you to give immediate attention to my account, which has already run far beyond my usual extent of credit. You have not remitted me anything for five months, and I mnst really urge greater promptness on your part, as the nature of my business does not allow me to remain out of my capital so long.

> I am,
> Your obedient servant.

33. Answer.

Sir : — I am really grieved to have caused you any inconvenience, but I assure you that the depression of business of late has had the same effect on me, and I have scarcely known which way to turn to extricate myself from the difficulty.

If you will kindly wait about three or four weeks longer, I think I can safely promise you two hundred dollars, and the rest of your account within a few months after.

Regretting that I cannot at once meet your wishes,

> I remain,
> Yours faithfully.

34. About Collection of a Note.

Sir : — Inclosed I beg leave to hand you a note for the sum of $300 on Mr. Samuel Davis, of your place, and request you to collect the same, and to place the amount to my credit.

> Respectfully yours.

35. ענטפער.

מיין הערר: — דער וועקסעל פיר דיא סומע פון $300 אויף העררן סאמיועל דייוויס, וואס איהר האט געשיקט דעם 10 פון דיזען מאנאט, איז פון איהם איינ־געצאהלט געווארען, און דיא סומע איז לויט אייער פערלאנג געשטעלט געווארען אויף אייער רעכנונג.

מיט דער גרעסטער אכטונג.

---

36. וועגען אפלעגען דיא צאהלונג פון א רעכנונג.

מיין הערר: — אייער רעכנונג, וועלכע בעטרעפט $250, האט זיך שוין פער־צויגען א ביסעל צייט און זיא איז נאך אלץ ניט בעצאהלט. און אונערוואַרטעט'ע צרות אין געלד וועלען מיר ניט ערלויבען אייך צו צאהלען פיר נאך א געוויסע צייט, פיעללייכט דריי מאנאטען, אבער דיא צאהלונג וועט זיך ניט פערציעהען לענגער אלס דיזע צייט. פון דיא שטארקע ווערטער פון אייער ביטע פערשטעה איך, דאס א וועקסעל פיר אזא צייט וועט אייך קענען נוצען, ווען עס זאל נאר זיין אזעלכער, וואס זאל קענען געהן פון האנד צו האנד; ווען אזוי, האב איך נארנישט דאגעגען און קען אייך איהם געבען, און איך וועל זיין גרייט צו צאהלען אויף איהם, ווען ער וועט מיר אויף א געהעריגע ארט דערלאנגט ווערען.

איך בין, מיין הערר,

אייער געהארכזאמער דיענער.

---

37. אן אנדער בריעף אין דעם זעלביגען זין.

מיין הערר: —

איך מח אייך ווירקליך בעטען אפצולעגען דיא צאהלונג פון אייער רעכנונג ביז נאך דעם מיטען פון נעכסטען מאנאט; דאן וועל איך זיין אין שטאנד צו טהאן אייער פערלאנג.

מיט דעם בעדויערן, דאס דיא אומשטענדע ערלויבען מיר ניט גיכער צו טהאן אייער וואונש,

פערבלייב איך, מיין הערר,

אייערער, א. א. ו.

---

35. Answer.

Sir: — The note of $300 on Mr. Samuel Davis, sent by you the 10th inst., has been paid by the same, and the amount according to your requert placed to your credit.

Most respectfully.

———

36. Delaying the Payment of a Bill.

Sir : — Your account, amounting to $250, has remained some time unsettled, and pecuniary disappointments will prevent my liquidating it for some time to come, perhaps three months, but the payment will not exceed that period. From the pressing words of your application, I am disposed to think that a promissory note for that time may be of service to you, it being negotiable; if so, I have no objection to give it, and will be prepared to honor it when duly presented.

I am, Sir,

Your obedient servant.

———

37. Another Letter to That Effect.

Sir : —

I really must beg of you to defer the settlement of your account till after the middle of next month, when I shall be in a condition to meet your demand.

Regretting that circumstances prevent my being more prompt in attending to your wishes,

I remain, Sir,

Yours, &c.

———

38. פון א שכן, וועלכער ענטשולדיגט זיך פיר זיין פערציעהען דיא צאהלונג.

מיין העדר: — איך בין שוין אייער שכן איבער צעהן יאהר אין דעם הויז, וואו איך וואוין יעצט, און איהר ווייסט, דאס איך האב קיינמאל ניט פערפעהלט צו צאהלען מיין דירה־געלד אלע פערטעל־יאהר, ווען עס איז געקומען דיא צייט יעצט מהוט מיר זעהר לייד אייך צו מעלדען, דאס דורך פערשיעדענע טוישונגע פון דער לעצטער צייט, בין איך געצוואונגען אייך צו בעטען, דאס איהר זאלט ווארטען נאך א פערטעל־יאהר. ביי יענער צייט, האף איך, דאס איך וועל זיין אין שטאנד צו ערפילען אייער גערעכטען פערלאנג, און דיזען געפאלען וועט אימער געדענקען

אייער געהארכזאמער דיענער.

---

39. א פירמע, וועלכע פערלאנגט מעהר צייט.

מיינע הערדען: — איך בעדויער זעהר, דאס דיא אומשטענדע ערלויבען מיר ניט צו זיין אזוי פינקטליך וויא מיין געוואוינהייט איז, און איך האף, דאס איהר וועט זיין אזוי גוט און בענייען מיין וועקסעל, וועלכען איהר האלט, פיר נאך דריי מאנאטען. דער באנקראט פון איינעם, וואס איז מיר שולדיג זעהר פיעל, און נאך אנדערע שאדענס אין געשעפט, האבען מיר אנגעמאכט שרעקליכע אונבעקוועמליכקייטען, און איך מוז מיךווירקליך שטיצען אויף אייער פריינדליכקייט אלס א מיטעל, וואס זאל מיר העלפען צו קומען צוריק צו זיך.

איך פערבלייב, מיינע הערדען,

טרייליך אייערער.

---

40. אן אנדער בריעף אין דעם זעלבינגען זין.

מיין הערר: — מיין וועקסעל וועט ווערען צייטיג דעם 28טען דיזען מאנאט, אבער עס מהוט מיר לייד צו מעלדען, אז דורך געוויסע אומשטענדע, וועלכע עס ליעגט ניט אין מיין מאכט צו בעזייטיגען, האב איך מורא, דאס איך וועל ניט זיין אין שטאנד איהם צו בעצאהלען. איך בעט אייך דעריבער, אז איהר זאלט מיר געבען א קורצע בענייאונג (א מאנאט), דען איך צווייפעל ניט, אז דאן וועל איך האבען דיא מיטלען איהם צו דעקען. ווען איהר וועט דאס מהאן, וועט איהר מהאן א געפאלען

אייער זעהר געהארכזאמען דיענער.

---

38. From a Tenant, Excusing Delay of Payment.

Sir: — I have now been your tenant above ten years in the house where I now live, and you know that I never failed to pay my rent quarterly when due. At present I am extremely sorry to inform you that from a variety of recent disappointments, I am under the necessity of begging that you will wait one quarter longer. By that time I hope to have it in my power to answer your just demand, and the favor shall be ever remembered by

Your obedient servant.

---

39. A Firm, Asking Extension of Time.

Gentlemen: — I much regret that circumstances prevent my being as punctual as is my wont, and hope you will kindly renew the note you hold of mine for another three months. The failure of a person largely indebted to me, and some other losses in business, have caused me severe inconvenience, and I really must depend upon yonr leniency as a means to enable me to recover myself.

I remain, Gentleman,
Yours faithfully.

---

40. Another Letter to That Effect.

Sir: — My note will be due on the 28th inst., but I regret to say, that owing to circumstances beyond my control, I fear that I shall not be able to meet it. May I therefore request that you will grant me a short renewal (a month), when I doubt not my means to take it up. By doing this you will oblige

Your very obedient servant.

---

41. אן אונגליקליכער סוחר צו זיין קרעדיטאָר.

מיין הערר :—

אזוי וויא עס איז געשעהען א גרוססעס אונגליק אין מיין פאמיליע און אייניגע פון מיינע קונדען האָבען באנקראָטירט, בין איך געצוואונגען אייך צו בעטען, אז איהר זאָלט דיא צייט פון מיין צאָהלונג פערלענגערן אויף אונגעפעהר זעקס מאָנאטען, און איך בעט אייך, אז איהר זאָלט דיא זעלבינע זאך אויך אויסווירקען ביי דיא איבריגע קרעדיטאָרען מיינע. איהר ווייסט מיין כאראקטער; איך האָב שטענדיג געהאנדעלט עהרליך און אויפריכטיג געגען דיא, מיט וועלכע איך בין געשטאנען אין געשעפטליכע פערבינדונגען, און דעריבער גלויב איך, דאס איך פערדיען, אז איהר זאָלט מיין ביטע נעהמען אין אכט.

מיט דער פערזיכערונג, דאס איהר און אלע מיינע איבריגע קרעדיטאָרען וועלען זיין בעפריעדיגט נאָך דער צייט, וועלכע איך פערלאנג פון אייך,

פערבלייב איך,

מיט דער גרעסטער אכטונג.

42. ענטפער.

מיין הערר :—

דיא נייעס וועגען אייער שווערער לאגע האָט מיר ווירקליך פערשאפט פיעל שמערץ, און איך האָב געהאלטען פיר מיין פליכט צו טהאָן אלעס, וואס איז נאָר נעווען מעגליך, אום אייך צו העלפען.

איך האָב איינגעווילינט מיט דיא איבריגע קרעדיטאָרען אייערע, אייך צו געבען צוועלף מאָנאט צייט.

איך פערבלייב,

טרייליך אייערער.

43. אן אנדער ענטפער.

מיין הערר : —

עס טהוט מיר לייד אייך צו מעלדען, דאס איך קען ניט נאָכגעבען אייער פערלאנג. אייערע קרעדיטאָרען האָבען דיא פאָריגע נאכט אָבגעהאלטען א פער־זאמלונג און האָבען בעשלאָססען אייך צו געבען איין מאָנאט צייט, אין וועלכען איהר זאָלט בעצאָהלען אייערע שולדען. ווען זייערע פאָדערונגען וועלען נאָך דעם פערלויף פון דיזער צייט ניט בעפריעדיגט ווערען, וועלען זיי זיך ווענדען צו געריכט.

איך פערבלייב,

טרייליך אייערער.

41. UNFORTUNATE MERCHANT TO HIS CREDITOR.

Sir:—

A heavy misfortune in my family, and the failure of several of my customers, oblige me to ask you to prolong my terms of payment for about six months, and request you to obtain for me from the rest of my creditors a similar delay. You know my character. I have always acted honestly and conscientiously towards my business friends, and therefore believe to merit some consideration.

Assuring you that you and all the rest of my creditors will be satisfied at the expiration of the said term.

I remain,
Most respectfully.

42. ANSWER.

Sir:—

The news of your embarrassment has indeed given me much trouble, and I thought it my duty to do all I could to assist you.

I have agreed with the rest of your creditors, to allow you twelve months' time.

I remain,
Yours truly.

43. ANOTHER ANSWER.

Sir :—

I am sorry to inform you that I cannot consent to your request.

Your creditors held a meeting last night and resolved to allow you one month longer to meet your engagements. If at the expiration of that time their claims are not satisfied, thy will have recourse to the law.

I remain,
Yours truly.

44. וועגען א הלואה.

ווערטהער הערר: —

אין צעהן טעג הערום דארף איך נויטהיג האבען דיא קליינע סומע פון $125. אום צו זיין אין שטאנד צו ערפילען מיינע פערפליכטונגען צו הערן סמיטה און קאמפ. דאס פערטרויען פון דיזער פירמע איז פיר מיך זעהר וויכטיג. ווייל מיין גאנצעס געשעפט העננט אב פון זיי. איהר וועט מיר דעריבער טהאן א גרויסען געפאלען, ווען איהר וועט מיר העלפען מיט דיזער סומע פיר זעקס וואכען צייט. ווית אזוי גוט און ענטפערט מיר באלד.

טרייליך אייערער.

45. ענטפער.

ווערטהער הערר: —

איך מוז אייך אפען זאגען, דאס אין דיזען אויגענבליק איז מיר שווער צו ערפילען אייער וואונש; נאר אום אייך צו געבען א בעוויז, דאס איך האב צוטרויען צו אייער פינקטליכקייט, שיק איך אייך דא איינגעשלאסען אן אנווייזונג אויף $125.

מיט אכטונג.

46. אן אנדער ענטפער.

ווערטהער הערר: —

אין דיזען אויגענבליק איז מיר שווער אייך צו שיקען דיא סומע, וועלכע איהר פערלאנגט אין אייער נעכטיגען בריעף. איך בין יעצט אזוי געענגט אין געלד. ראס איך קען קוים דעקען דיא געוועהנליכע אויסגאבען פון מיין געשעפט. איך האף, דאס מיין ענטזאגונג וועט אייך ניט פאלען שווער און דאס איהר וועט געפינען דיא נויטהיגע הילף ביי מאנכע אנדערע פריינד.

44. CONCERNING A LOAN.

Dear Sir :—

It is of great consequence to me, to have in ten days the **small** sum of $125, to be able to fulfil my engagements towards Messrs. Smith & Co. The confidence of this firm is of great importance to me, as my whole business depends upon them. You will therefore oblige me by assisting me with the above sum for six weeks. **Please favor me with an early reply.**

Yours truly.

45. ANSWER.

Dear Sir :—

I must confess that at this moment I find it difficult to fulfil your wish; but to give you a proof of the confidence which I place in your punctuality, I send you enclosed an order for $125.

Respectfully.

46. ANOTHER ANSWER.

Dear Sir :—

At this moment I find it impossible to advance you the sum you ask me for in your letter of yesterday. I am at present so short of cash that I can scarcely pay the current expenses of my business. I hope that my refusal will not embarras you, but that **you** will find the necessary assistance with some other friends.

Yours most respectfully.

47. ווענען א הלואה פון א בעקאנטען.

ווערטהער הערר : —

איהר וועט מיר טהאן א גרויסען געפאלען ווען איהו וועט מיר לייהען
אבצינג דאללאר אויף פינף וואכען צייט.   ווען איהר וויל'ס קען איך אייך געבען
גוטע פערזיכערונג אז איך וועל אייך פינקטליך אומקעהרען דאס געלד גאך דעם
אבלויף פון דיזער צייט.

טרייליך אייערער.

48. ענטפער.

ווערטהער הערר : —

איך פיהל מיך גליקליך וואָס איך בין אין שטאנד צו ערפילען אייער פער־
לאנג.   איך פערלאנג ניט קיין פערזיכערונג, אייער ווארט איז גענוג.   אזוי וויא
איך האב דאס גרייטע געלד ביי מיר, קענט איהר קומען נאך דעם,   ווען איהר
ווילט.

אייערער או. אז. וו.

49. אן אנדער ענטפער.

ווערטהער הערר : —

איך האב מיר שטענדיג געמאכט א פרינציפ אין לעבען,   קיינמאל ניט צו
באָרגען אדער לייהען קיין געלד.   איך רעכען דעריבער, דאס איהר וועט ענטשול־
דיגען מיין בענעהמען זיך געגען אייך,   וועלכעם וועט אייך פיעללייכט פאָרקומען
גראָב ;   איך האב אימער געפונען,   אז דאס איז דער זיכערסטער אן פריינד־
ליכסטער וועג פיר ביידע צדדים.

איך פערבלייב,

זעהר טרייליך אייערער.

47. LOAN FROM AN ACQUAINTANCE.

Dear Sir :—

You would oblige me much by lending me sixty dollars for five weeks. If you wish, I can give you good security, and shall return the money punctually at the expiration of that time.

Yours truly.

48. ANSWER.

Dear Sir :—

I am happy to be able to comply with your request. I require no security, your word is sufficient. As I have the ready money with me, you can call for it when you wish.

Yours &c.

49. ANOTHER ANSWER.

Dear Sir :—

I have always made it a principle in life never to borrow or lend money. I therefore trust you will excuse my conduct which may seem harsh on my part, but which I have ever found to be the safest and the kindest course for all parties.

I remain,

Yours very faithfully.

50. נאכפראגען וועגען דער עהרליכקייט פון א פירמע.

מיין העררי: —

מיט פערטרויען אויף אייער קלונשאפט און פריינדשאפט, וועלכע איהר האט מיר אימער געציינט, בעט איך ערלויבנים ביי אייך צו מאכען דיא פאלגענ־דע נאכפראגע.

איך האב דיזען אויגענבליק געקריעגען א בעשטעלונג פיר פערשיעדענע וואארען ביז דער סומע פון 1500 דאללאר פון העררן ......, פון אייער ארט. ער וויל מיר איינצאהלען איין העלפט באלד וויא ער וועט קריעגען דיא סחורה און דיא אנדערע העלפט נאך דריי מאנאטען. אזוי וויא איך בין מיט דיזען העררן נים בעקאנט און וויל מיין סחורה נים טרויען א מענשען, וואס איך קען נים, נעהם איך מיר דיא פרייהייט אנצופרעגען אייער מיינונג, אויב איך קען איהם פערקויפען דיא וואארע אהן א ריזיקע.

איך וועל אבהאלטען מיין ענטפער אויף זיין בריעף ביז איך וועל קריגען א בריעף פון אייך. דאס וואס איהר וועט מיר שרייבען וועל איך דורכאוים האלטען אלס געהיים און איך פערשפרעך אייך, דאס איך וועל מיך שעצען גליקליך אייך אבצוטהאן דיא זעלבינע טובה אין יעדען פאל וואס וועט ביי אייך פארקומען.

מיט דער גרעסטער אכטונג.

51. ענטפער.

מיין העררי: —

אין אנטווארט אויף אייער ווערטהען בריעף פון דעם ...... פון דיזען מא־נאט, פרייט עס מיך אייך צו מעלדען, דאס העררי ......, וואס שטעהט שוין היער מיט א געשעפט פיר דיא לעצטע צוויי יאהר, האט דאס גרעסטע צוטרויען פון דער געשעפטס־וועלט און דאס איך וואלט לאנג נים געטראכט איהם צו טרויען דיא סומע, פיר וועלכע ער האט געמאכט זיין בעשטעלונג. ער איז בע־קאנט אלס בכבוד'ער מענש און פון זיין געשעפט קען מען זעהען, דאס ער איז א בעמיטעלטער און געניטער קויפמאן.

איהר וועט זיין אזוי גוט בענוצען דיזע מעלדונג אהן מיין פעראנטווארט־ליכקייט דערביי, און איהר קענט אימער רעכענען אויף מיינע דיענסטע צו אייך.

מיט אכטונג אייערער.

50. INQUIRING AFTER THE HONESTY OF A HOUSE.

Sir :—

Trusting to your discretion and the friendship you have **always** shown towards me, I beg leave to make the following inquiry of you.

I have this moment received an order for sundry goods, to the amount of $1500, from Mr.——, of your place. He offers to pay one half immedialety on receiving the goods, and the other half after three months. Having no acquaintance with this gentleman, and not wishing to trust my goods without knowing to whom, I have taken the liberty of applying to you for your opinion, if I may sell him the goods without any risk.

I shall delay answering his tetter until I receive yours. The information you may give me I shall consider as entirely confidential, whilst I shall be happy to return the favor on all similar occasions.

Most respectfully.

51. ANSWER.

Sir :—

In answer to your favor of the — inst. I am happy to inform you that Mr.——, who has been established here for the last two years, enjoys the most perfect confidence of the mercantile community, and that I should not hesitate to entrust him with the amount he has ordered. He is known as a man of honorable sentiments, and his business shows him to be a merchant who possesses both means and experience.

You will please to make use of this information without any responsibility on my part, and consider me always at your services.

Yours respectfully.

52. צירקולאר־בריעף וועגען דער גרינדונג פון א געשעפט.

משיקאגא, אפריל 10, 1898.

ווערטהער הערר: —

איך נעהם מיר דיא פרייהייט אייך בעקאנט צו מאכען, דאס איך האב היינטיגען טאג געגרינדעט א געשעפט פון מאדע־וואארען אן־גרא (האולסייל), און צו בעטען, אז איהר זאלט ביי מיר מאכען בעשטעלונגען, וועלכע וועלען גענוי און פינקטליך בעזארגט ווערען.

מיט דער האפנונג, דאס איהר וועט מיך בעעהרען מיט אייערע בעשטעלונגען, ערלויב איך מיר אייך דא צו שיקען איינגעשלאסען מיין פרייז־קוראנט, וועלכער וועט געוויס אויף אייך האבען דיא ווירקונג, דאס איהר זאלט מאכען מיט מיר געשעפט.

ווען איהר ווילט וועגען מיר מאכען וועלכע עס איז נאכפראגען, קענט איהר אייך ווענדען צו דיא הערען היי און בראון, וועלכע וועלען גערן ענטפערן אויף אלעס, וואס איהר וועט וועלען וויסען.

אייער געהארכזאמער דיענער.

53. אן אנדער צירקולאר־בריעף.

משיקאגא, אפריל 10, 1899.

ווערטהער הערר: —

מיר בעטען אייער ערלויבניס אייך בעקאנט צו מאכען, דאס מיר האבען דיזען טאג געעפענט א געשעפט פון מאדע־וואארען אן־גרא (האולסייל) אונטער דעם פירמע־נאמען בלאק און קאמפ.

אונזערע געשעפטליכע פערבינדונגען מיט ניו יארק גיבען אונז דיא מעגליכ־קייט אונזערע קויפער אנצובאטען פיעלע פערשיעדענע סארטען פון דיא נייעסטע און שעהנסטע ארטיקלען אין דעם פאך פון מאדע־וואארען.

אונזער קאפיטאל ערלויבט אונז, דאס מיר זאלען פיר אונזערע פריינד שטעלען דיא לויענדסטע פרייזען און בעסטע בעדינגונגען, און דעריבער נעהמען מיר אונז דיא פרייהייט צו בעטען, אז איהר זאלט אונז שיקען אייערע בעשטעל־לונגען.

מיר וועלען אימער שטרעבען צו פערדיענען דאס צוטרויען, וועלכעס איהר וועט אונז שענקען.

מיט דער גרעסטער אכטונג.

52. CIRCULAR ANNOUNCING THE ESTABLISHMENT OF A BUSINESS.

Chicago, April 10, 1899.

Dear Sir :—

I take the liberty of informing you that I have this day established a wholesale dry-goods business, and beg leave to solicit your orders, which will be executed with the utmost care and punctuality.

Hoping you will favor me with your orders, I beg leave to hand you inclosed my price-current, which will no doubt induce you to do business with me.

As to any inquiries you might wish to make, I refer you to Messrs. Hay & Brown, who will be ready to give you any information.

Your obedient servant.

53. ANOTHER CIRCULAR.

Chicago, April 10, 1899.

Dear Sir :—

We beg leave to inform you, that we have established on this day, in this place, a wholesale dry-goods business, under the firm of Block & Co.

Business relations with New York enable me to offer a well assorted stock of the neswest and most tasteful articles in the above line of business.

Our capital is such that we can allow our friends, as to prices and terms, all possible advantages. We therefore take the liberty of soliciting your orders.

To merit the confidence which may be placed in us, will be always our earnest endeavor.

Most respectfully.

54. צירקולאר־בריעף וועגען דעם טוידט פון א שותף.

ווערטהער הערר: —

מיר בעטען ערלויבניס אייך צו מעלדען, דאס וועגען דעם טוידט פון אונזער שותף, הערען דזשיימז בארק, וועט פון דעם 15טען פון נעכסטען מערץ געמאכט ווערען אן ענדערונג אין אונזער פירמע.

דאס קאפיטאל, וואס בלייבט אין אונזער געשעפט, וועט ניט פערקלענערט ווערען און דאס געשעפט וועט געפיהרט ווערען גראדע אויף דיא זעלבינע ארט וויא פריהער.

צו רעכטער צייט וועלען מיר אייך געבען צו וויסען וועגען דיא ענדערונגען, וועלכע מיר רעכנענען צו מאכען; דערווייליג בעטען מיר אייך, אז דער אויבענ־דערמאהנטער פארפאל (דער טוידט פון אונזער שותף) זאל ניט אונטערברעכען אייער קאררעספאנדענץ, מיט וועלכער איהר זייט געוועזען אזוי פריינדליך אונז צו בעעהרען פיר אזוי פיעלע יאהרען און וועלכע מיר וועלען אימער שעצען זעהר פיעל.

מיר בעטען אייך איהר זאלט אננעהמען דיא פערזיכערונגען פון אונזער העכסטער אכטונג צו אייך.

55. צירקולאר־בריעף וועגען צונעהמען א שותף.

ווערטהער הערר: —

איך האב דיא עהרע אייך צו מעלדען, דאס איך האב מיך ענטשלאסען הערייננצונעהמען אלס שותף אין מיין געשעפט דעם הערען דזשאזעף הוואיט, וועלכער איז זייט פיעלע יאהרע געוועזען דער קאררעספאנדענט פון מיין הויז און צו וועלכען איך האב דאס גרעסטע צוטרויען.

איהר וועט אלזא זיין אזוי גוט און שענקען אויפמערקזאמקייט צו הערען הוואיט'ס אונטערשריפט און איהם צייגען דיא זעלבע פריינדשאפט, וועלכע איהר האט ביז אהער געצייגט צו מיר. אין אלע אנדערע זאכען וועט דאס געשעפט, וויא אויך דער פירמע־נאמען בלייבען וויא געוועזען, און אונזערע בעמיהונגען וועלען, וויא אימער, זיין איבערגעגעבען צו דיא בעסטע אינטערעסען פון אונזערע פריינד.

מיט דער גרעסטער אכטונג.

54. CIRCULAR ANNOUNCING DEATH OF A PARTNER.

Dear Sir :—

We beg leave to inform you, that in consequence of the death of our Mr. James Bark, an alteration will take place in our firm from the 1st of March next.

The capital employed in our business will, however, not be diminished, and the latter will be carried on on the same principles as heretofore.

In due time, we shall inform you of the alterations we intend to make; until then, we request you not to allow the said event to cause an interruption in your correspondence, with which you have been pleased to honor us for so many years, aud which we shall ever value very highly.

Please to accept the assurance of our highest esteem.

55. CIRCULAR ANNOUNCING RECEPTION OF A PARTNER.

Dear Sir :—

I have the honor to inform you, that I have determined to receive as partner into my business, Mr. Joseph White, who for years has been the corresponding clerk of my house, and in whom I place the greatest confidence.

You will, therefore, plaese to take note of the signature of Mr. White, and extend to him the same good feelings which you hitherto have shown towards me. In every other respect, the business of the house, as well as its firm, will remain unchanged, whilst our endeavors will as ever be devoted to the best interest of our friends.

Most respectfully.

56. ווענען איבערנעהמען א געשעפט נאך איינעמ'ס טוידט.

ווערטהער הערר: —

איך ערפיל דיא טרויעריגע פליכט אייך צו מעלדען וועגען דעם טוידט פון העררן דזשייקאב הארט פון דיזען ארט.

צו גלייבער צייט ערלויב איך מיר אייך בעקאנט צו מאכען, דאס איך האב אבגעקויפט ביי דיא יורשים דאס לעדער־געשעפט, וועלכעס דער פערשטארבענער האט ביז אהער געפיהרט, וויא אויך אלע חובות, וואס קומען דעם געשעפט, און דאס איך וועל עס פיהרען גראדע וויא פריהער, נאר אונטער דעם פירמע־נאמען ה. מאסס.

איך בעט אייך, אז איהר זאלט דאס צוטרויען, וועלכעס איהר האט געהאט צו דעם פערשטארבענעם, יעצט שענקען צו זיין נאכפאלגער, וועלכער וועט טהאן אלעס וואס איז נאר מעגליך אום עס צו פערדיענען.

איהר וועט זיין אזוי גוט און נעהמען נאטיץ פון מיין אונטערשריפט און נעהמט אן דיא פערזיכערונג פון מיין גרעסטער אכטונג צו אייך.

57. ווענען איבערנעהמען א געשעפטס־הויז פון א סוחר, וואס גיט אויף געשעפט.

ווערטהער הערר: —

אזוי וויא מיין פריינד, הערר טשארלז דזשיימסאן, ציעהט זיך צוריק פון געשעפט, האב איך איבערגענומען זיין געשעפטס־הויז און וועל עס פיהרען ווייטער, וויא ער האט עס אימער געפיהרט. איך וועל אייך זיין זעהר דאנקבאר, ווען איהר וועט מיר שענקען דאס צוטרויען, וועלכעס איהר האט געהאט צו מיין פארגענגער, אונטער דיא זעלבינע בעדינגונגען.

איך פערבלייב, אייער געהארזאמער דיענער.

58. ענטפער אויף דעם פריהערדיגען בריעף.

מיין הערר: —

איך אנערקען אייער ווערטהען בריעף און איך בעט צו מעלדען, דאס איך וועל מיך פיהלען גליקליך אנצוהאלטען דיא זעלביגע פריינדשאפט, וועלכע האט עקסיסטירט צווישען מיר און אייער פארגענגער. מיט דער האפנונג, דאס איך וועט אזוי גליקען וויא אייער פארגענגער, פערבלייב איך,

אייער ערגעבענער דיענער.

56. SUCCEEDING TO A BUSINESS ON ACCOUNT OF DEATH.

Dear Sir :—

I fulfil the painful duty to announce to you the death ot Mr. Jacob Hart of this place.

At the same time I beg leave to inform you, that I have purchased from the heirs the leather business hitherto carried on by the deceased with all its debts, and that I shall conduct the same without any alteration, but under the firm of H. Moss.

The confidence, which you have placed in the deceased, please to transfer to his successor, who will do his utmost to merit it.

Please to note my signature and believe me,

Most respectfully.

57. SUCCEEDING TO A BUSINESS ON ACCOUNT OF RETIREMENT.

Dear Sir :—

As my friend Mr. Chas. Jameson is retiring from business, I have taken charge of his establishment and shall continue to conduct the same as he has always done. You will oblige me much by transferring the confidence which you placed in my predecessor, to me, under the same conditions.

I remain your obedient servant.

58. ANSWER TO THE FOREGOING.

Sir :—

I acknowledge your favor of—, and beg to state that I shall be happy to continue the same amicable relations which have existed between your predecessor and myself. Hoping that you will be quite as successful as your predecessor, I remain

Your obedient servant.

59. צירקולאר־בריעף פון קויפלייט, וועלכע ציעהען זיך צוריק פון געשעפט און רעקאמענדירען זייער נאכפאלגער.

ווערטהער הערר: —

מיר גלויבען, דאס עס זיינען דא פיעלע פריינד צווישען דיא, מיט וועלכע מיר זיינען געשטאנען אין פערבינדונג, וואס וועט לייד טהאן צו הערען, דאס מיר האלטען ביי'ן אויפגעבען געשעפט. ביי דעם אויפגעבען פון אונזער געשעפט וועט אונזער הויז און לאגער פון וואארע איבערגעהן צו דיא הערערן מייער און קאמפ., וועלכע וועלען צוקינפטיג פיהרען דאס געשעפט אויף דעם זעלבינען גוטען סיסטעם און גרויסען פוס, וויא מיר אליין, ווען זיי וועלען נאר זיין זיכער, דאס זיי וועלען קריעגען דיא אונטערשטיצונג (דיא קונדשאפט) פון דיא קויפלייטע, וועלכע זיינען מיט אונז געשטאנען אין פערבינדונג. מיט דער האפנונג, דאס זיי קענען דערויף רעכענען, איז עס אונזער פערגניגען און פליכט צו בעטען, אז איהר זאלט דיזע הערען שענקען אייער אויפמערקזאמקייט. וויא פיעל מיר זאלען זאגען וועגען דעם צוטרויען, וואס מיר האבען צו זייער פרייער האנד אין פיהרען געשעפט און זייער שטרענגער אויפמערקזאמקייט און פינקטליכקייט — וועט אלץ זיין ניט גענוג. מיט דער האפנונג, דאס איהר וועט זיי בעעהרען מיט דער זעלבער פריינדליכקייט, וואס מיר אליין האבען ערהאלטען פון אייער ווירדיגער פירמע, פערבלייבען מיר

אייערע ערגעבענסטע דיענער.

60. ביטע וועגען קויפען אקציען אין א פערלאגס־געזעלשאפט.

מיין הערר: —

איך בעט אייך איינצושרייבען מיין נאמען אין דעם צעטעל פון דיא אקציענ־מיטגליעדער אין דער „גאזעטט פערלאגס־געזעלשאפט“ פיר 10 אקציען צו $5, און איך שליעס דא איין א באנק־אנווייזונג (טשעק) פיר $10 אלס ערסטע איינצאהלונג. וועלכע דארף אויף דעם געמאכט ווערען.

איך בין, מיין הערר,

אייער געהארכזאמער דיענער.

59. RECOMMENDING A SUCCESSOR ON RETIRING FROM BUSINESS.

Gentlemen :—

We believe that there are many friends amongst our connection, who will regret to hear that we are just on the point of relinquishing business. In doing so, our premises and stock of goods will be transferred to the hands of Messrs. Meyer & Co., who will, in future, carry on the business on the same approved system and the same extensive scale as ourelves, provided they can rely on receiving the patronage of our connection ; in the hopes of which, it is our pleasure and duty to present these gentlemen to your notice. We cannot speak too highly of the confidence we feel in their liberal mode of conducting business, and their strict attention and punctuality in their mercantile transactions ; and in the hope that they may be honored with the countennece received by ourselves from your respectable firm, we remain

Your most obedient servant.

60. APPLICATION FOR SHARES IN A PUBLICATION COMPANY.

Sir :—

I beg that you will place my name on the list of share-holders in the Gazette Publication Company for 10 shares at the rate of $5, and herewith inclose a check for $10 as the first instalment payable thereupon.

I am, Sir,

Your obedient servant.

61. פון א פאטער, וואס גיט איבער זיין געשעפט צו זיין זוהן.

ווערטהער הערר: —

נאכדעם וויא איך האב מיך פיר פערציג יאהר כסדר אבגעגעבען צו געשעפט, וויל איך מיך יעצט צוריקציעהען, און איך האב דעריבער דיזען טאג איבערגעגעבען מיין גאנצעס געשעפט מיט אלע זיינע אויסשטעהענדע שולדען צו מיין זוהן, סעמיועל בייקער, וועלכער איז פיר דיא לעצטע צעהן יאהר געוועזען מיין מיטהעלפער.

דאנקענדיג אייך פיר דיא פריינדשאפט און גוטסקייט, וואס איהר האט מיר געציינט, בעט איך אייך, אז איהר זאלט דיא זעלבינע אויך צייגען מיין זוהן, וועלכער וועט ווייטער פיהרען דאס געשעפט אהן קיין שום ענדערונג, אויף זיין איינענע רעכענונג.

איך פערבלייב, מיט ריכטיגער אכטונג צו אייך,

אייער געהארכזאמער דיענער.

62. צו א פירמע, וועלכע זוכט א געשעפטס־דיענער.

מיינע הערען:

זעהענדיג פון אייער אנאנסע (בעקאנט־מאכונג) אין דעם „ה ע ר א ל ד" פון שבת, דאס איהר דארפט האבען א מענשען אין געשעפט, ערלויב איך מיר דא איינצושליעסען מיינע צייגניסע און איך נעהם מיר דיא דרייסטיגקייט צו האפען, דאס מיט מיין פריהערדיגער פראקטיק אין דעם געשעפטס־פאך, וועלכען איהר טרייבט, וואלט איך קענען זיין ניצליך אין אייער געשעפטס־הויז. מיין ארט לעבען קען גאראנטירען דאפיר, דאס איך וועל ריכטיג ערפילען מיינע פליכטען, און איך קען אייך נאר פערזיכערן, דאס ווען איהר וועט מיך בעעהרען מיט אייער צוטרויען, וועל איך ניט שפארען קיין מיה צו טהאן מיינע פליכטען אויף אזא ארט, דאס איהר זאלט זיין צופריעדען.

איך פערבלייב, מיינע הערדען,

אייער געהארכזאמער דיענער.

61. FROM A FATHER TRANSFERRING HIS BUSINESS TO HIS SON.

Dear Sir :—

After a peried of many years, which I have continually devoted to business, it is my intention to retire from business. I have, therefore, on this day, transferred the whole of my business with all its debts, to my son, Samuel Baker, who for the last ten years has been my assistant.

Thanking you for the friendship and kindness, which you have shown to me, I request you to extend same to my son, who will continue the business without the least alteration, for his own account.

> I remain, with sincere regard,
>
> Your obedient servant.

62. TO A FIRM SEEKING A CLERK.

Gentlemen :—

Perceiving by your advertisement in the *Herald* of saturday, that you are in want of a clerk, I beg to inclose testimonials, and venture to hope that from my previous experience in the line of business you pursue, I should be of some use in your establishment. My habits of life are such as to assure regularity in the discharge of my duties, and I can only assure you that, should you honor me with your confidence, I shall spare no pains to acquit myself to your satisfaction.

> I remain, Gentlemen,
>
> Your obedient servant.

63. א צווייטער בריעף צו דער זעלבינער פירמע, נאָכדעם ווי א עס איז ערהאַלטען געוואָרען אַן ענטפער.

מיינע הערען :—

אין אנטוואָרט אויף אייער פראַגע וועגען דעם געהאַלט, וועלכען איך ער־וואַרט, ערלויב איך מיר צו זאָגען, דאָס איך בין גאַנץ צופריעדען מיט דעם געהאַלט, וואָס איהר לעגט מיר פאָר. און איך קען אייך פערזיכערען, דאָס ווען מיר וועלען זיך ענדליך איינינען, וועל איך אָנווענדען אַלע מעגליכע מיהע צו פערדי'ענען דאָס צוטרויען, וועלכעס וועט מיר ווערען געשענקט. וואָס אַנבעטרעפט דיא גאַראַנטי, וועלכע איהר פערלאַנגט, רעכען איך, אַז הערען סאַמסאָנ'ס נאָמען וועט זיין גאַנץ גענוג.

איך פערבלייבּ, מיינע הערען,
אייער געהאָרכזאַמער דיענער.

64. נאָכפראַגען וועגען דעם כאַראַקטער פון א געשעפטס־דיענער.

ווערטהער הערר :—

א מאַן מיט'ן נאָמען מייערס איז היינט צו מיר געקומען און האָט פערלאַנגט א שטעלע אַלס א דיענער אין געשעפט. אַזוי ווי א ער זאָגט מיר, דאָס ער איז פריהער געווען אָנגעשטעלט ביי אייך, וועט איהר מיר טהאָן א געפאַלען, ווען איהר וועט מיר געבען צו וויסען, אויב ער איז א פערזאָן, אויף וועלכע מען קען זיך פערלאָזען, און אויב איהר דענקט, דאָס ער וועט זיין גוט צו מיין זאַך.

טרייליך אייערער.

65. ענטפער.

ווערטהער הערר :—

הערר מייערס, אויף וועמען איהר פרעגט נאָך, איז געווען אַכט יאָהר אין מיין געשעפט און איך בין דיא גאַנצע צייט געווען פאָלשטענדיג צופריעדען מיט זיין אויפפיהרונג. מיט פערגניגען גאַראַנטיר איך פיר זיין כאַראַקטער און איך רעקאָ־מענדיר איהם אַלס א פעהיגען מענשען.

טרייליך אייערער.

63. A SECOND LETTER TO THE SAME FIRM AFTER RECEIVING
AN ANSWER.

Gentlemen :—

In answer to your question as to the salary I should expect, I beg to express my perfect satisfaction with the offer you propose, and can assure you that, should we ultimately come to terms, no pains will be spared on my part to deserve the confidence imposed in me. With regard to the guarantee required, Mr. Samson's name will, I trust, be satisfactory.

I remain, Gentlemen,
Your obedient servant.

64. INQUIRIES RESPECTING THE CHARACTER OF A CLERK.

Dear Sir :—

A man by the name Myers, called upon me to-day and asked employment in the capacity of a clerk. As he tells me that he was formerly engaged by you, you would oblige me by informing me whether he is trustworthy, and if you think he would answer my purpose.

Yours truly.

65. ANSWER.

Dear Sir :—

Mr. Meyers, about whom you make inquiries, was eight years in my employ, and always behaved to my entire satisfaction. With pleasure I answer for his character, and recommend him as a man of ability.

Yours truly.

66. אן אנדער ענטפער.

ווערטהער הערר:—

הערר מייערס, אויף וועמען איהר פרעגט נאך, פערדיענט נים דאס מינ־דעסטע צוטרויען, וויל אין דיא איינינע וואכען, וואס ער איז ביי מיר געוועזען בעשעפטינט, האט ער זיך הערויסגעוויזען אלס אן אונעהרליכער מענש, און איך האב איהם דעריבער אוועקגעשיקט.

טרייליך אייערער.

67. א בריעף אימעצן פארצושטעלען.

מיין ווערטהער הערר:—

ערלויבט מיר אייך פארצושטעלען מיין פריינד, דייוויד בורנער, וועלכער איז א בעוואוסטער לעהרער אין דיזען ארט. יעדע אויפמערקזאמקייט, וועלכע איהר וועט איהם קענען שענקען, וועט ביי מיר זיין פעררעכענט פיר א פערזענליכע טובה.

זעהר טרייליך אייערער.

68. אן אלגעמיינע פארשטעלונג און רעקאמענדאציאן.

צו דעם יענינען, וועמען דאס אינטערעסירט:—

דער בעזיצער פון דיזען צייגניס, הערר דייוויד בורנער, איז אונז גוט בע־קאנט אלס א זעהר אנשטענדיגער יונגער מאן מיט מעלות, וועלכע קענען איהם מאכען ניצליך אין יעדען אמט (שטעלע), וואס פאדערט צוטרויען. ער קען גרינדליך דיא בוכהאלטעריע און עטליכע שפראכען. מיר וועלען מיט פרייד ענטפערן אויף יעדע נאכפראגע וועגען איהם.

בראון און סאמסאן.

66.   ANOTHER ANSWER.

Dear Sir :—

Mr. Meyers, about whom you make inquiries, does not deserve the least confidence, for in the few weeks he spent in my employ, he proved himself to be a dishonest person, wherefore I sent him away.

Yours truly.

67.   LETTER OF INTRODUCTION.

My Dear Sir :—

Allow me to introduce to you my friend, David Burger, a distinguished teacher of this place. Any attention you may be able to show him will be a personal favor.

Yours most truly.

68.   GENERAL LETTER OF INTRODUCTION.

To whom it may concern :—

The bearer, Mr. David Burger, is well known to us as a very estimable young man, possessing qualifications which will render him serviceable in any posistion of trust. He is a thorough bookkeeper and familiar with several modern languages. We will cheerfully answer to all inquiries about him.

Brown & Samson.

69. א ביטע ווענען א רעקאָמענדאַציאָנס־בריעף.

ווערטהער הערר :—

אזוי וויא איך רעכנען אָבצופאָהרען אין איינינע טעג הערום נאָך באַלטימאָר, בעט איך אייך מיט רעספעקט, אז איהר זאָלט מיר געבען א רעקאָמענדאַציאָנס־בריעף צו הערן דזשייקאָב גרין, אייער פריינד; זיין פריינדשאַפט וועט מיר זעהר פיעל צוניץ קומען.

איך פערבלייב, מיין הערר, אייערער או. אז. וו.

70. ווענען איבערנעבען א רעקאָמענדאַציאָנס־בריעף.

מיין הערר.

איך פערלאַנג פון אייך, אז איהר זאָלט מיר נעפעלינסט לאָזען וויסען דעם טאָג און דיא שטונדע, ווען איך קען צו אייך קומען, אום אייך איבערצוגעבען דעם רעקאָמענדאַציאָנס־בריעף, וועלכען הערר דזשאָהנסאָן, פון ניו יאָרק, האָט מיר נעגעבען צו אייך.

איך האָב דיא עהרע צו זיין, מיין הערר,

אייער געהאָרכזאַמסטער דיענער.

71. ביטע ווענען בעשעפטיגונג צו א סעקרעטער פון אן אייזען־באַהן געזעלשאַפט.

געשעצטער הערר :—

אזוי וויא איך פערלאַנג צו קריעגען א שטעלע אלס קאָנדוקטאָר ביי דער „עלעוויימעד ריילוויי קאָמפּאַני" (געזעלשאַפט פון דער הויך־באַהן), פיר וועלכע איך גלויב, אז איך בין גאַנץ פעהיג, בעט איך אייך, אז איהר זאָלט זעהן הערר דזשאָרדזש'ס רעקאָמענדאַציאָנס־בריעף פיר מיך, וועלכער ליעגט דאָ איינגעשלאָסען און וועלכער, וויא איך האָף, וועט אייך צופריעדען שטעלען.

ווען איך וועל דורך אייער הילף קריעגען דיא שטעלע, וועלכע איך זוך, וועל איך אייך דאַנקבאַר זיין אויף דער העכסטער שטופע.

איך פערבלייב, געשעצטער הערר,

אייער ערגעבענער דיענער.

69. ASKING A LETTER OF RECOMMENDATION.

Dear Sir :—

As I intend to set off within a few days for Baltimore, I respectfully request you to give me a letter of recommendation to Mr. Jacob Green, your friend, whose acquaintance will prove very useful to me.

I am, dear Sir, yours, &c.

70. ABOUT PRESENTING LETTER OF RECOMMENDATION.

Sir :—

I wish you would kindly let me know the day and hour I may call on you, in order to present to you the letter of recommendation which Mr. Johnson, of New York, gave me to you.

I have the honor to be, Sir,

Your most obedient servant.

71. APPLICATION FOR EMPLOYMENT TO A SECRETARY OF A RAILWAY COMPANY.

Esteemed Sir :—

Feeling desirous of obtaining a situation as a conductor in the service of the Elevated Railway Company, for which I believe myself fully competent, I refer you to the enclosed letter of recommendation from Mr. Henry George in my favor, which I hope may prove satisfactory.

Should I, by your kind assistance, obtain the situation I seek I will be most grateful to you.

I remain, esteemed Sir,

Your humble servant.

II.

פאַמיליען און פריינדשאַפטס־בריעף.

1. בעגריסונג צו דעם געבורטס־טאָג פון אַ פאָטער אָדער אַ מוטער.

טהייערער פאָטער (אָדער: טהייערע מוטער): —

אין איינינע טעג הערום וועט געפייערט ווערען דיין געבורטס־טאָג. עס טהוט מיר זעהר לייד, דאָס איך קען ניט זיין מיט דיר צוזאַמען, אָבער איך וועל אויסדריקען מיין ליעבע און דאַנקבאַרקייט אין אַ בריעף, וויסענדיג ביי מיר, אַז דאָס וועט ביי דיר זיין אַנגענעהם. טהייערער פאָטער, מיין הערץ איז ווירקליך אימער ערפילט מיט ליעבע און דאַנקבאַרקייט צו דיר, איבערהויפּט היינט, ווען דיא געדאַנקען ווענען דיין געבורטס־טאָג ערינערן מיך אָן פיעלע בעווייזע פון ליעבע און גוטסקייט, פיר וועלכע איך האָב צו דאַנקען דיר און מיין טהייערער מוטער. מיט וואָס פיר אַ גוטסקייט האָט איהר אימער פיר מיך געזאָרגט, וויא פיעלע אָפּפער האָט איהר פון מיינטוועגען געמאַכט, מיט וואָס פיר אַ זאָרג האָט איהר אימער פון מיר בעזייטיגט יעדע שעדליכע זאַך. מיט טיעפע געפיהלע אַנערקען איך וויא גרויס אייער ליעבע איז צו מיר, און איך וועל מיך אימער בעמיהען צו פערדיענען דיזע ליעבע דורך מיין געהאָרכזאַמקייט צו אייך, דורך מיין פלייסיגקייט און דורך מיין גוטע אויפפיהרונג.

דאָס איהר זאָלט האָבען לאַנגע יאָהר אין דער הייסטער וואונש פון אייער אימער דאַנקבאַרען זוהן (אָדער: דאַנקבאַרער טאָכטער).

II.

FAMILY AND FRIENDSHIP LETTERS.

1. CONGRATULATION ON THE BIRTHDAY OF A FATHER OR MOTHER.

Dear Father (or *Mother*) : —

In a few days your birthday will be celebrated. I am extremely sorry I cannot be with you, but I will express my affection and gratitude in a letter, knowing that that will be agreable to you. Indeed, dear father, my heart is ever filled with affection and gratitude, but particularly to-day, when the thoughts of your birthday recall to my mind the innumerable testimonials of affection and kindness, for which I am indebted both to you and to my dear mother.

How kindly have you ever provided for me, how many sacrifices have you made for me, how carefully have you removed from me every thing, that might prove injurious to me. With deep emotion I acknowledge the greatness of your love, and I shall evermore endeavor to render myself worthy of this love by obedience, industry, and good conduct.

That your life may be a long one, is the most fervent wish of

Your ever grateful son (*or* daughter).

2. נאָך א בריעף.

טהייערער פאטער (אָדער: טהייערע מוטער): —

איך האלט עס פיר איינע פון די גרעסטע פליכטען פון מיין לעבען דיר אויסצודריקען מיין קינדליכע אכטונג. דיין געבורטס־טאָג גיט מיר ווידער א גע־לעגענהייט דאָס צו טהאָן, און איך בעגניג מיך מיט דיזער געלעגענהייט דיר צו שיקען אין דעם פאַקעט, וועלכער געהט מיט דיזען בריעף, א קליינעס בעווייז פון מיין ריכטינער אכטונג און קינדליכער ליעבע. איך ווינש מיר צו זעהן, וויא דוא וועסט פייערן דיין געבורטס־טאָג אויף דער עלטער און איך ווינש, אז דוא זאָלסט זיין געזונד און צופריעדען דיין גאנצעס לעבען.

דיין געהארכזאמער זוהן.

3. צו א ברודער.

טהייערער ברודער: —

איך קען דיין געבורטס־טאָג ניט לאָזען פארבייגעהן אזוי, איך מוז דיר שר־קען איינינע צייליען און דיר ווינשען פרייד און גליק. דוא ווייסט, אז איך האָב ניט ליעב צו זאָגען פיעל, אָבער איך מיין עס גוט. מיין וואונש איז, אז דוא זאָלסט האָבען גליק אין אלע דיינע אונטערנעהמונגען; איבערהויפט ווינש איך דיר, אז דוא זאָלסט זיין געזונד און צופריעדען. אז דוא זאָלסט לעבען לאַנג און גליק־ליך, טהייערער ברודער, איז דער ווירקליכער וואונש

פון דיין ליעבענדען ברודער.

2. ANOTHER LETTER.

Dear Father (or ***Mother***) **:—**

I consider it one of the principal duties of my life to express to you my filial veneration. Your birthday again offers me one of these opportunities, and I avail myself of it to send you, in the accompanying parcel, a trifling testimonial of my sincere respect and filial affection. May I see you celebrate your birthday in old age, and may health and contentment be your portion to the end of your days.

Your obedient son.

3. TO A BROTHER.

Dear Brother :—

I cannot allow your birthday to pass without sending you a few lines to wish you joy aud happiness. You know, I am not fond of saying much, but I mean well. May you be successful in all your undertakings, but above all, may you enjoy good health and contentment. That your life may be long and prosperous, dear brother, is the sincere wish of

Your affectionate brother.

4 צו א שוועסטער.

טהייערע שוועסטער: —

ערלויב מיר דיר אויסצודריקען מיינע בעסטע ווינשע צו דיין געבורטס־טאג. איך וויס, דוא וועסט זיי אויפנעהמען מיט דער זעלבינער ליעבע, מיט וועלכער איך שיק זיי דיר. מיין וואונש איז, אז דיזער טאג זאל אימער שמייכלען צו דיר וויא ער האט צו דיר געשמייכעלט ביז יעצט, אז דוא זאלסט איהם אפט פייערן צוזאמען מיט אונזערע געליעבטע עלטערן, דאס זיי זאלען ניט שטעהן אליין און בעטראכטען דיזען טאג מיט א טרויעריגער ערינערונג.

דעם הוט, וועלכען איך שיק דיר צוגלייך מיט דיזען בריעף, זאלסטו טראגען מיר צוליעב, און ווען נאר דוא וועסט אין איהם געניעסען אן אנגענעהמע שטונדע, זאלסטו זיך דערמאהנען אן מיר.

אדיע היינטיגען טאג, זיי גליקליך אין דיין געבורטס־טאג, און צווישען דיינע פריינד זאלסטו ניט פערגעסען

דיין ליעבענדע שוועסטער (אדער: ליעבענדען ברודער).

5. צו א פעטער, פון א פלעמעניק אדער פון א פלעמעניצע.

טהייערער פעטער: —

איך בעט איהר זאלט פון מיר אננעהמען פיר אייער קומענדיגען געבורטס־טאג דיא פערזיכערונג פון מיין ריכטיגסטער ליעבע און אכטונג צו אייך. איהר האט מיר געגעבען אזוי פיעלע בעווייזע פון אייער פריינדליכקייט, איהר האט מיר אזוי אפט געפיהרט מיט אייער ראטה, אזוי אפט געשטיצט, דאס איך וואלט געדארפט זיין א מענש אהן א געפיהל ניט צו אנערקענען, וויא גליקליך איך בין, וואס איהר זייט מיר א פערוואנדטער. איך ווינש, אז איהר זאלט דערלעבען ביז עלטער און ווייטער פייערן דיזען יום־טוב פיר פיעלע, פיעלע יאהרען.

אייער פלעמעניק (אדער: פלעמעניצע).

4. TO A SISTER.

Dear Father :—

Allow me to present to you my best wishes for your birth-day. I know you will receive them with the same affection with which I send them. May this day ever smile to you, as it has done till now, may you often celebrate it in the circle of our dearly beloved, that our parents may not stand alone and look back with a sad recollection to this now happy day.

The accompanying bonnet wear for my sake, and whenever you enjoy a pleasant hour in it, think of me.

Farewel for to-day, be happy on your birthday, and among your friends forget not

> Your loving sister (*or* brother).

5. TO AN UNCLE, FROM A NEPHEW OR NIECE.

Dear Uncle :—

I beg you to accept, in your approaching birthday, the assur-ance of my sincerest love and respect. You have given me so many proofs of your kindness, have so often advised me, so often assisted me, that I should be void of all feeling, if I did not ac-knoweledge how happy I am to be one of your relatives. May you live to an old age, and may you celebrate this festive day for many, many years to come.

> Your nephew (*or* niece).

6. צו א מוהמען, פון א פלעמעניצע (ניכטע).

טהייערע מוהמע :—

היינט איז אייער געבורטסטאג, וועלכער איז פיר מיך א טאג פון פרייד. איך האף, אז איהר וועט נאך פייערן דיזען טאג זעהר פיעלע מאל. איהר זייט פיר מיך אימער געוועזען א מוסטער און היינט איבערהויפט האב איך ווידער פעסט בעשלאסען צו קוקען אויף אייך און צו ווערען א זעלבע וויא איהר זייט.

אייער ליעבענדע ניכטע.

7. צו א ויידען אדער א באבען.

טהייערער זיידע (אדער: טהייערע באבע):—

היינט איז אייער זיעבצינסטער געבורטס־טאג און איך מוז אייך שרייבען איינינע צייַלען אום אייך צו פערזיכערן דיא ליעבע און דיא אכטונג, וועלכע איך פיהל צו אייך. אויסער מיינע עלטערן איז קיינער מיר ניט אזוי ליעב וויא איהר, און אויסער מיינע גוטע ווינשע פיר זייא, זיינען קיינע ניט א זעלבע הייסע וויא דיא וועלכע געהען צו אייך. דער יעצטינער צושטאנד פון אייער געזונדהייט גיט אונז האפנונג, דאס איהר וועט נאך לאנג בלייבען צווישען אונז.

מיט דער האפנונג, דאס איך וועל נאך פיעלע מאל האבען דיא געלעגענהייט אייך אויסצודריקען, פערזענליך אדער דורך בריעף, מיינע בעסטע ווינשע צו דעם טאג פון אייער געבורט, פערבלייב איך

אייער ערגעבענער (אדער: ערגעבענע) אייניקעל.

8. צו א פריינד.

ליעבער פריינד :—

בעגריסונגען צו א געבורטס־טאג מעגען בעטראכטעט ווערען אלס א מאדע, אבער דוא ווייסט דאך, אז מיין שרייבען איז ניט אין דיזען גייסט: ניט ווייל עס איז א מאדע שרייב איך היינט צו דיר, נאר ווייל מיין הערץ צווינגט מיך היינט דיר אויסצודריקען דעם וואונש, דאס דוא זאלסט צייט דיין גאנצען לעבען זיין גע־זונד, צופריעדען און גליקליך וויא ביז אהער, און האבען צו מיר יענע פריינדשאפט, וועלכע איז בייא מיר פעררעכענט פיר איינס פון דיא גרעסטע גליקען אין לעבען.

דיין ליעבענדער פריינד.

6. TO AN AUNT FROM A NIECE.

Dear Aunt :—

To-day is your birth-day, for me a day of rejoicing. I hope that you wil celebrate this day very many times. You have always been a model for me, and to-day in particular have I formed again the firm resolution to become more and more like you.

Your affectionate niece.

7. TO A GRANDFATHER *or* GRANDMOTHER.

Dear Grandpapa (or *Grandmama*) :—

To-day is your seventieth birth-day and I must write you a few lines, to assure you of the love and veneration which I feel for you. There is nobody besides my parents, so dear to my heart as you, and next to my wishes for their welfare, none are so fervent as those which go to you. The present state of your health allows us to hope that you will still dwell amongst us for a long time.

Hoping that I shall still many a time have an opportunity of expressing to you either personally, or in writing, my best wishes on the anniversary of your birth, I remain

Your devoted grandson (*or* granddaughter).

8. TO A FRIEND.

Dear Friend :—

Cougratulations on the return of a birth-day may be looked upon as a custom, but you know that it is not in this spirit that I write to you. It is not because it is fashionable, but because my heart impels me, that I write to you to-day. May you enjoy health, contentment and happiness to the end of your days, and continue to entertain for me that friendship which is one of my greatest blessings.

Your affectionate friend.

9. פון איינעם צו דיינער א פריינדין.

ווערטהעס פריילין: —

איך האב מיט אונגעדולד געווארט אויף דעם טאג, אין וועלכען איך זאל אייך קענען אויסדריקען, וויא פיעל איך שעץ אייך און וויא היים עס זיינען מיינע ווינשע פיר אייער גליק. איך בין ניט קיין פראזען־מאכער. אויך דריקען שעהנע פראזען ניט אויס דיא געפיהלע פון הערצען, און איך וויים, דאס איהר זייט איבערצייגט, אז אייער גליק, אייער וואוילקייט און צופריעדענהייט זיינען מיינע טעגליכע פערלאנגען. איך ווינש אייך פיעל גליק ניט נאר היינט, אייער געבורטס־טאג, נאר יעדען טאג פון אייער ליעבען, און איך בעט אייך, אז איהר זאלט עמפ־פאנגען דאס „אנדענקען," וואס איך שיק אייך מיט דיזען בריעף, אלס א קליי־נעם בעוויז פון מיין אכטונג צו אייך. זאל עס אייך אימער ערינערן אן דעם יע־נינען, וועלכער ווערט אייך אימער געדענקען מיט ליעבע.

מיט דער גרעסטער אכטונג, אייער געליעבטער.

10. פון א דאמע צו איהר געליעבטען.

טהייערער טשארלז: —

וואס וואלט איך פארט ניט געבען, ווען דיא ליעבע זאל מיר געבען פליגעלען צו פליעהען צו דיר צו דיין געבורטס־טאג! וויא גליקליך בין איך, וואס איך וויים, אז דוא ביסט מיינער. דיזע איבערצייגונג ערפילט מיין הערץ מיט פרייד און צווינגט מיך דיר צו שיקען מיינע בעסטע ווינשע פיר דיין געזונדהייט און גליק. נעהם אויך אן דאס קליינע געשענק, וועלכעס בעגלייטעט דיזע צייכען, מיינע חענד האבען עס אליין געמאכט; איך וויים, אז עס ווערט ביי דיר זיין טהייער. אז דוא זאלסט באלד קומען צוריק איז דער וואונש פון

דיין אנניע.

9. FROM A GENTLEMAN TO A FEMALE FRIEND.

Dear Miss :—

I have longed for the day which again would furnish me with an opportunity of expressing to you, how highly I esteem you, and how fervent are the wishes which I entertain for your happiness. I am not given to making phrases, nor do fine phrases express the sentiments of the heart, and I know that you are convinced that your happiness, welfare and contentment are the objects of my daily solicitations. I simply wish you much happiness, not only to-day, your dirth-day, but all the days of your life, and beg you to receive the accompanying "souvenir" as a trifling testimony of my respect. May it always remind you of him who will always remember you affectionately.

Yours most respectfully.

10. FROM A LADY TO HER LOVER.

Dear Charles :—

What would I not give, if on the anniversary of your birth-day, love would lend me wings to fly to you ! How happy am I, that I know you to be mine. This conviction fills my heart with joy and urges me to send you my best wishes for your health and happiness. Accept also the little present which accompanies these lines, my own hands have made it. I know it will be dear to you. That you may soon return is the wish of

Your Annie.

11. גליק־וואונש צו עלטערן צום נייען יאהר.

טהייערע עלטערן: —

דאס פערנאנגענע יאהר ערמאנערט מיך אן אלע בעווייזע פון הערצליכער ליעבע, וועלכע איך האב אין איהם פון אייך ערהאלטען און פארדערט פון מיר אייך אויסצודריקען מיין הייסעסטען דאנק. איך ווינש, אז דער אנפאנג פון דעם נייען יאהר זאל אייך ברענגען גליק און געזונדהייט; דאס נוטס, וואס אייערע קינדער ווינשען אייך יעצט, ווינשען זיי זיך אליין, ווייל אייער גליק איז אויך זייער גליק. הלוואי זאלט איהר אימער זיין אזוי גליקליך וויא איהר זייט געווען אין דעם פארינגען יאהר און הלוואי זאל אלעס, וואס קען בעגליקען דעם מענשען אויף דער וועלט, זיין אייער טהייל אין לעבען.

זייט געזונד, טהייערע עלטערן, און ליעבט מיך וויא אימער. גריסט מיינע טהייערע ברידער און שוועסטער. קוסט זיי פון מיינט וועגען און זייט זיכער, דאס איך וועל אימער פערבלייבען אייער דאנקבארער זוהן.

12. ניי־יאהרס גליק־וואונש צו א פאטער אדער מוטער.

טהייערער פאטער (אדער: טהייערע מוטער): —

נים ווייל עס איז מאדע צו ווינשען, נאר ווייל מיין הערץ הייסט עס מיר, ווינש איך דיר גליק צום נייען יאהר. יע, פון מיין הערצען ווינש איך, אז דיזעס יאהר זאל דיר ברענגען גליק, און מעהר פאר אלעם איז מיין וואונש, אז דוא זאלסט אימער זיין געזונד, וואס אהן דעם קען קיין גליק נים געמאלט זיין. אלע קינדער זיינען שולדיג א גרויסען דאנק צו זייערע פאטערס (אדער מוטערס), אבער מיין דאנקבארקייט דארף זיין פיעל גרעסער וויא פון אנדערע קינדער, ווייל דיא אויפאפפערנדע ליעבע, וועלכע דוא האסט צו מיר געוויעזען פון מיין פריהעסטער קינדהייט אן, איז זעלטען צו טרעפען אפילו צווישען פאטערס (אדער: מוטערס). וועלכע אפפער קאסט עס דיר נאך יעצט אום מיר צו געבען דיא מעגליכקייט צו לערנען מיין פראפעסיאן וויא נעהעריג איז, און וויא זאל איך דיר דאנקען פיר דיזע גרויסע אפפער! ווערטער זיינען נאר א קליינער בעוויז פון מיין דאנקבארקייט, אבער איך האף, דאס איך וועל נאך א מאל זיין אין שטאנד צו בעווייזען מעהר אלס דורך ווערטער, דאס איך בין

דיין דאנקבארער זוהן (אדער: דאנקבארע טאכטער).

11. CONGRATULATION FOR THE NEW YEAR, TO PARENTS.

Dear Parents :—

As the old year is passing away, I am reminded of all the proofs of heartfelt affection which, in its course, I have received from you, and feel myself called upon to express to you my sincerest thanks. May the beginning of the new year bring to you prosperity and health. The good wishes, which your childern express on this occasion, are selfishwishes. May you continue to be as happy as you have been the past year, and may all that can delight man upon earth be your portion.

Farewell, dear parents, and continue to love me. Give my love to my dear brothers and sisters, kiss them for me, and believe that I shall always remain

Your grateful son.

12. CONGRATULATION FOR THE NEW YEAR, TO A FATHER.

Dear Father :—

Not because it is customary, but because my heart prompts me, do I wish you a happy new year. Yes, from my heart do I wish that this year may be a happy one, but above all I wish you that which is most essential, and without which there is no happiness — constant health. Believe me ever

Your loving son.

13. ניי־יאָהרס וואונש צו אַ ברודער אָדער שוועסטער.

טהייערער ברודער (אָדער: טהייערע שוועסטער): —

דאָס שיקזאַל האָט אונז זייט יאָהרען צושיידט, אָבער אין מיין הערצען ביסט דוא אימער געבליעבען נאָהענט. אין מיין הערצען האָט זיך אימער אויפגעוועקט אַ הייסעס בענקען דיך צו זעהן, און עס טרייבט מיך דיר צו שיקען מיינע בעסטע ווינשע צו דעם קומעדינגען נייען יאָהר. איך ווינש, אַז דוא זאָלסט אין דעם קומעדינען יאָהר זיין געבענשט מיט גליק, אום דוא זאָלסט מיט אַ געזונדען און פרעהליכען הערצען קענען פערברענגען דיינע טעג צווישען דיינע נייע פריינד אין דיין נייען אָרט. וואָס פיר אַ פערגניגען וואָלט עס זיין, ווען מיר וואָלטען ווידער קענען צוזאַמען פערברענגען די וויכטיגסטע טעג פון אונזער לעבען! אַ וויא איך ווינש, אַז דיזעס זאָל ערפילט ווערען, דען מיר האָבען אימער געלעבט אין פריידען, און איך בין זיכער, אַז דוא קענסט אויך ניט בלייבען גלייכגילטיג צו זעהן דיזע ברידערליכע (אָדער: שוועסטערליכע) באַנדען געטרענט אויף אימער. דיא ערפילונג פון מיין וואונש ווענדט זיך איבערהויפט אָן דיר, און איך האָף, אַז דוא ווערסט טהאָן דיין בעסטעס דיזען וואונש צו בעפריעדיגען און ניט פערגעסען דיין חיים אין דער פרעמד.

דיין ליעבענדער ברודער (אָדער: ליעבענדע שוועסטער).

14. ניי־יאָהרס וואונש צו אַ פריינד.

טהייערער פריינד: —

אַ דאַנק דיר, טויזענדער דאַנקען פיר דיין ליעבע און פריינדשאַפט, וועלכע האָבען בעציערט דיא בעסטע יאָהרען פון מיין לעבען. הלוואי זאָל עפּעס אַ גוטער שטערן בעלייכטען דעם וועג, וועלכען דוא האָסט אויסגעוועהלט, און דיך פיהרען זיכער צו דעם ציעל פון דיין וואונש. דיין גליקזעליגקייט וועט אימער זיין מיינע; דוא קענסט מיך און דוא ווייסט מיינע געפיהלע.

נאָך אַ מאָל ווינש איך דיר אַ גליקליכעס יאָהר! אבוואהל מיין הערץ ווינשט דיר גליק יעדע שטונדע אין טאָג, און יעדען טאָג אין יאָהר, פון דעסטוועגען קען איך ניט פערפעהלען אויסצודריקען דיזע געפיהלע דיזען טאָג. פיעללייכט וועט אונז אונזער מזל ווידער צוזאַמענברענגען און דאַן וועלען מיר גוט מאַכען דעם שאָדען, וואָס מיר זיינען געוועזען געשיידט אַזוי לאַנג און איבערהויפּט דיזען טאָג.

דיין געטרייער.

13. CONGRATULATION FOR THE NEW YEAR, TO A BROTHER.

Dear Brother :—

Fate has separated me for years, but from my heart you have never been absent; an ardent longing to see you, once more has arisen in my heart, and prompts me to send you my best wishes for the approaching new year. May you prosper during the coming year, that in good health and with a cheerful heart you pass your days among your new friends in your new place. How delightful if we could again spend the most important days of our life together! Oh, how I wish that this might take place, for we always lived in harmony, and I am certain that you cannot look with indifference upon the prospect of seeing these sisterly bonds severed for ever. The accomplishment of my wish depends mostly upon you; that you will do your best to gratify it, and not forget your home in foreign lands, I expect with confidence.

Your affectionate sister.

14. NEW YEAR'S WISHES TO A FRIEND.

Dear Friend :—

Thanks, a thousand thanks for the affection and kindness which embellished the last years of my life. May fortune continue to smile upon you. May some favorable star light up the path you have selected, and guide you safely to the goal of your wishes. Your welfare will always be mine; you know me — you know my sentiments.

Once more I wish you a happy new year! and though my heart wishes you happiness every hour of the day, and every day in the year, yet I cannot omit to express these sentiments on this day particularly. Perhaps our lucky stars will soon bring us together again, when we will indemnify ourselves for having been separeted so long and particularly on this day.

Yours truly.

15. גליק־וואונש צו דער פערהייראטהונג פון א ברודער.

טהייערער ברודער: —

דוא און דיין טהייערע רחל זיינען יעצט פעראייניגט אויף אייביג! א טהייערער ברודער, ווען דוא וואלסט נאר געקענט לעזען אין מיין הערצען, ווי א דיין גליק פרייט מיך! א ווען איך וואלט קענען גלייך פליעהען צו דיר צו בעטראכטען דיין גליק מיט מיינע אייגענע אויגען — אבער דיזעס פערגניגען וועל איך נאך פיר א געוויסע צייט נים קענען האבען. מיינע פרינציפאלען וועלען מיר ביז נעכסטען יאהר נים ערלויבען דיר צו מאכען א בעזוך פיר א פאאר וואכען; און אזוי ווי איך בין זאנסט רעכט צופריעדען מיט מיין שטעלע, מוז איך האבען געדולד צו ווארטען ביז דאן. מיין פערגניגען דיך הערומצונעהמען, מיין נייע שוועסטער, און פיעללייכט אויך א קליינעם פלעמעניקעל אדער קליינע פלעמעניצע וועט דאן זיין נאך גרעסער.

זיי געזונד, טהייערער ברודער. און פערגעס נים אין דיא ארמס פון דיין פרוי

דיין טריע שוועסטער.

16. גליק־וואונש צו דער פערהייראטהונג פון א פלעמעניצע.

טהייערע אמעליא: —

איך האב געלעזען דיין לעצטען בריעף מיט פיעל פערגניגען און עס פרייט מיך זעהר דיין מאן צו רעכנען צווישען אונזער פאמיליע. איך קען איהם פיר דיזע לאנגע צייט פיר אן עהרליכען מענשען און איך האב פון איהם קיין אנדער זאך אויסער גוטעס נים געהערט. איך דענק, אז ער פערדיענט פאלשטענדיג דיין ליעבע און אכטונג.

איך ווינש, אז איהר זאלט ביידע לעבען גליקליך און מאנכמאל שרייבען א בריעף צו

אייער ליעבענדער מוהמע.

15. CONGRATULATION ON THE MARIAGE OF A BROTHER.

Dear Brother :—

You and your Rachel are now united forever! O dear brother, that you could read in my heart, how your happiness delights me. If I could only fly to you immediately, to comtemplate your happiness with my own eyes, but this pleasure I shall not enjoy for some time. Not until next year will my employers give me permission to pay you a visit for a couple of weeks; and as I have otherwise reason to be satisfied with my position, I must have patience until then. My delight of embracing you, my new sister, and porhaps a little nephew or niece, will be all the greater.

Farewell, dear brother, and forget not in the arms of your young wife

Your faithful sister.

16. CONGRATULATION ON THE MARIAGE OF A NIECE.

Dear Amelia :—

I have read your last letter with much pleasure and I am very glad to count your husband among our relations. I have known him this long time as an honest man, and have never heard of him anything but what was creditable. I think he fully deserves your affection and esteem.

May you both live happy, and sometimes write a letter to

Your affectionate aunt.

17. גליק־וואונש צו דער פערהייראטהונג פון א פריינדין.

טהייערע פריינדין: —

קיין מאל האט מיר דיינער א בריעף נים פערשאפט אזוי פיעל פערגניגען וויא דער בריעף, וועלכער בריינגט מיר דיא מעלדונג וועגען דיין הייראטהען. ווען איך וואלט דיך נים ליעבען צו פיעל, וואלט איך דיר מקנא זיין, וואס דוא האסט געקריעגען אזא ליעבליכען מאן וויא דיין דזשיימז וועט דיר זיין. וויא גליקליך וועסטו זיין! איך האב דיר קיין זאך נים צו ווינשען, נאר לאנגע יאהר און געזונד צו געניעסען דיזעס גליק.

איך ווינש אייך, אז איהר זאלט געניעסען אייער הייזליכעס גליק אין פולס־טען מאס און פיר דיא ערסטע פרוכט (קינד) פון אייער ליעבע, וועלכע וועט געוויס זיין א בילד פון טאטע־מאמען, פערלאנג איך קוואטערשאפט, ווייל איך מוז דיך יעצט צו מיר צובינדען מיט נייע באנדען, אום דוא זאלסט אין דיין פאמיליען־גליק נים פערגעסען

דיין ריכטיגע פריינדין

18. גליק־וואונש צו דער געבורט פון א קינד.

ווערטהער הערר: —

איך בין היינט געוועזן אנגענעהם איבעראשט מיט אייער בריעף, וועלכער האט מיר געבראכט דיא מעלדונג, דאס אייער פרוי האט אייך בעשאנקען מיט א קליינעם זוהן און וועלכער לאדעט מיך צור גלייכער צייט איין צו זיין ביי דער שמחה, וועלכע וועט געמאכט ווערען צו עהרע פון דיזער נעלעגענהייט. דיזען בעוויז פון אייער צוטרויען שעץ איך זעהר פיעל, און איך וועל נים פערפעהלען צו קומען צו אייך צו דער בעשטימטער צייט.

מיט דיא בעסטע ווינשע פיר דיא געזונדהייט פון אייער פרוי און פון דעם ניי־געבוירענעם קינד, פערבלייב איך

מיט אכטונג אייערער.

17. MARRIAGE CONGRATULATION TO A FEMALE FRIEND.

Dear Friend :—

Never has any letter of yours given me so much pleasure as that which informs me of your marriage. If I did not love you too affectionalety, I should envy you for obtaining so kind and affectionate a husband as your James will make. How happy you will be ! I have nothing to wish you but a long life and health to enjoy this happiness. I wish you to enjoy your domestic felicity to its full extent, and for the first offspring of your affection, which no doubt will be a perfect image of father and mother, I claim the post of godmother, for I must try to attach you to me by new ties, or, in your domestic happiness, you might forget   Your sincere friend.

18. CONGRATULATION AT THE BIRTH OF A CHILD.

Dear Sir :—

I have been most agreeably surprised to-day by your letter which informs me that your lady has presented you with a little boy, asking me at the same time to be present at the entertainment which will be given by you in honor of the occasion. This proof of your confidence I value highly, and shall not fail to call at your house at the appointed time.

With my best wishes for the health of your lady and the infant, I remain

                                          Yours respectfully.

19. גליק־וואונש אויף אן אנדער ארט.

ווערטהער פריינד: —

עס פרייט מיך צו ערפאהרען, דאס מאדאם — האט אייך בעשאנקען מיט א יונג. דיזע פערמעהרונג אין אייער פאמיליע איז א גליק פון דעם פערהייראטהעט לעבען. הכוואי זאל אייער ניי־געבוירענער זוהן זיך עלטערן און וואקסען אין פער־שטאנד, אום ער זאל בעלוינען דיא צוגעקומענע זארג פון זיינע עלטערן מיט זיין גוטער אויפפיהרונג און שעהנעם כאראקטער; אום ער זאל זיין א שטיצע און א טרויסט פיר זיינע עלטערן, ווען זיי וועלען ווערען אלט און שוואך. אייער פרוי ווינש איך, אז זיא זאל באלד ווידער ווערען געזונד, אום אייער הויז זאל ווידער פיהלען דיא ווירטהשאפטליכע האנד פון א פרויענצימער. מיט דעם בעסטען גרוס צו מאדאם — פערבלייב איך

אייער פריינד.

20. ענטפער אויף א גליק־וואונש צו א געבורטס־טאג, פון א פאטער צו זיין זוהן.

מיין טהייערער זוהן: —

איך דאנק דיר פיר דיינע פריינדליכע ווינשע צו מיין געבורטס־טאג; זיי קומען פון א פריינדליכען הערצען. איך פערלאנג נאר נים צו לעבען אזוי לאנג וויא דוא ווינשט מיר; איך ווינש נאר צו לעבען אזוי לאנג ביז דוא וועסט ווערען א בעזאָרגטער מענש, אום אונזער פאמיליע זאל פון דיר קענען געשטיצט ווערען, ווען מיין צייט וועט קומען.

דוא קענסט פון מיר ערווארטען אלעס וואס איך קען נאר טהאן פיר דיינע ווירקליכע נוצען.

דיין ליעבענדער פאטער.

19. ANOTHER CONGRATULATION.

Dear Friend:

I am glad te learn that Mrs. ——— has presented you with a boy. This increase of your family is a blessing of the married state. May the new-born child increase in age and in wisdom, to reward the increasing cares ot his parents by his good conduct and his virtues; that when his parents shall be bent with age, he may prove their prop and their comfort. May the health of your wife soon be restored, that your house may again enjoy the administering hand of a woman. With best respects to Mrs. ———, I remain,

Your friend.

20. ANSWER TO A CONGRATULATION ON A BIRTH-DAY, FROM A FATHER TO HIS SON.

My dear Son:—

I thank you for your kind wishes on my birth-day; they spring from your heart. As long a life as you wish for me, I do not desire, but I wish much to live to see you provided for, that our famity may have a new support in you, if I should be called away.

You may expect from me all that I can do for your real interest.

Your affectionate father.

21. דאָס זעלבינע צו א פריינדין.

מיין טהייערע פריינדין : —

וויא אנגענעהם דיין געשענק און דיין בריעף האָבען מיך איבערראשט ! איך ווייס ניט, וואָס זאָל איך מעהר בעוואונדערן, דיין שעהנעם געשמאַק אָדער דיין פריינדשאפט. ערהאַלט מיין בעסטען דאַנק פיר דיין טהייערעס געשענק און פיר דיא פריינדליכע ווינשע, וועלכע בעגלייטען עס. דיזע ווינשע בעדעקען מיך מיט געשענקע פון גליק ; אָבער ווען אפילו דאָס שיקזאַל זאָל מיר בעשענקען מיט נאָך מעהר גליק וויא דוא ווינשט מיר, וואָלט איך מיך ניט קענען פיהלען ריכטיג גליקליך אָהן דיין פריינדשאפט. איך בעט דיך דעריבער, אז דוא זאָלסט אָנהאַלטען דיין פריינדשאפט צו מיר, וויא דוא האָסט מיר פערשפּראָכען, און דאַן וועל איך מיך פיהלען העכסט גליקליך אפילו ווען אלע דיינע פריינדליכע ווינשע וועלען ניט ערפילט ווערען.

טרייליך דיינע.

22. ענטפער אויף א גליק־וואונש צום נייען יאָהר, פון א פאָטער צו זיין זוהן.

מיין טהייערער זוהן : —

איך און דיין מוטער שיקען דיר אונזער בעסטען דאַנק פיר דיינע פריינדליכע ניי־יאָהרס ווינשע. אָבער דעם איינציגען דאַנק, וועלכען מיר ערוואַרטען פון דיר פיר אונזערע עלטערליכע זאָרג, איז צו זעהן וויא דוא וועסט זיין אַן עהרליכער און ניצליכער מענש. זאָלסט דיר דעריבער געבען מיה יעדען טאָג צו פערמעהרען דיינע קענטניסע און צו שטעהן מיט א פעסטען ווילען אין דעם קאַמפף געגען דיינע ליידענשאפטען. ווען מען איז יונג איז אלעס לייכט צו לערנען ; דיא יוגענד איז דיא פריהלינגס־צייט פון לעבען, ווען מען דאַרף איינזייען פיר דיא צוקונפט. זאָלסט דעריבער יעצט זעען מיט פערגניגען, וועסטו דערנאָך האָבען פיעל צו שניידען.

האַלט דיין פערשפרעכען און זיי וויא אימער א גוטער זוהן, און דוא קענסט זיכער זיין, דאָס מיר וועלען טהאָן אלעס, וואָס מיר וועלען קענען, דיך גליקליך צו מאַכען.

איך ווינש דיר א גליקליכעס יאָהר.

דיין מוטער גריסט דיך זעהר הערצליך און איך פערבלייב

דיין ליעבענדער פאָטער.

21. SAME TO A FEMALE FRIEND.

My dear Friend :—

How agreeably has your present and your letter surprised me. I do not know what to admire first, your elegant taste, or your kindness. Accept my best thanks both for your dear present and for the kind wishes which accompany it. Those wishes overwhelm me with the gifts of fortune ; but if fate were to bestow upon me even more, I could not be truly happy without your friedship. Continue therefore your friendly feeling towards me, as you have promised, and though all your kind wishes should not be fulfilled, I shall still be exceedingly happy.

Yours truly.

22. ANSWER TO A CNOGRATULATION FOR THE NEW YEAR, FROM A FATHER TO HIS SON.

My dear Son :—

Both I and your good mother return you our best thanks for your kind new year's wishes. But the only return we expect from you for our parental solicitude, is to see you become an honest and useful man. Exert yourself therefore every day, to increase your store of knowledge and to strengthen the power of your will when opposed to your passions. In yuoth every thing can be learned with facility, it is the spring time of life, when you must sow for the future. Do so cheerfully and you will reap a rich harvest hereafter. Fulfil your promise, and continue to be onr good son, and you may rest assured that we shall do all in our power to make you happy. I wish you a happy new year. Your mother sends her love to you, and I remain

Your affectionate father.

23. דאָס זעלבינע פון א שוועסטער צו א ברודער.

מיין פיעל געליעבטער ברודער: —

אָבוואָהל איך בין איבערצייגט פון דיין בריעדערליכער ליעבע צו מיר, האָבען מיר דיינע ניי־יאָהרס ווינשע, וועלכע דריקען אויס דיינע וואַרעמע געפיהלע, מיך זעהר שטאַרק ערפרייט. דיא ליעבע, וועלכע דיא נאַטור האָט אונז געגעבען און וועלכע דיא געוואוינהייט האָט אין אונז פערפעסטיגט, וועט קיינמאָל ניט אויס־געמעקט ווערען פון מיין הערצען. מיר וועלען ווייזען דער וועלט, אז דאָס שפריכ־וואָרט: „שוועסטער און בריעדער פערטראָגען זיך ניט" האָבען אויסגעטראַכט נאַרען און אז מענשען פון איין מאַמען פיהלען דיא שטאַרקסטע ליעבע צווישען זיך. דאָס וואָס דוא ווילסט מיר שיקען א געשענק איז ביי מיר אָנגענומען גראַדע אזוי וויא דוא וואָלסט עס מיר ווירקליך געשיקט; איך בין גראַדע צופריעדען וואָס דוא האָסט עס ניט געטהאָן, ווייל איך וויים, אז דוא ביסט ניט אין שטאַנד צו מאַכען געשענקע. דאַגעגען שיק איך דיר מיט דיזען בריעף א קלייניגקייט אלס א ניי־יאָהרס געשענק, וועלכעס איך האָף אז דוא וועסט אָננעהמען מיט א גוטען ווילען.

איך ערוואַרט, אז איך וועל אין ניכען זיין אין שטאַנד דיך צו בעזוכען, און איך פערבלייב דיין ליעבענדע שוועסטער.

24. אַן ענטפער צו א פריינד אויף אַ גליק־וואונש צו אַ האָכצייט, מיט אַן ענטשולדיגונג פאַר וואָס ער האָט איהם דערפון ניט געגעבען צו וויסען.

טהייערער פריינד: —

ווען איך וואָלט דיר ניט געגעבען צו וויסען פון מיין הייראַטהען בלויז אויס נאַכלעסיגקייט, וואָלסט דוא געהאַט רעכט מיט דיינע פאָרווירפע; אָבער זעהר וויכטיגע געשעפטען האָבען ביי מיר צוגענומען אפילו יענע שטונדען, וועלכע איך האָב געדאַרפט פערברענגען מיט מיין כלה. איינינע טעג פאַר מיין חתונה בין איך געווען געצוואונגען צו אַרבייטען טאָג און נאַכט. און דעם טאָג גלייך נאָך דער חתונה בין איך געווען גענויטהיגט צו מאַכען א רייזע, וועלכע האָט מיך אָוועגגעהאַלטען פון דער היים און פון מיין פרוי פיר איבער א מאָנאַט צייט. אָבער דאָס געשעפט איז שוין יעצט געענדיגט, און איך האָב שוין געהאַט גערעכענט דיר צו שרייבען, ווען איך האָב ערהאַלטען דיין בריעף.

איך דאַנק דיר פיר דיינע פריינדליכע ווינשע, און איך האָף, דאָס איך וועל אין ניכען האָבען דאָס פערגניגען דיר צו מאַכען א בעזוך און דיר פאָרצושטעלען מיין פרוי, וועלכע שיקט דיר צוזאַמען מיט מיר איהר בעסטען גרוס.

דיין טרייער פריינד.

23. SAME, FROM A SISTER TO HER BROTHER.

My dearly beloved Brother :—

Although I am well convinced of your fraternal love towards me, your kind new year's wishes, expressive of your warm feelings, have greatly delighted me. From my heart, this affection to which nature prompts us, and which has been confirmed by habit, will never be expunged. We will show that the proverb "sisters and brothsrs never agree" was invented by a fool, and that individuals who own the same mother, feel the strangest affection towards one another. Your wish of presenting me with some token of your affection I willingly take for the deed ; nay, I am glad that you have not done so, as I know that you cannot afford to make presents. Hereby, however, I send you a trifle as a new year's gift, which I hope you will accept kindly.

I expect that I shall soon be able to pay you a visit, and remain   **Your** affectionate sister,

24. ANSWERING A FRIEND TO A CONGRATULATION ON MARRIAGE, WITH EXCUSE FOR NOT HAVING INFORMED HIM.

Dear Friend :—

If neglect had been the cause of my not informing you of my marriage, you would have been justified in opbraiding me , but the most important business has deprived me even of those hours, which I should have spent with my bride. Several days before my wedding, I was obliged to work day and night, and the day after was forced to go on a journey, which kept me from home and from my wife for upwards of a month. But the business is at last terminated, and I was on the point of writing to you, when I received your letter.

I thank you for yonr kind wishes, and hope that I shall soon have the pleasure of paying you a visit, and of introducing to you my wife, who joins me in sending her best respects.

Faithfully yours.

25. ענטפֿער אויף אַ גליק־וואונש צו דער געבורט פֿון אַ קינד.‏

מיין טהייערער פֿריינד : —

אייערע פֿריינדליכע וואינשע צו דער געבורט פֿון מיין זוהן צייגען מיר, דאָס
איהר אינטערעסירט אייך, ווי אימער, זעהר שטאַרק אין מיין גליק. הלוואי זאָל
איך אייך אין, גיכען אויך קענען וואינשען גליק אויף אַזאַ געלעגענהיים.‏

עס פֿרייט מיך אייך צו מעלדען, דאָס דיא מוטער איז געזונד און דאָס ניי
געבוירענע קינד פֿריש און לעבעדיג. נעכסטען דיענסטאָג וועלען מיר איהם געבע
אַ נאָמען ; מיר וועלען ניט האָבען קיין צוזאַמענגערופֿענע געזעלשאַפֿט בײַ דיזער
געלעגענהייט, אָבער ווען איהר וועט קומען וועט אונז זעהר פֿרייען אייך צו זעהן.‏
יעדענפֿאַלס ערוואַרטען מיר אין גיכען אייך צו זעהן.‏

אייער טרייער.‏

26. ביטע אום ענטשולדיגונג פֿיר ניט שרײַבען.‏

ווערטהער פֿריינד : —

איך ווייס ניט וואָס דוא קענסט פֿון מיר דענקסטן דערפֿאַר וואָס איך האָב
דיר שוין ניט געשריעבען אַזאַ לאַנגע צייט ; דענק וואָס דוא ווילסט, נאָר דענק
ניט, אַז איך האָב צו דיר פֿערלאָרען מיין אכטונג. אָבער איך האָף, אַז דוא
וועסט מיר דיזעם מאָל פֿערצייהען. דוא וועסט געווים ערפֿילען מיין ביטע, וויל דוא
ווייסט, אַז כאַטש איך פֿערשפֿעטיג מיך מיט מיין שרײַבען, פֿון דעסטוועגען פֿער־
געס איך קיינמאָל ניט אָן מיינע פֿריינד. דוא מענסט דיך פֿערלאָזען, דאָס פֿון
היינט אָן וועל איך שוין מעהר ניט אונטערברעכען אונזער קאָרעספּאָנדענץ, און
איך ערוואַרט פֿון דיר באַלד צו קריעגען דיא פֿערויכערונג, דאָס איך מעג דיך
אימער רעכענען פֿיר אַ פֿריינד און דאָס איך מעג מיך אָנרופֿען

דײַן ערגעבענער.‏

25. ANSWER TO A CONGRATULATION ON THE BIRTH OF A CHILD.

My dear Friend :—

Your kind congratulations on the birth of my son prove to me that you continue to feel deeply interested in my welfare. May I soon have an opportunity of congratulating you on a similar occasion.

I am happy to inform you that the mother is well, and that the new-born child is healthy and lively. The baby will be named next Tuesday; we shall have no company on the occasion, but if you will come, we shall be happy to see you. At all events we expect to see you soon.

Yours truly.

26. EXCUSE FOR NEGLECTING TO WRITE.

Dear Sir :—

I do not know what you may think of me for not having written to you for so long a time; however think anything rather, than that I have ceased to respect you. I hope that you will forgive me this time. You will, no doubt, grant my request, as you are aware that, in spite of my tardiness in writing, I never forget my friends. You may rely upon it that henceforth our correspondence will no longer be interrupted by me, and I hope soon to receive from you the assurance that I may always look upon you as my friend, and that I may call myself

Truly yours.

27. א בעדויערונגס־בריעף צו א פריינד אויף דעם טוידט פון דיין פאטער.

מיין טהייערער פריינד:—

פון מיין הערצען טרויער איך מיט דיר צחאמען אויף דעם טוידט פון דיין פאטער. איך האב איהם אויך געליעבט און געשעצט אזוי ווי ער וואלט געווען מיין איינענער פאטער. זיין גוזעלשאפט האט מיך בעלעהרט און געגעבען מוטה, און זיין אנדענקען ועט ביי מיר זיין טהייער אזוי לאנג וויא איך וועל לעבען. ווען עס איז מעגליך, אז אמת'ע ווער־טער פון מיטלייד זאלען דיך טרויסטען אין דיין טרויער, האף איך, אז דיזער בריעף וועט דיר פערשאפען א שטיקעל טרויסט.

זיי געטרויסט, מיין טהייערער פריינד; בעמיהע דיך איבערצושטארקען דיין שמערץ, אום דוא זאלסט קענען בעסער ערפילען דיינע פליכטען געגען דיינע יינגע־רע שוועסטערס און ברידער, וועלכע, וויא איך וויים, זיינען דיר זעהר, זעהר טהייער.

דיין פריינד,———.

28. א טרויסט־בריעף צו א שוועסטער אויף דעם טוידט פון איהר טאכטער.

ליעבע שוועסטער:—

דער טוידט פון דיין טאכטער פערשאפט מיר דעם גרעסטען שמערץ. איך האב דיך געוואלט נעהמען טרויסטען, אבער איך האב מיך אבגעגארט, און איך בין נים אין שטאנד דיר צו געבען קיין טרויסט, וויל יעדעס מאל, וואס איך דער־מאהן מיך אן איהר, ברעכט מיר מיין הערץ און מיינע אויגען ווערען פול מיט טהרערען.

אבער, מיין טהייערע שוועסטער, לא'מיר האבען מוטה אין דיזער צייט, ווען דער טוידט האט ביי אונז איבערגערופען אונזער שוועסטער, און לא'מיר זיך האל־טען וועדליג וויא עס פאסט פיר קלוגע מענשען, וועלכע קוקען אויף א זעלכע זא־כען מיט א פילאזאפישען בליק.

מוטה, מוטה, טהייערע שוועסטער!

איך פערבלייב,

דיין ליעבענדע.

27. LETTER OF CONDOLENCE TO A FRIEND, AT THE DEATH OF HIS FATHER.

My dear Friend:—

From my heart I mourn with you for the loss of your dear father. I also loved and honored him as if he were my father. His company has been to me very instructive and encouraging, and his memory will be dear to me as long as I live. If real sympathy can comfort you in your affliction, I hope that my letter will afford you some consolation.

Be comforted, my dear friend, try to ovorcome your grief, that you may be capable the better to fulfil your duties towards your younger sisters and brothers, who, I know, are very, very dear to you.

Your friend,——.

28. LETTER OF CONSOLATION TO A SISTER, AT THE LOSS OF A DAUGHTER.

My dear Sister:—

The loss of your daughter is painful to me in the extreme. I intended to comfort you, but I have deceived myself, and am incapable of affording you any consolation, for, every time I think of her my heart breaks and my eyes fill with tears.

But, my dear sister, let us have courage at this time of our bereavement, and bear up in a manner becoming wise persons who look upon such things philosophically.

Courage, dear sister, courage!

I remain

Yours affectionately.

29. א טרויסט־בריעף צו א פריינדין אויף דעם טוידט פון איהר מוטער.

ליעבע סאפיע :—

איך מוז דיר זאגען דעם אמת, אז בעטראכטענדיג דעם גרויסען שאדען, וועלכען דוא האסט געליטען אין דעם טוידט פון דיין טהייערער מוטער, צווייפעל איך, אויב איך זאל גאר פרובירען דיך צו טרויסטען. מיר אליין, וואס איך האב נאר א קורצע צייט געהאט דאס פערגניגען צו זיין אין איהר געזעלשאפט, טהוט דיזער פאל אויך זעהר, זעהר לייד. דוא מעגסט מיט רעכט וויינען, מיין טהייערע! א פרוי מיט א זעלכע עדעלע געפיהלען וויא דיין מוטער פערדיענט דיינע טהרער־רען. דאך, מיין טהייערע פריינדין: האט זיא דען אייביג געקענט פערבלייבען מיט דיר? האט זיא שוין ניט דערגרייכט דעם העכסטען סטאפעל פון א מענשענ׳ס לעבען? וויש אלזא אב דיינע טהרערען און דענק מיט פרייד וועגען דעם מוסטערהאפטען לעבען פון דיין מוטער און וועגען איהר פריעדליכען טוידט. הלוואי זאל אונזערער אויך זיין אזוי: אזוי איז דער ערנסטער וואונש פון

דיין מיטליידענער פריינדין.

30. צו א פריינד אויף דעם טוידט פון זיין שוועסטער.

טהייערער דזשארדזש :—

איך דארף דיר ניט געבען קיין בעווייז, דאס איך פיהל מיט דיר מיט פון טיעפען הערצען דאס אונגליק, וועלכעס דוא האסט געליטען אין דעם טוידט פון דיין ליעבער שוועסטער. איהר טוידט איז נאך טרויעריגער מיט דעם, וואס זיא איז געוועזען יונג און בליהענד און האט געהאט א רעכט פון דער נאטור צו ער־ווארטען א לאנגעס און גליקליכעס לעבען. אבער דיא וועגען פון דער נאטור זיי־נען בעהאלטען און דוא האסט ניט געהאט אין דיין מאכט דעם טוידט אבצוהאל־טען. לאמיר זיך דעריבער אונטערגעבען צו אונזער שיקזאל און טראגען דיא צרות פון אונזער לעבען מיט געדולד. געדענק אימער

דיין טריען פריינד.

**29.   LETTER OF CONDOLENCE TO A FEMALE FRIEND ON THE
DEATH OF HER MOTHER.**

Beloved Sophia :—

I must confess that the greatness of the loss, which you
have met with in the death of your dear mother, makes me
doubt whether I should attempt comforting you. I myself, who
enjoyed but for a short time the pleasure of her company, am
very, very sorry for it. You are right to weep, my dear! A
woman of sentiments so noble is worthy of tears. However, my
dear friend, could she have remained with you forever? Has
she not reached the highest stage of human existence? Dry
then your tears and think with cheerfulness of the exemplary
life of your mother, and of her peaceful end. May ours be the
same : this is the earnest wish of

                              Your sympathizing friend.

30.   TO A FRIEND AT THE DEATH OF HIS SISTER.

Dear George :—

I need not assure you that I sympathize with you from
my heart, for the loss you have experienced by the death of
your amiable sister. Her death is the more melancholy, as her
youth and blooming health entitled her to a long and happy
life. But the ways of nature are hidden and it was not in your
power to prevent it to come. Let us, therefore, submit to our
fate and bear the troubles of life with patience. Continue to re-
member

                              Your faithful friend.

31. א בריעף, וואָס פערזיכערט, אַז פריינדשאַפט האָט ניט אויפגעהערט.

טהייערער פריינד:—

מיר זיינען שוין זעקס מאָנאַטען געשיידט און מיר האָבען נאָך קיין איינציגען מאָל געשריעבען איינער צום אַנדערן. עס איז מיר שווער צו ענטשיידען, אויב איך זאָל בעשולדיגען אין דעם דיך אָדער מיך אַליין. איך וועל קיינעם ניט בעשולדיגען און נאָר קוקען וואָס ווייטער וועט זיין; איך פערזיכער דיך, דאָס איך האָב אָפט געדענקט וועגען דיר מיט דיא טיעפסטע געפיהלע פון פריינדשאַפט און דאָס עס וועט מיך פרייען, ווען דו געדענקסט מיך נאָך. איך קען מיר ניט פאָרשטעלען, אַז דו זאָלסט מיך וועלען פערגעסען, און איך האָף, אַז דו וועסט מאַכען א סוף פון דיין שטיל - שווייגען, וועלכעס מאַכט מיך אונרוהיג און בריינגט מיך דערצו, אַז איך זאָל צווייפלען, צי דו ביסט נאָך מיין פריינד, און דער צייט וואָס איך פערבלייב, וויא אימער,

דיין פריינד.

32. ענטפער אויף דעם פריהערדיגען בריעף.

טהייערער פריינד:—

ווען איך וואָלט אפילו ניט געהאַט געקריגען דיין בריעף, וואָלט איך אויך קיינמאָל ניט געצווייפעלט אין דיין ריכטיגער פריינדשאַפט, ווייל מיר קענען ניט שרייבען און דאָך ניט פערגעסען; מיר קענען זיך מיט מענשען ניט זעהן, מיט זייער קאָררעספאָנדירען, און דאָך זיי ליעבען. בריעף זיינען ניט קיין זיכערע צייכענס פון פריינדשאַפט. דאָס הערץ פערדיענט מעהר צוטרויען אַלס בריעף; נאָר דאָס הערץ קען געבען ריכטיגע בעווייזע פון אונזער ליעבע אָדער ניט - ליעבע. איך האָב געהאַט צוטרויען צו דיין הערץ און איך בין געווען איבערצייגט, דאָס דו האָסט וועגען מיר געדענקט, ווען אויך דו האָסט צו מיר ניט געשריעבען. אָט אזוי האָב איך מיר ערקלערט דיין שטיל - שווייגען און האָב דיין פריינדשאַפט בעהאַנדעלט ריכטיג.

איך בעט דיך, אַז דו זאָלסט אויך אַזוי בערעכנען, און איך בעט דיך, אַז דו זאָלסט מיך אימער רופען

דיין ריכטיגער פריינד.

31. LETTER GIVING ASSURANCE OF FRIENDSHIP.

Dear Friend :—

We have now been six months absent from each other, without having written even once. Whether I am to reproach you, or blame myself, is hard to decide. I shall do neither the one nor the other, but only look to the future, assuring you that I have often thought of you with the most friendly feelings, and that I shall be glad if you still remember me. I cannot imagine that it is your intention to forget me, and I hope that you will interrupt this silence which makes me uneasy and causes me to doubt the continuance of your freindship, whilst I remain, as ever,

Your friend.

32. ANSWER TO THE FOREGOING.

Dear Friend :—

Though I had not received your letter, I should never have doubted your sincere friendship, for we can be silent without forgetting, and love persons without seeing them or corresponding with them. Letters are but a doubtful sign of friendship. The heart deserves more confidence; it alone gives positive evidence of our likings and dislikings. I trusted to your heart and was convinced that you were thinking of me, although you did not write. In this manner I have accounted for your silence and done justice to your friendship.

I beg you will do the same, and be assured that you always call me

Your sincere friend.

33. נאָך א בריעף וועגען ניט־שרייבען.

טהייערער דזשאָזעף:—

וואָס איז דער מער וואָס מען הערט פון דיר ניט? האָסטו אונז נאָר אין גאנצען פערגעסען? ווען דוא האָסט אונז פערלאָזען האָסטו אונז צוגעזאָגט, אז דוא וועסט אונז שרייבען גלייך נאָך דעם וויא דוא וועסט אָנקומען אין סענט לואיס; עס זיינען שוין יעצט א וועג אכט וואָכען און מיר האָבען נאָך פון דיר ניט געקריעגען קיין ציילע. דאָס הייסט בייא דיר האלטען וואָרט?—דוא וועסט זיך ענטשולדיגען און דוא וועסט זאָגען, דאָס דוא האלסט אונז אָפט אין דיינע געדאנקען; דאָס צווייפעל איך ניט, אָבער דיזע געדאנקען־קאָררעספאָנדענץ וועט אונז מעהר ניט צופריעדען שטעלען; עס איז שוין גענוג טרויעריג, אז א בויגעלע פאפיער דארף פערנעהמען דעם אָרט פון א פריינד, אָבער וואָס זאָלען מיר שוין טהאָן ווען אפילו דיזער אָרימער פערטרעטער פון אונזער פריינד קומט אויך ניט?

דעריבער, טהייערער דזשאָזעף, גיך לאָ'מיר פון דיר קריעגען א לאנגען בריעף! אלע אונזערע זיינען געזונד, זיי שיקען דיר זייערע גריסען, און איך פערבלייב

דיינער, וויא אימער.

34. נאָך א בריעף וועגען דער זעלבּיגער זאך.

טהייערער פריינד:—

איך האָב שוין כמעט נעמענט רעכענען, אז דוא געדענקסט שוין מיך מעהר ניט. צוויי יאהר זיינען שוין פארביי און איך האָב נאָך ניט אָנגעזעהען קיין ציילע פון דיר און דאָך האָב איך ערפאהרען צו מיין פערגניגען, דאָס דוא ביסט געזונד און גליקליך; וואָס קען אלזאָ זיין דער מער וואָס דוא שווייגסט? אייבּיג האָט מען דאָך ניט קיין נויטהיגע געשעפטען, און ווען מען וויל נאָר געפינט מען אימער א ביסעלע צייט צו שרייבען א פאאר ווערטער צו א גוטען פריינד. אז דוא זאָלסט פערגעסען דיינע אלטע פריינד צוליעב דיינע נייע—דאָס ליעגט דאָך ניט אין דיין נאטור.

מיט דער האָפנונג, אז דוא וועסט ערפילען מיין ערנסטע ביטע, פערבלייב איך

דיין פריינד.

83. ANOTHER LETTER REGARDING SILENCE.

Dear Joseph :—

Why do we not hear from you? Have you forgotten us entirely? When you left us you promised to write immediately after your arrival in St. Louis; this is now eight weeks, and we have uot received a line from you. Do you call that keeping your promise? You will excuse yourself by saying that your thoughts have often been with us. This I do not doubt, but, at last, this spiritual correspondence will be very unsatisfactory; it is bad enough when a sheet of paper must supply the place of our friend, but what are we to do when even this representative does not come?

Therefore, dear Joseph, quick, let us have a long letter! All are well here, they send their respects to you, and

I remain

Yours, as ever, etc.

84. ANOTHER LETTER ABOUT THE SAME.

Dear Friend :—

I could almost imagine that you no longer remember me. Two years have passed, and I have not seen a line of yours, yet I learn with pleasure that you are well and happy, what then can be the cause of your long silence? Urgent business does not last forever, and if we really wish, we can always find moments to drop a line to a sincere friend. To forget your old friends for your new ones, does not lie in your nature.

Hoping that you will do my earnest request, I remain

Your friend.

III.

ליעבע - בריעף.

1. א בריעף צו א מיידעל פון א יונגען מאן, וועלכער באט איהר אן זיין האנד.

סט. לואיס, 16טען מאי, 1899.

מיין טהייערע פרייליין אייבראהאמז:—

עס איז שוין ביינאהע א יאהר זייט איך האב געהאט דאס פערגניגען צום ערסטען מאל אויפגענומען צו ווערען אין אייער הויז אלס א פריינד—א פערגניגען, וועלכעס איך שעץ זעהר פיעל. איך וועל אייך זאגען אפען, דאס אין דיזער גאנ־צער צייט האט מיך איין צוציעהונגס־קראפט, איין שטארקע האפנונג נעצווינגען צו אייער הויז, און איך האב כמעט ניט נויטהיג צו זאגען, דאס איהר אליין זייט גע־ווען דיא צוציעהונגס־קראפט, און מיין וואונש צו געווינען אייער ליעבע איז געוועז מיין האפנונג.

האט מיר געגליקט? האט מיין הערצליכע, טרייע ליעבע, וועלכע איך פיהל צו אייך, געפונען אן אבקלאנג אין אייער הערצען? אלע מיינע האפנונגען אויף מיין צוקינפטיגעס גליק הענגען אב פון אייער ענטפער, ווייל איך בין ניט פון דיא, וואס זייער ליעבע איז א פאנטאזיע, וועלכע פערפליהט אין א שטונדע; מיינע איז דיא ריכטיגע, דויערהאפטע ליעבע, וועלכע איז געבויט אויף אכטונג און שעצונג און איז שוין מאנאטען לאנג אין מיינע געדאנקען.

אייער מיידעלשע אנשטענדיגקייט האט אייער הערץ אווי גוט בעהאלטען פון מיר, דאס איך קען כמעט ניט וואגען צו דענקען, אז איך האב אן ארט אין איהם; אבער איך פיהל, דאס איך קען מעהר ניט פערטראגען דיא אונגעוויסהייט, און איך שרייב דיזען בריעף צו געווינען אדער אלעס צו פערליערען.

ווען איהר וועט זיין מיין פרוי וועט זיין דער שטאלץ פון מיין לעבען אייך צו שיצען פון יעדען קומער און אייך צו פערשאפען דאס גליק, וועלכעס א צערטלי־כער, ליעבענדער מאן קען נאר געבען זיין ערסטער און איינציגער געליעבטער.

מיט דער האפנונג פון אייך באלד צו הערען,

פערבלייב איך מיט אכטונג און איבערגעבענהייט,

אייער טרייער,

רזשאזעף מארקס.

III.

LETTERS OF LOVE.

1 LETTER FROM A GENTLEMAN TO A LADY OFFERING HER HIS HAND.

St. Louis, May 16, 1899.

My dear Miss Abrahams :—

It is now nearly a year since I first had the great and highly appreciated pleasure of being received at your house on the footing of a friend. During all that time, I will frankly confess that one attraction, and later, one strong hope have been drawing me ever to yonr residence, and I need scarcely add that your own dear self was the attraction, the desire of winning your favorable regard my hope.

Have I been successful? Has the deep, faithful love that I feel for you any response in your heart? All my hope of happiness in the future hangs upon your answer, for mine is not the fleeting fancy of an hour, but the true, abiding love that is founded upon respect and esteem, and has been for months my life dream.

Your own maidenly dignity has kept your heart so securely hidden from me that I scarcely venture to hope I have a place there, but I feel that I cannot endure suspense any longer, and so write to win or lose all.

If you will be my wife, it will be the pride of my life to try to shield you from all sorrow, and to give you all the happiness that a tender, loving husband can bestow upon his first and only love.

Hoping to hear from you soon,

I am, with respect and devotion,

Yours faithfully,

Joseph Marks.

2. אַ גוטער ענטפער אויף דעם פריהערדינען בריעף.

ניו יאָרק, 20טען מאַי, 1899.

מיין טהייערער הערר מאַרקס:—

אייער פריינדליכער און מוטהיגער בריעף עפענט מיינע אויגען צו זעהן, אַז דאָס וואָס איך האָב נאָר געהאַלטען פיר אַ וואַרימע פריינדשאַפט איז עפּעס אַ שטאַרקערעס געפיהל. איך זעה, אַז עס וואָלט מיר פערשאַפען שמערץ צו פער־ליערען אייערע בעזוכען און אייער געזעלשאַפט און דאָס אַזאַ ליעבע וויא איהר פער־שפּרעכט מיר, וועט מיך מאַכען זעהר גליקליך. איהר זעהט, דאָס איך ענטפער אייך אָפענ־הערציג, ווייל איך האַלט פיר אונרעכט זיך צו שפּיעלען מיט אַזאַ ליעבע, וועלכע איהר באָט מיר אָן.

איך האָב אייער בריעף געוויעזען מיינע עלטערן; זיי בעטען מיך איך זאָל אייך זאָגען, דאָס זיי וועט זיין אַנגענעהם צו האָבען אייך פיר אַ גאַסט היינטיגען אַבענד.

איך פערבלייב מיט פריינדליכסטע גריסע,

אימער אייער טרייע,

סאָפיא אייבראַהאַמז.

3. ניט קיין גוטער ענטפער אויף דעם זעלבינען בריעף.

ניו יאָרק, 20טען מאַי, 1899.

ווערטהער הערר :—

אייער בריעף האָט מיר פעראורזאַכט דעם גרעסטען שמערץ, ווייל איך פיהל, דאָס איך האָב אייך אונגערן געמאַכט צו האָפען אויף אַזוינס וואָס קען קיין מאָל ניט זיין. איך רעכען, אַז איהר וועט מיר גלויבען, דאָס ניט מיט אייך צו ליעבען זיך האָב איך אייך געלאָזען זיין בייא אונז אַן אָפטער גאַסט, נאָר ווייל איך האָב געשעצט אייער פריינדשאַפט זעהר פיעל, און האָב געגלויבט, דאָס איך בין ביי אייך געוועזען פערעכענט בלויז פיר אַ פריינדין. אייער פריינדליכער און מוטהיגער בריעף, וועלכען איך וועל אימער בעטראַכטען אַלס אַ הייליגעס פערטרויען, האָט מיר געוויעזען, דאָס איך האָב געהאַט אַן אירטהום; אָבער וועהרענד איך קען אייך ניט אויסדריקען דיא זעלבינע געפיהלען, וועלכע ער ענטהאַלט, שעץ איך זעהר פיעל דיא עהרע, וועלכע איהר מאַכט מיר.

מיט דער האָפנונג, דאָס איך קען נאָך וויא פריהער האָבען אייער פריינדשאַפט, פערבלייב איך, מיין ווערטהער הערר,

אייער פריינדין וויא אימער,

סאָפיא אייבראַהאַמז.

2. FAVORABLE REPLY TO THE FOREGOING.

New York, May 20th, 1899.

My dear Marks:—

Your kind and manly letter opens my eyes to the fact that what I believed to be only a warm friendship is a stronger feeling. I see that it would be a pain to me to lose your visits and presence, and that such love as you promise would make me very happy. You see that I answer you frankly, deeming it wrong to trifle with such affection as you offer to me.

I have shown your letter to my parents, and they desire me to say that they will be pleased to have you call this evening to see them.

> With kindest regards, I am
> Ever yours truly
> Sophia Abrahams.

3. UNFAVORABLE REPLY TO THE SAME LETTER.

New York, May 20th, 1899.

Dear Sir:—

Your letter has occasioned me the deepest pain, for I feel that I have, unconsciously, led you to a hope that 1 can never make a reality. I trust that you will believe that it was in no spirit of coquetry that I encouraged your frequent visits, but because I valued your friendship very highly, and believed that I was to you only a friend. Your kind and manly letter, which I shall ever regard as a sacred confidence, has shown me my error; but while I cannot return the sentiments which it contains, I deeply appreciate the honor which you do me.

Hoping that I may still retain your valued friendship, I am, my dear sir,

> Ever your friend,
> Sophia Abrahams.

4. צו א פריילײן פון א יונגען מאַן, וועלכער פערלאַנגט איהר בילד.

טהייערע מערי :—

גערענקט איהר, דאַס איהר האָט מיר מיט א מאָנאַט צוריק פערשפּראָכען צו געבען אייער בילד, ווען איך וועל איהם געבען דעם ערסטען אָרט אין מיין אַלבום? איך האָב אייך פערשפּראָכען און איך האָב טריי געהאַלטען מיין וואָרט, דען איך האָב דיא ערסטע זייט פון מיין אַלבום איבערגעלאָזען א ליידיגע, אָבער אייער בילד קומט נאָך אַלץ ניט. האָט איהר חרטה געקריגען אויף אייער פערשפּראָכענע מתּנה, אָדער אַנדערע פריינד האָבען צוגענומען דיא פּיעלע פאָטאָגראַפישע קאַרטען, וועלכע איהר האָט מיר געוויזען? איהר קענט זיך ניט הערויסדרעהען און זאָגען, דאָס איהר האָט ניט קיין גוטעס בילד, ווייל איך ווייס, דאָס אייער לעצטעס מאָל פאָטאָגראַפירען זיך איז זעהר גוט הערויסגעקומען, און איך וואָלט זעהר שטאַרק וועלען האָבען איינס פון דיא דאָזיגע אויסגעצייכענטע בילדער.

איך בעט אייך, טהייערע מערי, שיקט מיר גלייך דאָס בילד, וועלכעס איהר האָט מיר פערשפּראָכען, אום עס זאָל מיך טרויסטען אין דער צייט וואָס איך זעה אייך ניט.

מיט דער גרעסטער ליעבע אייערער,

דייוויד.

5. צו א פריילײן פון א יונגען מאַן, וועלכער בעט זיא זאָל איהם ערלויבען צו קומען.

פריילײן אננא דייווידסאָן :—

אַזוי וויא איך האָב געהאַט דאָס פערגניגען אייך איינמאָל צו טרעפען ביי אונזער ביידענ'ס פריינדין, מאַדאַם גרין, ערלויב איך מיך אייך צו שרייבען צו בעטען אייער ערלויבניס אייך צו בעזוכען אין אייער איינענע וואוינונג. איך וויין בלויז א קורצע צייט אין דיזער שטאָדט, אָבער אייער פאָטער, דענק איך, וועט געדענקען הערין סאַמיועל ראַיס, פון טשיקאַגאָ, וועלכער איז מיר א פעטער.

מיט דער האָפנונג, דאָס איהר וועט פערצייהען דיא פרייהייט, וועלכע איך נעהם מיר און מיר שענקען אן אָרט צווישען אייערע בעקאַנטע הערען, פערבלייב איך, מיט גרויסער אַכטונג,

ס. ראַיס.

4. FROM A GENTLEMAN TO A LADY REQUESTING HER PHOTOGRAPH.

Dear Mary :—

Do you remember about a month ago promising me that if I would give it the first place in my album, you would give me your photograph? I promised and have faithfully kept the page blank, but your picture does not come. Have you repented of your generosity, or have other friends appropriated all that pile of cards you showed me? You cannot escape on the ground of poverty, for I know that your last sitting was a complete success, and have a great desire to own one of those exquisite profiles.

Do, my dear Mary, send me at once the promised picture that it may comfort me for absence from your presence.

Yours most affectionately,
David.

5. FROM A GENTLEMAN TO A LADY REQUESTING PERMISSION
TO CALL.

Miss Anna :—

Having had the pleasure of meeting you once at the house of our mutual friend, Mrs. Green, I venture to write to request permission to call upon you at your own residence. I have been but a short time a resident in this city, but your father will, I think, remember Mr. Samuel Rice, of Chicago, who is my uncle.

Trusting that you will pardon the liberty I am taking, and grant me a position among your gentlemen acquaintances, I am,   Very respectfully,

S. Rice.

6. ענטפער אויף דעם פריהערדיגען בריעף.

ווערטהער הערר:—

עס וועט מיר פערשאפען פיעל פערגניגען אייך צו זעהן ביי אונז אין הויז, און מיין פאטער בעט איך זאל אייך זאגען, דאס נעדענקענדיג אייער פעטער וואלט ער זעהר וועלען געבען שלום־עליכם זיין פלעמעניק.

טרייליך אייערע,

מערי דייווידסאן.

7. פון א הייסען ליעב־האבער צו א פריילין.

מיין טהייערע פריילין נארדאן:—

איך שרייב אייך, ווייל דיא הייסע ליעבע, וועלכע פערברענט מיין הערץ, מוז זיך אויסרעדען. ווען איך בין לעבען אייך בין איך שטום, איך וואג נים פאר אייך אויסצוזאגען דיא הייסע ליעבע, וועלכע ברענט אין מיר. איך האב מורא, אז איהר האט מיך אפט געהאלטען פיר דום. וועהרענד איך בין נאר געוועזען בע־רוישט פון אייער ליעבליכקייט און האב מיך מיט גרויס פרייד צוגעהערט צו דער מוזיק פון אייער שטימע.

דאס איך ליעב אייך מיט דעם גאנצען ברען און מיט דער גאנצער איבער־געבענהייט פון אן ערסטער טרייער ליעבע, גלויב איך, אז איהר האט געמוזט זעהן, אבער איך שמאכט צו זעהן פון אייך א שמייכעל, וואס זאל מיר אנבאטען אייער ליעבע, איין ווארט פון אייך, וואס זאל מיך אויפמונטערן און רעטען פון פער־צווייפלונג.

וועט איהר מיר שענקען דיזען שמייכעל? וועט איהר הערויסרעדען דיזעס ווארט? איך ערווארט מיט אונגעדולד אייער ענטפער.

אייער ערגעבענער.

6. REPLY TO THE FOREGOING.

Dear Sir :—

It will give me much pleasure to see you at our residence, and my father desires me to state that his recollection of your uncle makes him very desirous of shaking hands with the nephew.

Yours truly,

Mary Davidson.

7. FROM AN ARDENT LOVER TO A LADY.

My Dear Miss Gordon :—

I write to you because the burning love which consumes my heart must find some expression. In your presence I am dumb, not daring to pour out to you the ardent devotion which consumes me. I fear that oftentimes you have thought me stupid and dull, while I was only intoxicated with your loveliness, and listening with eager delight to the music of your voice.

That I love you with all the ardor and devotion of a first true love, I think you must have seen, but I pine for a smile to bid me hope, a word of encouragement to save me from despair.

Will you grant that smile? Will you speak that word? I anxiously await your answer.

Devotedly yours.

8. צו אַ פריילײן פון אַ יונגען הערין, וועלכער ערקלערט זיך איהר אין ליעבע.

מײן טהייערע פריילײן דאָרא:—

וועט איהר מיר ערלויבען אײך אויסצודריקען דיא טיעפע אכטונג, וועלכע איך פיהל צו אײך, און מיך לאָזען האָפען, דאָס איהר וועט מיר ערלויבען אָנצורופען מײנע געפיהלע מיט אַ ווארימערען נאָמען? פון דעם טאָג אָן, ווען איך האָב צום ערסטען מאָל געהאַט דאָס פערגניגען מיט אײך זיך צו בעגעגענען, איז אײער גע־שטאַלט אימער געווען פאַר מײנע אויגען, און פון פריינדשאַפט בין איך איב ר־געגאַנגען צו דיא געפיהלע פון דער הייסעסטער ליעבע צו אײך. האָט איהר גע־מערקט דיא טיעפקייט פון מײן ליעבע? איך וויל האָפען, דאָס איהר האָט דאָס געזעהען און איהר זײט ניט געגען דעם. איהר האָט עפּעס געמוזט לעזען פון מײן הערצען אין דער צייט פון מײנע פיעלע בעזוכען, און דאָס פיהרט מיך צו דער האָפנונג, דאָס איהר וועט מײן ביטע אין גאַנצען ניט צוריקווייזען.

איך ליעב אײך ריכטיג און הייס; איך ווינש, אַז איך זאָל קענען האָפען אויף געגענ־ליעבע פון אײך.

מיט אונגעדולדיגער אונגעוויסהייט אײערער.

9. פון אַן אוועגגעפאָהרענעם געליעבטען, וועלכער בעקלאָגט זיך אויף וועניג שרייבען.

טהייערע בעססיע:—

פּאָסט נאָך פּאָסט וואַרט איך אין פּאָסט־קאַנטאָר און קריעג אַלץ דעם זעלבינגען פוילען ענטפער „ניטאָ קיין בריעף פיר דזשיימז האַרט,“ און ווען איך קריעג שוין יע איינעם, איז דאָס ניט דער שעהנער קאָנווערט און דיא דייטליכע שעהנע אַדרעסע, אויף וועלכע איך וואַרט אַזוי ערנסט. איך האָב פון דיר געקריעגען צוויא בריעף זייט איך בין אַהערצו געקומען אין דעצעמבער, אָבוואָהל דו קענסט זיך ניט בעקלאָגען, דאָס איך שיק דיר ניט גענוג בריעף, אַז דו זאָלסט מיר ענטפערן.

וואַרום איז דאָס אַזוי, בעססיע? דאָס וואָס דו זאָגסט, אַז דו שרייבסט דומע בריעף קומט מיר אויס קינדיש. דיינע בריעף זיינען קיינמאָל ניט דום פיר מיך, און איך וואָלט שטאַרק וועלען האָבען אַ צייכען פון דיין ליעבע, אַ נאַכריכט פון דיין לעבען, איינינע בליקען פון דיין הערצען, וועלכעס, וויא דו פערזיכערסט מיך, געהערט צו מיר.

שרייב מיר אַלזאָ, מיין געליעבטע, אָפט און פריי. דיינע בריעף וועלען מיר געבען דיא מעגליכקייט צו ערטראָגען דיא לאַנגע צייט, וואָס איך דאַרף לעבען גע־שיידט פון דיר, און נעהם אַוועג דיא ביטערנעס פון מיין אָבגעזונדערטקייט פון דיר.

מיט דער האָפנונג צו הערען פון דיר מיט דער צווייטער פּאָסט,

בין איך אימער, טהייערע בעססיע,

דיין ליעבענדער דזשיימז.

8. FROM A GENTLEMAN TO A LADY MAKING A DECLARATION OF LOVE.

My Dear Miss Dora :

Will you permit me to express to you the deept respect which I feel for you, and let me hope that you will allow me to call my feeling by even a warmer name? From the day when I first had the pleasure of meeting you, your image has been ever present with me, and from friendship I have grown to feel the most ardent love for you. Have you suspected the depth of my attachment? Let me hope that you have seen, and do not resent it. You must have read something of my heart during my numerous visits, and this leads me to hope that you will not utterly discard my petition.

I love you sincerely and fervently; may I hope for a return of my affection.

Yours in anxious suspense.

9. FROM AN ABSENT LOVER COMPLAINING OF A SCARCITY OF LETTERS.

Dear Bessie :—

Mail after mail finds me waiting at the post-office to hear the same weary answer to my demand, "No letters for James Hart," or if I receive one, it is not the dainty envelope and clear pretty address for which I am ever watching so earnestly. I have had but two letters from you since I came here in December, although you cannot complain that I do not send you enough to answer.

Why is this, Bessie? Your statement that you write stupid letters seems to me childish. Your letters are never stupid to me, and I long for some token of your affection, some knowledge of your life, some glimpses of the heart you assure me is mine.

Write to me then, my darling, often and freely. Your letters will make my long absence endurable, and take away something from the bitterness of separation.

Hoping to hear from you by return of mail,

I am ever, dear Bessie,

Your loving James.

10. צו אַ יונגען מאַן פון אַ פרייליין, וועלכע בעשולדיגט איהם אין קאַלטקייט.

טהייערער הענרי:—

עס זיינען שוין אווענ אַכט טעג זייט דוא האָסט מיך בעזוכט, און איך שרייב יעצט דיך צו פרעגען, וואָס פיר אַ וואָלקען עס האָט זיך פערצויגען צווישען אונז. דיא ערסטע צייט פון אונזער פערלאָבונג פלעגסטו צו מיר קומען יעדען אָבענד און פערבלייבען שפּעט, און אפילו דאַן, וויא עס האָט אויסגעזעהן, האָסטו מיך אויך ניט געוואָלט אוועגלאָזען. דוא האָסט מיר געציינט ליעבע און נוטבקייט, און וויא עס האָט אויסגעזעהען, איז דיין איינציגער פערלאַנג געווען מיר הערויסצוווייזען דיין איבערגעבענהייט. איצטער קומסטו נאָר זעלטען, דוא ביסט עפּעס קאַלט און צוריקגעהאַלטען, דוא געהסט אווענ פריה און קיין ליעבע־ווערטער געהען ניט הערויס פון דיינע ליפּען.

איך וויל דיך ניט צווינגען, אַז דוא זאָלסט ווערען צו מיר דער זע...ער וואָס פריהער; דוא ווייסט, אַז איך האָב דיר מיין ליעבע ניט הערויסגעוויעזען ביז דוא האָסט זיא ערנסט פערלאַנגט, און דוא האָסט מיך געמאַכט גלויבען, דאָס דיין גאַנצעס הערץ האָט געהערט צו מיר. אָבער, הענרי, איך בעט דיך דוא זאָלסט מיר פערטרויען דעם ריינעם אמת.

האָסטו עפּעס אַן אונאַנגענעהמיגקייט אין געשעפט אָדער אין הייזליכע אַנגעלעגענהייטען, וואָס דוא ביסט קאַלט צו מיר, אָדער דוא האָסט מיך אויפגעהערט צו ליעבען? זאָג מיר אָפען, וואָס מאַכט דיך פרעמד צו מיר? ווען מיין ליעבע קען דיך טרויסטען אין אַ נויטה, קענסטו מיר גלויבען, דאָס זיא וועט ניט צוריקגעהאַלטען ווערען פון דיר, אָבער ווען זיא האָט ביי דיר קיין ווערטה ניט, זאָלסטו עס מיר זאָגען און ניט בעהאַלטען פון מיר. איך זוך ניט און פערלאַנג ניט קיין געצוואונגענע ליעבע.

מיט דער האָפנונג פון דיר גלייך צו הערען,

פערבלייב איך,

אימער דיין פריינדין,

סאַמהילדאַ.

10. FROM A LADY TO A GENTLEMAN ACCUSING HIM OF COLDNESS.

Dear Henry :—

It is now eight days since you have been to see me, and I write to ask you what the cloud is that seems to have risen between us. When we were first engaged, you came to my side every evening, and lingering till late, seemed even then unwilling to leave me. You were loving and cordial, and your only desire seemed to be to impress me with the idea of your devotion. Now you come but seldom, and your manner is cold and constrained, you leave me early and no words of affection fall from your lips.

I do not wish to force you to your old position. You know that my love for you was never betrayed until you most earnestly sought it, and led me to suppose that your whole heart was mine. But, Henry, I do ask for your confidence.

Is there any trouble in your business or home affairs that makes you cold, or have you ceased to love me? Tell me frankly what estranges you. If my love can comfort you in trouble, believe me it will not be wanting, but if it is valueless, tell me so without reserve. I neither seek nor desire a forced affection.

Hoping to hear from you at once,

I am,

Ever your friend,

Mathilda.

11. פון א יונגען ארבייטער צו זיין געליעבטער.

טהייערע טיללי:—

איך ליעב דיך שוין לאנג, אָבער איך האָב עס דיר מורא געהאַט צו זאָגען. ווען איך געה מיט דיר אין טהעאַטער אָדער אין פּארק בין איך עפּעס אזוי וויא א נאַר און אין גאַנצען אונפעהיג פיר געזעלשאַפט. איך דענק פון דיר דעם גאַנ־צען טאָג און בייא נאַכט חלום איך פון מיין טהייערער טיללי'ן. איך בין יעצט גוט איינגעאָרדענט מיט ארבייט און איך קריעג ניין דאָללאר א וואָך, מיר ביידע וואָלטען געקענט בעקוועם לעבען מיט דיעזען געלד. איך האָף, מיין טהייערע, אז דוא וועסט ניט זיין בייז אויף מיר פיר דיזע ווערטער, דען איך ליעב דיך ווירקליך. איך וועל ניט זיין גליקליך, וואו דוא וועסט ניט געהערען צו מיר; איך האָב מורא געהאַט דאָס דיר צו זאָגען. ווען דוא וועסט איבערלאָזען אן ענטפער אויף מיין קוואַרטיר, וועל איך מיך מיט דיר טרעפען נעכסטען זונטאָג נאָכמיטטאָג אין פּארק, און דאַן וועלען מיר מאַכען א שפּאַציער און געניעסען קאַפע און קוכען. וויא גליקליך וועל איך מיך פיהלען פון דיר צו הערען, אָבער טויזענד מאָל גליק־ליכער וועל איך מיך פיהלען צו דענקען, אז דוא וועסט זיין מיינע.

איך בין, מיין טהייערע, דיין ווירקליכער ליעבענדער.

12. א גוטער ענטפער אויף דעם פריהערדיגען בריעף.

מיין טהייערער סאַם:—

איך האָב ערהאַלטען דיין זעהר פריינדליכען בריעף. איך האָב מיט אונגע־דולד געוואַרט אויף אזעלכע ווערטער פון דיר, דען איך ליעב דיך זעהר שטאַרק, אָבוואָהל איך האָב דיר קיינמאָל מיין ליעבע דייטליך ניט הערויסגעוויעזען. איך וועל מיך פיהלען זעהר גליקליך מיט דיר צו געהן אין פּארק נעכסטען זונטאָג, און דאַן וועלען מיר רעדען וועגען אונזער צוקונפט.

דיין ליעבענדע טיללי.

11. FROM A YOUNG WORKMAN TO HIS SWEETHEART.

Dear Tillie:—

I have been long in love with you, but was afraid to tell you. When I go with you to the theatre or park I am almost like a fool, and altogether unfit for company. I think of you all day, and at night I dream of my Tillie. I am well settled in work, and my wages are nine dollars a week. You and I can live comfortably on that. I hope, my dear, you will not be angry, for I am really in love. I cannot be happy unless you are mine. I was afraid to mention this to you, but if you will leave an answer at my lodgings, I will meet you next Sunday after dinner, at the park, when we will take a walk and have some coffee and cake. How happy shall I be to hear from you, but a thousand times more to think you will be mine.

I am, my dear, your real lover.

12. FAVORABLE ANSWER TO THE FOREGOING.

My dear Sam:—

I received your very kind letter. I was anxiously waiting for such words from you; for I love you deeply, although I never plainty showed my love to you. I will be very happy to go with you to the park next Sunday, when we will speak of our future.

Your loving Tillie.

13. וועגען שטערונג פון עלטערן.

פיין טהייערע מערי:—

אין דער אונגליקליכער לאַגע, אין וועלכער מיר געפינען זיך, דאַרפען מיר בעדקלערען אונזער פליכט צו אונזערע עלטערן און אונזער שולדיגקייט צו אונזער איי־גענעם גליק. איין זאַך איז ביי מיר געוויס, איך וועל פיר איין אויגענבליק ניט דענקען, דאָס דוא וועסט מיך אָווענלאָזען וועגען דער אונצופריעדענהייט פון דיינע אָדער מיינע עלטערן. ווען זייערע שטערונגען וואָלטען געווען גערעכטע, וואָלט זיין עפּעס אַנדערס, און אַפּילו דאַן וואָלט דיא צוריקציעהונג געמוזט קומען פון דיין זייט, אָבער דאָס גלויב איך וועט קיינמאָל ניט זיין. פון מיין זייט ליעב איך דיר זעהר טריי און וועל דיך אימער אַזוי ליעבען. איך גלויב, אַז דוא ביסט מיר גראַדע אַזוי טריי. וואָס האָבען מיר אַלזאָ מורא צו האָבען ווען אַפּילו דיא אונ־צופריעדענהייט פון אונזערע עלטערן נעגען אונז זאָל אַנהאַלטען לענגער אַלס איך רעכען? דיא זאַך האָט דאָך אַם מעהרסטען צו טהאָן מיט אונז אַליין. וויא איך וויס, האָבען מירביידע יעדען פערלאַנג צו טהאָן וואָס רעכט איז, אָבער פליכט בעשטעהט ניט אימער אין דעם, אַז מען זאָל בלינד געהאָרכען אונגערעכטע פאָר־דערונגען בעדענק עס, טהייערסטע מערי. ערלויב ניט, אַז מען זאָל דיך צווינגען צוצושטימען צו דיזע פאָרדערונגען. עס איז דאָ אַ גרענעץ, איבער וועלכען קיינער האָט אונז קיין רעכט ניט צו צווינגען, און ווען מיר קענען זיך ניט אָנרופען מאַן און ווייב מיט דער צושטימונג פון יענע, וועלכע דאַרפען אויסען זיין אונזער גליק, מוזען מיר אויסקומען אָהן זייער צושטימונג. ווען מיר וועלען זיין פעראייניגט וועט דיא פראַגע פון פאָלגען טאַטע־מאַמען איינמאָל פיר אַלע מאָל נעהמען אַן ענדע, און איך גלויב ערנסט, דאָס עס איז דיין מאָראַלישע פליכט מיך צו בעטראַכטען אַלס אַ זעלכען, וואָס האָט דאָס גרעסטע רעכט — דאָס רעכט וואָס דיין ליעבע האָט מיר געשענקט — צו זיין דיין ראַטהגעבער. דוא ווייסט, אַז איך וואָלט דיך ניט געראַטהען צו טהאָן עפּעס וואָס איז ניט רעכט, אויך וואָלסטו קיין אונרעכטע זאַך ניט ווערען טהאָן, ווען אַפּילו איך זאָל דאָס פערלאַנגען. איך קען ניט און וויל דיך ניט פערליערען.

דיינער, וואָס ליעבט דיך אימער,

בענני.

13. ABOUT OPPOSITION OF PARENTS.

My dear Mary :

In the very unfortunate circumstances in which we find ourselves, we have to consider what is our duty to our parents and what we owe to our own happiness. One thing is certain, I will not for one single moment consider that you will reject me in consequence of the disapproval of either your parents or mine. If their objection were just, the case might be different, but even then the withdrawal would have to be on your part, which I am sure it will never be. For my own part, I love you very devotedly, and shall always love you so. I believe you to be no less faithful to me. What then have we to fear, even if the displeasure against us should be more permanent than I think it will be? Surely it is ourselves who are most concerned in the matter. We both, I know, have every desire to do what is right, but duty does not always consist in blind obedience to unreasonable demands. Think over this, my dearest Mary. Do not allow yourself to be forced into acquiescence with these demands. There is a point beyond which no one has a right to force us, and if we cannot call each other husband and wife with the sanction of those who should wish our happiness, we must do without that sanction. When once we are united, the question of obedience will be settled forever, and I solemnly believe that you are morally bound to look upon me as having the best right, the right conferred by your love, to be your adviser. You know that I would not advise you to do wrong, nor would you consent to do so even if I was to wish it. I cannot and will not lose you.

Ever your affectionate

Bennie.

14. ענטפער אויף דעם פריהערדינען בריעף.

מיין טהייערער בענני:—

דיין בריעף האָט נאָר פערגרעסערט דאָס אונגליק, וועלכעס איך פיהל. וויא איך זאָל ניט טראַכטען קומט מיר אַלץ אויס, אַז איך האָב אונרעכט. דאָך דענק איך, אַז מען בעהאַנדעלט אונז ביידען ניט ריכטיג—דאָס מוז איך דיר זאָגען, ווען אפילו מען זאָל מיך בעשטראַפען פיר אַן אונגעהאָרכזאַמעס קינד. איך האָב מיר געגעבען אַלע מיהע צו בערענקען מיין פליכט און אַלעס וואָס איך קען גע־דענקען איז, דאָס מיר האָבען איינער דעם אַנדערן פערשפּראָכען טריי צו ליעבען. איך דענק אויך, דאָס דיא שטערונגען זיינען ניט קיין גערעכטע און האָב עס שוין צו זיך אַליין געזאָגט פיעלע מאָל. איך שטים דורכאויס איין מיט דיר, דאָס מיר ווערען בעהאַנדעלט אויף אַן אונגערעכטע אַרט, און דאָס מיר אַליין האָבען דיא גרעסטע רעה אין דאָס וואָס בעטרעפט אונזער צוקונפט. ווארום דיזעס רעכט אויף זיך אַליין זאָל אונז ניט געגעבען ווערען קען איך ניט פערשטעהן. קיין זאַך וועט ניט ענדערן מיינע געפיהלען צו דיר, און ווען דיין בעשלוס זאָל אויף אונז הערויפלענען גרעסערע שוועריגקייטען וויא זאָנסט, האָב איך דעם מוטה די צו ערטראָגען.

איך פערבלייב, טהייערער בענני,

אימער דיינע,

מ״ר.

14. ANSWER TO THE FOREGOING.

My Dear Bennie :—

Your letter has only added to the great unhappiness which I feel. Whichever way I decide I seem, in spite of all you say, to be doing wrong. And yet I think we are both treated with great injustice, and cannot help saying so even at the risk of being thought undutiful. I have tried all I could to judge of what my duty is, and all I can remember is that we have promised each other to be faithful lovers. I think too that the objections raised are unreasonable, and have said so to myself many times. I quite agree with you, that we are treated unjustly, and that we have the chief voice in the disposal of our future. Why that should be denied us is more than I can understand. Nothing will alter my feeling toward you, and if your decision entail upon us greater trials than would otherwise be our lot I have the courage to bear them.

I remain, my dear Bennie,

Ever yours,

Mary.

14. צו אַ יונגען מאַן פֿון אַ פֿרײַלײן, װעלכע בעשולדינגט איהם אין אונ־
טרײשאַפֿט און פֿאָרדערט, אַז ער זאָל איהר אומקעהרען
איהרע בריעף.

הערן מאָררים קאָהען.

מײן הערר:—איך בין נעכטען געװאָרען אויפֿגעצימטערט און איבעראַשט אַלס
איך האָב געזעהן אַ בריעף פֿון פֿאַרינער װאָך פֿון דיר צו פֿרײַלײן סטאָה, אין װעל־
כען דוא מאַכסט איהר דיא הײסעסטע ערקלערונגען פֿון עװינער ליעבע.

אַזוי װיא עס איז דורכאויס אונמעגליך, אַז דוא זאָלסט מיט אַזעלכע געפֿיהלע
אין דיין הערצען פֿיר אַן אנדערע ערפֿילען דיין פֿערפֿליכטונג צו מיר, שיק איך דיר
צוריק דײנע געשענקע און בריעף און איך בעפֿרײַ דיך פֿון דיין געבונדענקײם.

איך װעל פֿון דיר פֿערלאַנגען, אַז דוא זאָלסט מיר אומקעהרען מײנע אַנדענ־
קונגען און דיא בריעף, װאָס איך האָב דיר געשריעבען מיט דעם געדאַנק, אַז דוא
ביסט מיר געװען טרײַ.

אסתּר גוּדמאַן.

16. צו אַ יונגען מאַן פֿון אַ פֿרײַלײן, װעלכע האָט נעהערט,
דאָס ער איז קראַנק.

טהײערער סאָלאָמאָן:—

איך בין דיא לעצטע דרײַ טעג געװען זעהר אונרוהיג, און מיר אין פֿאַרנע־
קומען זאַנדערבאַר װאָס דוא ביסט ניט געקומען, אָבער הײנט שרײַבט מיר דײן
מוטטער דיא אורזאַך. איך קען דיר ניט זאָגען װיא לײד עם מהוט מיר, דאָס קראַנק־
הײט איז געװען דיא אורזאַך צוליעב װעלכער דוא ביסט צו מיר ניט געקומען,
אָבער איך האָף, דאָס לויט דעם אינהאַלט פֿון דײן מוטער'ס בריעף געהסטו יעצט
צום בעסערן.

דוא לאָזסט מיר זאַנען, דאָס דוא װעסט צו מיר קומען אַזוי באַלד װיא דוא
װעסט קענען שטעהן אויף דיא פֿיס. איך פֿערבאָט דיר דורכאויס צו זיין אַזוי
ניט פֿאָרזיכטיג. מיט לונגען־אַנצינדונג דאַרף מען זיך ניט שפּיעלען, אָן מײן פֿער־
לאַנג דיך צו זעהן איז דורכאויס אונטערגעװאָרפֿען אונטער מײן פֿערלאַנג, אַז דוא
זאָלסט װיעדער װערען פֿאָלשטענדינ געזונד.

װיא פֿאָרזיכטיג, מײן טהײערער סאָלאָמאָן, מיר צוליעב, אָן זאָלסט דיך ניט
ערלויבען הערויסצוגעהן אין דיזען קאַלטען װעטער ביז דוא װעסט ניט זיין אין גאַנ־
צען געזונד, דאַן װעל איך ערװאַרטען דיך צו זעהן.

דערװײלע װעל איך צו דיר שרײַבען, און װען דוא װעסט קענען װעט מיך
פֿריִען צו זעהן דײַן אײגענהענדינעס שרײַבען.

אימער מיט ליעבישזאַם,

לאָטטי איזעקס.

15. FROM A LADY TO A GENTLEMAN ACCUSING HIM OF INFIDELITY AND DEMANDING THE RETURN OF HER LETTERS.

Mr. Morris Cohen :—

SIR:—I was both shocked and suprised yesterday at seeing a letter from you to Miss Stone, written within the past week, and making the most ardent protestations of undying love.

Since it is utterly impossible that you can desire to fulfil your engagement to me with such sentiments in your heart for another, I raturn to you your gifts and letters, and release you from your bondage.

I shall require of you to return my souvenirs, and the letters written in the belief that you were faithful.

Esther Goodman.

16. FROM A LADY TO GENTLEMAN UPON HEARING OF HIS ILLNESS.

Dear Solomon :—

I have been very anxious for the past three days at your strange absence, and to-day your mother writes me the cause. I cannot tell you how sorry I am that it has been illness that has kept you from me, but hope from the tenor of your mother's note that you are now on the road to recovery.

You send word that you will come to me as soon as you are able to stand. I positively forbid you to be guilty of any such imprudence. Pneumonia is not to be trifled with, and my desire to see you is entirely subordinate to my desire for your perfect restoration to health.

Be prudent, dear Solomon, for my sake, and do not venture into this cold air until you are entirely well. I shall then hope to see you.

In the meantime I will write to you, and when you are able will be glad to see your handwriting.

Lovingly ever,
Lottie Isaacs.

17. צו א פריילייו פון א יונגען מאן, וועלכער לענט איהר פאר צו הייראטהען.

טהייערע פריילייו פאלינא :—

איך האף, אז יעצט איז געקומען דיא צייט, ווען איך מעג רעדען וועגען א געגענשטאנד, איבער וועלכען איך האב פריהער ניט געהאלטען פיר רעכט אייער אויפמערקזאמקייט צו בעלעסטיגען. איך בין ענדליך געקומען צו א שטאנד, אין וועלכען עס וואלט פון מיין זייט ניט הייסען איבעראיילט אויף זיך צו נעהמען דיא פליכטען פון א פערהייראטהעטען לעבען, אויך ניט אונרעכט צו אייך צו רעדען וועגען דעם. שוין פיר א לאנגע צייט איז געוועזען מיין שטרעבען און מיין האפנונג צו געווינען אייער ליעבע און אייך פארצולעגען א היים, וויא א פרוי האט רעכט צו פערלאנגען. ווענט איהר יעצט ניט האלטען פיר געוואגט פון מיין זייט, אייך צו בעטען, אז איהר זאלט פריינדליך בעדענקען, אויב איהר קענט מיין פארלאנגע ניט אננעהמען? ווען איך זאג דאס, האף איך, דאס איך האב ניט נויטהיג אייך צו פערזיכערן, דאס איך ליעב אייך זעהר שטארק שוין פיר א לאנגע צייט, און דאס איהר וועט מיך מאכען פיר דעם גליקליכסטען מענשען, ווען איהר קענט מיר צייגען אייער געגענ־ליעבע. עס וועט זיין דיא אויפגאבע פון מיין לעבען אייך צו בעווינען פיר אייער ליעבע מיט דער אויפריכטיגסטער איבערגעבענהייט און אכטונג פיר אייער גליק. ערווארטענדיג מיט אונגעדולד אייער ענטפער, פערבלייב איך

אייערער מיט גרעסטער ליעבע און אכטונג,

מארקוס ראבינז.

18. ענטפער.

מיין טהייערער העררר מארקוס :—

איך אנערקען אייער בריעף פון נעכטיגען דאטום און איך ווער אייך גלייך ענטפערן. איך קען ניט האנדלען געגען מיין אייגענע ליעבע און ענטזאגען דעם פארשלאג, וועלכען איהר מאכט מיר, און איך נעהם איהם דעריבער אן. איך האב אימער געדענקט, דאס מיר דארפען ניט זיין איבעראיילט אדער אונפארזיכטיג אין אזא וויכטיגען שריט וויא הייראטה, אבער ווען איהר זייט איבערצייגט, דאס איהר קענט ניט איבעראיילטערהייד אויף זיך נעהמען צו זארגען פיר א פרוי, וויל איך נאר ניט צווייפלען דיא ריכטיגקייט פון אייער צוטרויען.

זעהר אויפריכטיג אייערע,

פאלינא ראזען.

17. PROPOSITION OF MARRIAGE, FROM A GENTLEMAN TO A LADY.

Dear Miss Paulina :—

The time has, I hope, now arrived at which I may venture upon a topic which I have not before thought it right to intrude upon your notice. I have at length attained to circumstances in which I would not, I trust, be rash in assuming the responsibilities of marriage, nor unjust to you in addressing you upon the subject. It has long been my ambition and hope to secure your affection and to offer you such a home as a lady has a right to expect. May I now without presumption ask your kindness in considering whether a proposal would be unaceptable to you. In saying this, I hope I need not assure you that I have loved you long and deeply, and that if you can return my affection you will render me the happiest of men. I will be the study of my life to repay that affection by the sincerest devotion and regard for your welfare and happiness. Anxiously awaiting your reply, I remain

Most affectionately and respectfully yours,

Marcus Robins.

18. REPLY.

My dear Mr. Marcus :—

I acknowledge your note of yesterday, and will reply without delay. I do not feel that I can in justice to my own predilection refuse the proposal which you make me, and I will therefore accept it. I have always thought that we should not be hasty or imprudent in so important a step as marriage, but if you are satisfied that you can without rashness assume the care of a wife, I have no wish to doubt the propriety of your confidence.

Yours very sincerely,

Paulina Rosen.

19. צו א פריילײן פון א יונגען מאן, וועלכער וויל זיא בעפרייען, וועגען שווער׳ע פערלוסטען אין געשעפט.

מיין טהייערע פאלינא:—

איך ווייס ניט, אויב דוא האסט שוין דיא נייעס וועגען מיין אונגליק געהערט, אדער עס דארף זיין מיין פליכט דיר וועגען דעם צו וויסען צו געבען. דער באנקראט פון א ניו יארקער געשעפטס־הויז האט אזוי שטארק בעטראפען אונזער פירמע, דאס געכטען האב איך מיך געהאלטען פיר רייך און היינט בין איך רואינירט.

עס איז פיר מיך זעהר א ביטערער קלאפ, אבער זיין שטארקסטער שמערץ בעשטעהט אין דעם, דאס איך מוז אין עהרען דיך בעפרייען פון דיין געבונדענקייט צו מיר. איך האב גערעכענט דיר צו געבען א היים, וואס דאס פערמעגען, וועלכעס ווערט פערוואלטעט פון א צערטליכער האנד, קען נאר הערייגבריינגען אין דיא פיער ווענד, אבער איך מוז לײדער יעצט זוכען א שטעלע אין א געשעפט און ווידער אנפאנגען צו יאגען זיך נאכ׳ן מזל.

איך וויל דיך ניט צווינגען, אז דוא זאלסט מיר מיטהעלפען אין דיזען קאמפף. דוא ביסט דעליקאט ערצויגען געווארען און דוא ביסט געוועהנט צו א שעהנעם לעבען, און איך קען פון דיר ניט פערלאנגען, אז דוא זאלסט דיך אונטערוואַרפען אונטער אזעלכע מאנגעל, וויא מיינע א פרוי דארף לײדען.

איך האב דיך געליעבט גאנץ איבערגעגעבען, אבער אזוי וויא איך פירכט, דאס איך וועל דיך ניט קענען גליקליך מאכען דורך מיין געענדערטעס גליק, שענק איך דיר דיין פרייהייט.

זעהר טרייליך דיינער,
מארקוס ראבינז.

20. ענטפער פון דער פריילײן, וועלכע נעהמט ניט אן דיא בעפרייאונג.

טהייערער, טהייערער מארקוס:—ווארום ביסטו צו מיר באלד ניט געקומען אנשטאט צו שרייבען אזא בריעף? רעכענסטו פיר איין אויגענבליק, אז דיין פערמעגען האט עס דיך ליעב געמאכט ביי מיר, אדער אז דער פערלוסט פון דיין געלד קען פערקלענערן מיין ליעבע? עס איז וואהר דאס מיר דארפען זיין זעהר פארזיכטיג און ווארטען מיט אונזער חתונה עטוואס לענגער וויא מיר האבען פריהער גערעכענט, ווייל אין דער צייט וואס דוא וועסט ארבייטען אין א געשעפטס־הויז וועל איך מיך אויסלערנען הויז־ארבייט און נעהען.

קום צו מיר און איך וועל מיך בעמיהען דיך א ביסעל צו טרויסטען. זאלסט ניט מיינען, אז ביי מיר איז דיין אונגליק א קלייניגקייט, נאר זיי זיכער, דאס פיין גליק סיי אין אונגליק בין איך אימער דיינע.

19.   FROM A GENTLEMAN TO A LADY OFFERING TO RELEASE HER FROM AN ENGAGEMENT, ON ACCOUNT OF HEAVY BUSINESS LOSSES.

My Dear Paulina :—

I do not know whether the news of my misfortune has yet reached you, or wherher it must be my task to inform you of my troubles. The failure of a New York house has so involved our firm, that where yesterday I thought myself wealthy, to-day I find I am ruined.

It is a bitter blow to me, but its heaviest pang consists in the fact that I must in honor release you from your engagement. I had hoped to give you a home adorned by every luxury wealth, directed by a loving hand, could place within the walls, but I must now find a clerkship and commence again the race for fortune.

I will not urge you to share this struggle. You have been delicately reared and accustomed to the refinements of life, and I cannot ask you to submit to the privations my wife must endure.

I have loved you with entire devotion, but fearing that I cannot make you happy with my changed fotrune, I give you your freedom.

Yours truly,
Marcus Robins.

20.   REPLY DECLINING THE OFFER.

Dear, Dear Marcus :—Why did you not come to me at once, instead of writing me such a letter? Do you suppose for one moment that it was your fortune that made you dear to me, or that the loss of that could detract from my love? It is true that we must be very prudent and wait somewhat longer than we at first intended, before our wedding day, for while you are clerking I mean to study housework and needlework.

Come to me and let me try to comfort you somewhat. Do not think I make light of your misfortunes, but trust that, in prosperity or adversity,

I am ever yours.

21. צו א יונגען הערר פון א פריילין, וועלכע בעקלאָגט זיך אויף זיין אונטרייהייט.

מיין הערר:—

דוא מענסט זיך האלטען פערשפרעכונגען פיר לייכטע זאכען, אָבער איך בין דום גענוג זיי צו בעטראכטען אלס עפּעס מעהר וויא קלייניגקייטען, און מיר ווילט זיך אויך גלויבען, דאָס ביי א מענשען, וועלכער ברעכט מוטהווילינג זיין פערשפּרעכונג, האָט א שבועה אויך נים קיין גרויסען פערנעהם; און ווען דאָס איז אזוי—טאָ וויא זאָל איך אָננעהמען דיין אויפפיהרונג? האָב איך דיר ניט פערשפּראָכען דיינע צו זיין, און האָסטו געבעטען מיין הערץ בלויז אום צו בעפריעדיגען דיין פוסטען שטאָלץ? עס איז ווירקליך אַן אונמענשליכע בעפריעדיגונג, צו זיעגען איבער דער שוואכקייט פון א פרויענצימער, וועלכע האָט בעגאנגען דעם גרעסטען פעהלער מיט דעם, וואָס זיא האָט דיך געליעבט. איך זאָג געליעבט, וייל דורך דיזע ליידענשאַפט האָב איך צוערסט איינגעשטימט דיינע צו ווערען. שטימט דיין אויפפיהרונג, מיין הערר, מיט מיין איבערגעבענהייט אָדער מיט דיין איינענער הייליגער ערקלערונג? שטימט עס מיט דעם כאראקטער פון אן אנשטענדיגען מאַן, פריהער הערויסצוקריעגען ביי א פרויענצימער איהר איינוויליגונג און נאכהער זיך ריהמען, דאס ער האָט זיא פערלאָזען און געפונען אן אנדערע, וועלכע איז איהם אנגענעהמער? רייד קלאָרע ווערטער; איך האָב צו גוטע בעווייזע, אז דוא ביסט מיר ניט ערנסט; איך האָב דיך נעכטען געזעהען געהענדיג מיט פריילין גרינבערג, און מען האָט מיר געזאָגט, דאָס דוא האָסט איהר פאָרגעלעגט זיא צו הייראטהען.

דוא מענסט זיך דענקען וואָס דוא ווילסט, מיין הערר, איך האָב א געפיהל פון פעראכטונג און זאָגאר פון ראכע, וועלכעס איז אזוי שטארק וויא דיין אונדאנקבארקייט, און איך קען ציינען וויא געהעריג איז מיין ניט־ליעבע צו דעם געמיינעם מענשען, וועלכער איז אין שטאנד דיא הייליגסטע פערשפרעכונגען צו האלטען פיר אזא קלייניגקייט. פריילין גרינבערג מעג זיך ווערען דיין פרוי, אָבער זיא וועט אויפנעהמען אין איהרע אָרמס א פאלשען מאַן; אויך קען זיך דאָס געביידע ניט לאַנג האלטען, וועלכעס איז געבויט אויף אזא שוואכען פונדאמענט. איך לאָז דיך איבער צו דיינע איינענע געוויסענס־ביסע.

מערי.

21. FROM A LADY TO A GENTLEMAN, COMPLAINING OF FAITHLESSNESS.

Sir :—

However light you may make of promises, yet I am foolish enough to consider them as something more than trifles; and am likewise induced to believe that the man who voluntarily breaks a promise will not pay much regard to an oath; and if so, in what light must I consider your conduct? Did I not give you my promise to be yours, and had you no other reason for soliciting than merely to gratify your vanity? A brutal gratification, indeed, to triumph over the weakness of a woman whose greatest fault was that she loved you. I say loved you, for it was in consequence of that passion I first consented to become yours. Has your conduct, sir, been consistent with my submission, or your own solemn profession? Is it consistent with the character of a gentleman, first to obtain a woman's consent, and afterwards boast that he had discarded her, and found one more agreeable to his wishes? Do not equivocate; I have too convincing proofs of your insincerity; I saw you yesterday walking with Miss Greenberg, and am informed that you have proposed marriage to her. Whatever you may think, sir, I have a spirit of disdain, and even of resentment, equal to your ingratitude, and can treat the wretch with a proper indifference, who can make so slight a matter of the most solemn promises. Miss Greenberg may become your wife, but she will receive into her arms a perjured husband; nor can the superstructure be lasting which is built on such a slight foundation. I leave you to the stings of your own conscience.   **Mary.**

22. דעם יונגען מאנ׳ס ענטפער.

מיין טהייערע מערי :—

וואס איז מיט דיר געשעהען? איז דיין גוטע נאטור געוואָרען שלעכט, אָדער א געמיינער אינטריגע־מאכער האָט דיר עפּעס איינגערעדט? מיין טהייערע, איך בין ניט דאָס, וואָס דוא האָסט פאָרגעשטעלט אין דיין בריעף. איך בין ניט פאַלש און האָב קיין טרייהייט נים געבראָכען. איך האָב גאָר פריילין גרינבערג ניט געמאכט קיין פאָרלאנגע צו הייראטהען און מיר איז עס גאָר קיינמאָל ניט איינגעפאלען צו טהאָן; דיא איינציגע אורזאך פאר וואָס איך בין מיט איהר אומגעגאנגען איז געוועזען, דאָס איך בין געוועזען אויף א בעזוך ביי איהר ברודער, וועלכער, וויא דוא ווייסט, איז מיינער א פריינד. איז דען פון מיר געוועזען א זינד מיט איהם און מיט זיין שוועסטער צו געהן שפּאַציערען אין פעלד? מיר שיינט אז דיא בלינדעסטע מיינונג קען אזוי ווייט ניט געהן; איך האָב מורא, אז דוא ביסט בעטראָגען געוואָרען פון אן אינטריג־[illegible]. וועלכער האָט דערביי געהאט א בעהאלטענעם צוועק. נאָר זאָל זיך זיין דיא אורזאך וואָס עס וויל, איך בין גאנץ אונשולדיג; און אום דיר צו בעווייזען מיין אויפריכטיגקייט, בעט איך, אז אונזער חתונה זאָל זיין נעכסטע וואָך. מיין איבערגעבענהייט איז קיינמאָל ניט אוועג אויף איין האָאָר פון דעם טהייערען געגענשטאנד פון מיין ליעבע; אין דיר זיינען צוזאמענגעקליעבען אלע מיינע האָפנונגען אויף גליק; מיט דיר נאָר אלליין קען איך גליקליך זיין. איך בעט דיך, דוא זאָלסט שוין מעהר קיין איין אויגענבליק ניט קוועלען מיט דיין אייפערזוכט דעם יעניגען, וועלכער ליעבט דיך פיעל מעהר, וויא דיין גאנצעס פרויען־געשלעכט איז פעהיג צו ליעבען; איך האָב אפילו פאר דיא בייזעסטע צינגער קיין מורא נים.

גלויב מיר, מיין טהייערע,

דיינער פיר עוויג.

דייוויד.

22.   THE GENTLEMAN'S REPLY.

My Dear Mary:—

Has cruelty entered into your tender nature, or has some designing wretch imposed on your credulity? My dear, I am not what you have represented. I am neither false nor perjured; I never proposed marriage to Miss Greenberg; I never intended it; and my sole reason for walking with her was, that I had been on a visit to her brother who, you know, is my friend. And was it any fault in me to take a walk in the fields with him and his sister? Surely prejudice itself cannot say so; but I am afraid you have been imposed upon by some designing person, who had private views and private ends to answer by such business. But whatever may have been the cause, I am entirely innocent; and to convince you of my sincerity, beg that the day of marriage may be next week. My affections never so much as wandered from the dear object of my love; in you are centered all my hopes of felicity; with you only can I be happy. Keep me not in misery one moment longer, by entertaining groundless jealousies against one who loves you in a manner superior to the whole of your sex; and I can set at defiance even malice itself.

Believe me, my dear,

Yours forever,

David.

.23 אן ענטפער אויף אנדער ארט.

מיין טהייערסטע מערי:—

אך, וויא עס קרענקט מיך, אז דוא זאלסט אויף מיך גלויבען, דאס איך בין פעהיג צו ווערען שוואך אין מיין ליעבע צו דיר און צו בעליידיגען דיא פערזאן, אין וועלכער עס לויפען זיך צוזאמען אלע מיינע האפנונגען אויף גליק. גלויב מיר, דאס דיא אויפמערזאמקייט, וועלכע איך האב געשענקט פריילין גרינבערג, איז קיינמאל נישט מעהר געוועזען וויא געוועהנליכע העפליכקייט. מיין לאנגע בעקאנטשאפט מיט איהר ברודער און מיין וויסען, דאס זיא איז אן אנשטענדיגע פערזאן זיינען געוועזען דיא איינציגע אורזאכען, פאר וואס איך האב איהר געשענקט מעהר אויפמערקזאמקייט וויא זאנסט.

איך בעט דיך, זייא זיכער, דאס מיין ליעבע צו דיר איז אימער דיא זעלבינע און דאס איך בעדויער זעהר שטארק, וואס איך האב דיר געגעבען אן אורזאך עס צו צווייפלען.

גלויב מיר, טהייערסטע מערי,

אימער דיין ערגעבענער.

.24 דיא פריילייננ'ס ענטפער.

טהייערער דייוויד:—

דיינע ווערטער האבען מיך פאלשטענדיג איבערציינגט, אז דוא ביסט מיר געטריי, און איך שעם מיך וואס איך בין געוועזען איבעראיילט און דיך בעשולדיגט אין פאלשקייט. ענטשולדיג מיר, וואס איך האב בעליידיגט דיינע געפיהלען און זייא זיכער, דאס ווייטער וועל איך שוין זיין מעהר בעזאָנענ וויא איך בין דיזעס מאל געוועזן.

מיט דער האפנונג, אז דוא וועסט פערגעסען דיזע קליינע אונאנגענעהמיגקייט, וועלכע איז צווישען אונז פארגעקומען, פערבלייב איך

דיין ליעבענדע מיננא.

23. ANOTHER REPLY.

My Dearest Mary :—

How grieved am I that you should think me capable of
wavering in my affection towards you, and inflicting a slight
upon one, in whom my whole hopes of happiness are cen-
tered! Believe me, my attentions to Miss Greeenberg were never
intended for anything more than common courtesy. My long
acquaintance with her brother, and my knowledge of her re-
spectable character were my sole reasons for paying more
attention to her than I might otherwise have done.

Pray rest confident in the belief that my affection for you
is as unchanging as my regret is great that I should ever
have given you cause to doubt it.

Believe me, dearest Mary,

Yours ever devotedly.

24. THE LADY'S REJOINDER.

Dear David :—

Your words have fully convinced me of your sincerity,
and I feel ashamed of my rashness in accusing you of faith-
lessness. Excuse me for having injured your feelings, and
rest assured that in the future I shall be more thoughtful
than I have been this time.

Hoping you will forget this little unpleasant incident,

I remain,

Your loving Minna.

25. א בריעף פון אן אייפערזיכטיגען יונגען מאן.

טהייערע פריילין דארא :—

לויט דיא פערבינדונגען, אין וועלכע מיר געפינען זיך, איז עס ניט נאר רעכט, נאר אויך נויטהיג, אז צווישען אונז זאל עקסיסטירען דאס פאלשטענדיגסטע צוטרויען, און ווען איינער פון אונז פיהלט, אז עס איז דא אן אורזאך פיר אונצופריעדענהייט, איז דאס איינציגע מיטעל הערויסצוזאגען אפען וואס מען דענקט. איך מוז דיר אפען זאגען, דאס פיר דיא לעטצטע צייט בין איך זעהר אונרוהיג און דאס דוא אליין ביסט דיא אורזאך דערפון. איך האב מיט פיעל קרענקונג בעמערקט, דאס דיא אויפמערקזאמקייט, וועלכע איך נאר אליין האב א רעכט דיר צו שענקען, האט דיר גיט נאר אן אנדערער געשענקט, נאר דוא ביסט נאך, וויא עס האט אויסגעזעהען, געווען צופריעדען מיט דעם. דאס קען ניט איינשטימען מיט דיא פערבינדונגען, וועלכע עקסיסטירען צווישען אונז, וויא דוא קענסט עס אליין פערשטעהען ביי דיינר מינדיסטער איבערלעגונג. גלויב מיר, איך וויל פון דיר ניט אוועגנעהמען דיין פרייהייט אין אזעלכע זאכען, וואס שיקען זיך, אבער דוא קענסט דאך ניט ערווארטען, אז איך זאל לאזען עקסיסטירען א צווייפעל אין דיין ליעבע צו מיר, און איך זאל דיר דאס ניט אויסרעדען. זאלסט מיר ענטשולדיגען, ווען איך קום דיר פאר אויפגערעגט אדער אונפריינדליך, ווייל איך מיין דאס ניט צו זיין. איך האב נאך דיא האפנונג, דאס א פאאר ווערטער פון דיר וועלען זיין גענוג צו צוטרייבען דיא וואלקענס, וועלכע פערפינסטערן יעטצט מיינע האפנונגען וועגען דיר.

ערווארטענדיג מיט אונגעדולד דיין ענטפער,

פערבלייב איך דיינער מיט ליעבע,

דזשוליוס.

P. S. דוא ווערסט זיין אזוי פריינדליך און אדרעסירען דיין בריעף: „פאסט אפפיס, דזשענעראל דיליווערי“ (פאסט־רעסטאנט).

דזשוליוס.

25. LETTER FROM A JEALOUS MAN.

Dear Miss Dora :—

The position in which we stand toward each other, renders it not only proper, but necessary that there should be the most entire confidence between us, and that if either feels that there is any reason for complaint, perfect candor alone can be the remedy. I will at once confess to you that I have of late been very uneasy, and that you are the cause. I have seen with much pain that attentions which I alone have the right to offer you, have not only been paid by another, but that you have evidently been gratified thereby. This cannot last consistently with the engagement between us, as you will see on the least reflection. Believe me, I have no desire to deprive you of the fullest liberty in all that is reasonable, but you surely would not expect that I should allow a doubt of the regard you feel for me to exist without remonstrance. Forgive me if I seem axacting or unkind, for I do not mean to be either. I still hope that a few words from you will suffice to dispel the clouds which at present shadow my prospects in regard to yourself.

Anxiously a waiting your reply,

I am yours affectionately,

Julius.

P. S. You will kindly address your letter: "Post Office, General Delivery."

Julius.

26. אַ פֿריינדליכער ענטפֿער.

טהייערער דייוויד :—

דוא מוזסט זיין אַ ביסעלע ניט קיין פֿריינדליכער מענש. איך האָב מיך אַ
ביסעלע לוסטינ געמאַכט און האָב נאַרישט געמיינט דערביי, און דוא האָסט עס אַנגע־
נומען פֿיר לייכטזיניגקייט. עס טהוט מיר זעהר לייד וואָס איך האָב עס געטהאָן;
ווען איך וואָלט וויסען, אז אַזעלכע זאַכען וועלען דיך באַאונרוהיגען, וואָלט איך דיר ניט
געגעבען קיין אורזאַך דערצו. איך האָף אַז דוא וועסט מיר פֿערצייהען און איך פֿער־
שפּרעך דיר, אַז ווייטער וועל איך זיין פֿאָרזיכטיגער, ווען דוא רענקסט, אַז איך האָב
מיך מיט דעם פֿערשולדינט. דוא זאָגסט, אַז מיר דאַרפֿען זיין אָפֿען—איך זאָן אויך
אַזוי. זאָלסט ניט מיינען, אַז איך זאָג דאָס, ווייל איך האָב אַ שוואַכע נאַטור—
וואָו עס איז מעגליך אַז איך האָב געטהאָן אן אונרעכט, ווייל איך עס ניט פֿער־
טהיידינען אום דיינע געפֿיהלע נאָך מעהר ניט צו באַליידינען.

דיין טרייע וויא אימער,

דזאָרדזש.

27. ניט קיין פֿריינדליכער ענטפֿער.

מיין הערר :—

איהר פֿערלאַנגט צו פֿיעל, ווען איהר פֿאָרדערט פֿן מיר, אז איך זאָל ניט
אַננעהמען קיין פֿריינדליכקייט פֿן מיינע פֿריינד. איך האָב אייך נאָך ניט פֿער־
שפּראָכען, אַז איך זאָל מיך אין גאַנצען אָבזונדערן פֿן מיינע פֿריינד, אויך רעכען
איך, אַז איהר האָט קיין רעכט ניט דאָס פֿן מיר צו ערוואַרטען. אייער בריעף
איז אַזוי ניט פֿריינדליך, דאָס ער פֿערדיענט ניט קיין בעסערן ענטפֿער אַלס דיזען.
און ווען אונזער פֿערבינדונג איז אייך צו לאָסט, וואָלט איך פֿן מיין זייט וועלען
אַז זיא זאָל אויפֿהערען. אייפֿערזוכט פֿערדיענט נאָר האַס און פֿעראַכטונג.

דזאָרדזש.

26. KIND REPLY.

Dear David :—

Are you not a little unkind? You have mistaken a few harmless gayeties for levity on my part, and I am very sorry that you have done so. Had I known that your mind was disturbed by any acts of mine, I would not have given you any occasion. I hope that you will forgive me, and promise no future indiscretion, since you think 1 have been guilty of it. You say we should be candid, and so do I. Do not think me spiritless in thus expressing myself—where I may have done wrong I have no wish to give further offense by defending it.

Yours sincerely as ever,

Dora.

27. ANGRY REPLY.

Sir :—

You ask too much in demanding that I should decline to receive civility from my friends. I have not yet promised to seclude myself entirely from those friends, nor do I consider that you have a right to expect that I should. Your letter is so uncomplimentary that no better answer can be given, and if our engagement is a burden to you, I for one shall wish it ended. Jealousy is worthy of no return but aversion and scorn.

Dora.

IV.

געמישטע אבטהיילונג.

1. ענטפער אויף א נאכפראגע אין א צייטונג פיר א וואארענ־ פערקויפער אין א געשעפט.

ווערטהער הערר:—זעהענדיג אייער נאכפראגע אין היינטיגען „הערעלד,“ ערלויב איך מיך צו אייך צו ווענדען ווענען דער אנגעבאטענער שטעלע פון א וואארענ־פערקויפער אין אייער געשעפט. איך בין זעהר גוט בעקאנט מיט דיא פליכטען פון א וואארענ־פערקויפער אין אן אגולנעם געשעפט פון „טרוקענע וואַרען,“ ווייל איך בין גענוען בעשעפטיגט אין דיזען פאך פיר פינף יאהר ביי דיא הערדען גוד־מאן און קאמפ. אין נויארק.

איך האב פון דיזער פירמא א צייגניס און איך האב אן ערלויבניס, מיך צו בערופען אויף זיי, אין פאל ווען איהר ווילט וויסען עפעס מעהר ווענען מיין כאַראקטער און פעהיגקייט אין געשעפט.

איך בין אלט פינף און צוואנציג יאהר און בין אונפערהייראטהעט.

מיט דער האפנונג, מיין הערר, פון אייך צו קריגען אן ענטפער אויף מיין ביטע ווענען דער שטעלע, פערבלייב איך,

מיט פיעל אכטונג אייערער.

2. ענטפער אויף א נאכפראגע פיר א זעצער אין א דרוק.

ווערטהער הערר:—בעמערסענדיג אייער נאכפראגע אין היינטיגען „דזשאירנאל,“ ווענד איך מיך צו אייך ווענען דער אנגעבאטענער שטעלע פון א שריפט־זעצער אין אייער דרוק. איך בין פינף יאהר גענוען בעשעפטיגט ביי הערן בראון אין דיזער שטאדט, און האב איהם פאלשטענדיג צופריעדען געשטעלט. איך בין זיכער, דאס ער וועט מיך גוט רעקאמענדירען.

מיט דער ערוואַרטונג פון אייך צו ערהאלטען אן ענטפער אויף דיזע ביטע, פערבלייב איך, מיין הערר,

מיט פיעל אכטונג.

IV.

MISCELLANY.

1. ANSWERING AN ADVERTISEMENT FOR A SALESMAN.

Dear Sir : — Seeing your advertisement in to-day's *Herald*, I would beg to apply for the offered position of salesman in your store. I am perfectly familiar with the duties of salesman in a wholesale dry goods store, having been with Messrs. Goodman & Co., New York, in that capacity for five years.

I have a testimonial from the above-named firm, and I am permitted to refer you to them, should you wish for any further information regarding my character and business capacities.

I am twenty-five years of age and am unmarried.

Hoping, sir, to hear from you in answer to my application, I remain

Very respectfully yours.

2. ANSWERING AN ADVERTISEMENT FOR A COMPOSITOR.

Dear Sir : — Noticing your advertisement in to-day's *Journal*, I apply to you for the offered position of compositor in your printing establishment. I have been in the employ of Mr. Brown, of this city, for five years, and have given him full satisfaction. I feel quite confident that he will favorably recommend me.

Hoping to hear from you in answer to this application, I remain, sir,

Very respectfully.

1. ענטפער אויף א נאָכפראגע אין א צייטונג פיר א וואארענ־פערקויפערין אין א געשעפט.

ווערטהער הערר:—זעהענדיג אייער נאָכפראגע אין היינטיגער „וואָירלד,” ווענד איך מיך מיט רעספעקט צו אייך וועגען דער שטעלע פון א וואָרענ־פערקויפערין אין אייער געשעפט. אוננעפעהר פינף יאָהר צוריק בין איך געוועזן בעשעפטיגט ביי דיא הערענ בריד ער בעלל, אָבער איך האָב זיי פערלאָזען מיט מיין אייגענעם ווילען אום צו אונטערנעהמען עפעס אנדעס. יעטצט וואָלט איך זיין צופריעדען מיך צו נעהמען צוריק צו מיין פריהערדיגער בעשעפטיגונג.

דיא הערענ בריד ער בעלל ערלויבען מיר, מיך צו בעציעהען אויף זיי אין פאל ווען מען וויל נאָכפרעגען וועגען מיין כאראקטער און מיינע פעהיגקייטען פיר געשעפט.

ווען מיין ביטע וועט פון אייך אָנגענומען ווערען, וועל איך מיך בעמיהען טריי צו ערפילען מיינע פליכטען אין אלע בעציעהונגען.

איך בין, מיין הערר,

מיט פיעל אכטונג אייערע.

4. א רעקאָמענדאציאָן פיר איינעם וואָס ווענדעט זיך וועגען א שטעלע פון א וואארענ־פערקויפער.

הערענ בריד ער בעלל,

פילאדעלפיא.

מיינע הערענ:—אייער ווערטהען בריעף פון דעם 15טען פון דיזען מאָנאט ריכטיג ערהאלטען. און אנטוואָרט אויף אייערע נאָכפראגען וועגען הערען סאָלאָמאָן נאָרדאָן, פרייט עס אונז זעהר צו בעציינען זיין הויכען כאראקטער אלס אנשטענ־דיגער מאן און געשעפטס־מענש. ער איז ביי אונז געוועזן בעשעפטיגט אלס וואַר־רענ־פערקויפער פיר זעקס יאָהר, און אין דער דאָזיגער גאנצער צייט האָבען מיר געפונען, דאָס ער האָט געשיקט און פעהיג ערפילט זיינע פליכטען. זיין פריינדלי־כעס בענעהמען און דיא ראעלקייט פון זיין וואָרט האָבען איהם געמאכט בעליעבט ביי אלע אונזערע קונדען.

ווינשענדיג איהם אל־דאָס־גליק אין זיין קינפטיגער קאריערע,

פערבלייבען מיר, ווערטהע הערען,

מיט פיעל אכטונג.

3. ANSWERING AN ADVERTISEMENT FOR A SALESLADY.

Dear Sir : — Seeing your advertisement in to-day's *World*, I would respectfully apply for the situation of sales-woman in your store. About five years ago I was in the employ of Messrs. Bell Bros., but left them of my own accord, to undertake something else. Now I would be glad to resume my former employment.

Messrs. Bell Bros. permit me to refer to them for any information with regard to my character and capabilities.

Should my application meet with your favorable consider-ation, I will endeavor to discharge my duties faithfully in all respects.

I am, sir,

Yours very respectfully.

4. RECOMMENDING A SALESMAN.

Messrs. *Bell Bros.,*

Philadelphia.

Gentlemen : — Your favor of the 16th inst. duly received. In reply to your inquiries with regard to Mr. Solomon Gordon, it gives us great pleasure to testify to his high character as a gentleman and man of business. He was employed by us in the capacity of salesman for six years, during which time we found him discharging his duties with skill and ability. His courteous manners and perfectly reliable statements made him a universal favorite with our customers.

Wishing him every success in his future career,

we are, gentlemen,

Very respectfully.

דריי יאהר, און דורך די גאנצע צייט האט ער זיך געצייכנט אלס א געוויסענ־האפטער, אויפריכטיגער און טרייער מענש. ער איז א שעהנער שרייבער, א פינקט־ליכער רעכנער (בעל־חשבון) און א מענש פון שעהנער אויפפיהרונג.

ווינשענדיג איהם גליק אין זיין ווייטערדיגער קאריערע, פערבלייב איך, או. אז. וו.

6. גליק־וואונש צו א פריינד, וואס האט געקריגען א שטעלע.

טהייערער דזשאזעף: — עס פרייט מיך הערצליך צו ערפאהרען, דאס דיר האט געלונגען צו קריגען א שטעלע אלס א קאמי (קלערק) אין א צייט, ווען געשעפט איז איבעראל אזוי שלעכט. מיין גליק־וואונש קומט אייגענטליך דער פירמע, וואס זיא האט געקריגען אזא שעצבארען געהילף אין געשעפט וויא דוא וועסט איהר זיין, אבער דוא מוזסט אויך האבען א טהייל אין דיזער קאנגראטולאציאן.

ווינשענדיג דיר אל־דאס־גליק, פערבלייב איך או. אז. וו.

7. א בריעף וואס באט איינעם אן א הלואה פיר א געשעפט.

טהייערער דזשוליאוס: — אזוי וויא איך וייס, דאס איהר ווילט אנהייבען א געשעפט פיר זיך אליין, שרייב איך צו לאזען וויסען, דאס איך בין אין שטאנד אייך אנצובאטען א הלואה פון פינף הונדערט דאללאר, וועלכע וועט מיר גאר ניט שטערען אין מיין געשעפט אדער אין מיינע אויסגאבען. איך האף אז איהר וועט מיר ערלויבען דאס רעכט פון א פריינד און איהר וועט אננעהמען פון מיר דאס געלד אויף אזעלכע בעדינגונגען וויא אייך אליין וועט געפעלען.

מיט בעסטע ווינשע פיר אייער גליק אין געשעפט, או. אז. וו.

8. ענטפער, ניט אננעהמענדיג די טובה.

טהייערער נייטהאן: — אבוואהל איך שעץ זעהר פיעל די גרויסע פריינדשאפט וואס איהר ווילט מיר צייגען מיט דעם, וואס איהר ווילט מיר לייהען געלד, דאך פיהל איך, אז איך מוז מיך ענטזאגען אנצונעהמען עס. איך האב געזעהען אזוי פיעל אונגליק פון חובות, דאס איך האב מיר געמאכט אן אייזערנע רעגעל נארנישט שולדיג צו זיין, און איך קען ניט אנפאנגען קיין געשעפט ריזיקערנדיג אן אנדערנ'ס געלד. דאס וואס דאס געלד געהערט צו מיינעם א זעהר גוטען פריינד וואלט מיין שמערץ ניט פערקלייכטערן, ווען איך וואלט עס ניט קענען אומקעהרען צוריק.

three years, dur'ng wh:ch time he always maintained the character of a conscientious, upright and faithful man. He is a handsome penman, correct accountant, and of good moral habits.

Wishing him success in his future career, I am, etc.

6. CONGRATULATING A FRIEND UPON OBTAINING A SITUATION.

Dear Joseph:—I am heartily glad to learn that, notwithstandidg the general business depression, you have succeeded in obtaining a clerkship. My congratulations should be offered to the firm upon obtaining so valuable an assistant as I know you will prove, but you must accept your share too.

Wishing you every success, I am, etc.

7. OFFERING A LOAN OF MONEY FOR BUSINESS.

Dear Julius:—Knowing that you are desirous of starting in business for yourself, I write to say that it is in my power to offer you a loan of five hundred dollars without interfering in any way with my own business or expenditures. I trust that you will let me have a friend's privilege, and accept the money on any terms that will best suit you.

With best wishes for your success in business, etc.

8. ANSWER DECLINING THE FAVOR.

Dear Nathan: — Deeply as I appreciate the great kindness of your offer, I feel that I must decline it. I have seen so much of the misery of debt that I have made it an iron rule to owe nothing, and I could not start in business risking another person's money. The fact that it belonged to a very dear friend certainly would not alleviate the pain should I fail to replace it.

איך האף אין איינינע יאהר אבצושפארען גענוג פון מיין געהאלט אום צו זיין אין שטאנד אנצופאנגען א געשעפט אויף א קליינעם פוס, און איך דענק, אז עס איז גלייכער צו ווארטען.

אבער פון מיין הערצען פיהל איך אייער עדעלען כאראקטער און איך דאנק אייך אינערליך פיר דעם בעוויז פון צוטרויען און פריינדשאפט, וועלכען איהר גיט מיר.

9. צו א באגאזש־מייסטער וועגען באגאזש וואס פעהלט.

ווערטהער הערר: — איך האב פערלאזען נויארק יוני דעם 28טען מיט דעם צוג פון 7 אוהר מארגענס פון דער באלטימאר און אהאייא אייזענבאהן, און בין אנגעקומען אין דיזע שטאדט האלב־צעהן אין דער פריה. איך האב איבערגעגעבען מיין קוויטעל, נומער 1015, צו דעם אגענט פון עקספרעסס, און האב פון איהם ערהאלטען א קוויטונג. ער גיט מיר יעצט מיין קוויטעל צוריק, און ער זאגט, אז מיין באגאזש איז ניט אנגעקומען. מיין באגאזש איז א גרויסע קופערט, וועלכע איז געפארבט אויף בלוי און האט דיא בוכשטאבען S. A. פון אויבען. זייט אזוי גוט און געפינט גלייך אויס וועגען דעם און לאזט מיר וויסען אזוי באלד וויא איהר וועט דערפון הערען.

10. צו אן עקספרעסס קאמפאני וועגען א ניט־ערהאלטענעם פעקעל.

יונאיטעד סטייטס עקספרעסס קאמפ.

ווערטהע הערען: — פון א בריעף, וועלכען איך האב היינט ערהאלטען פון העררן אדאלף פראנקעל, 435 מיין סטריט, הארטפארד, קאננעקטיקאט, ערפאהר איך, דאס ער האט ניט ערהאלטען דאס פעקעל, וועלכעס איך האב איהם געשיקט דורך אייער עקספרעסס דעם 17טען פון דעם פערגאנגענעם מאנאט. איהר וועט אזוי פריינדליך זיין נאכצופארשען דיא זאך און מיר געבען צו וויסען וואס מיט דעם איז געווארען.

11. אן אנדער בריעף וועגען דער זעלביגער זאך.

מיינע הערען: — דעם 15טען פון לעצטען מאנאט האב איך געשיקט דורך אייער עקספרעסס א פעקעל פון שרייב־מאטעריאלען אדרעסירט צו העררן דזשייקאב קאהען, 375 מיין סטריט, פראווידענס, רהאוד איילאנד. פון בריעף, וועלכע איך

I hope in a few years to save sufficient from my salary to start in business in a modest way, and think it is better to wait.

But from my heart I feel your generosity, and thank you most sincerely for the proof of trust and friendship.

9. TO A BAGGAGE MASTER ABOUT MISSING BAGGAGE.

Dear Sir:—I left New York on June 28, by the 7 A. M. train of the Baltimore and Ohio railroad, and arrived in this city at 9:30 this morning. I gave my beggage check, No. 1015, to the Express agent on the train, taking his receipt for the same. He now returns it to me, saying my baggage had not arrived. It is a large size trunk, painted blue with the initials S. A. on the top. Please to trace it without delay, and as soon as heard from notify me.

10. TO AN EXPRESS COMPANY ABOUT UNRECEIVED PACKAGE.

United States Express Co., New York.

Gentlemen:—From a letter received by me to-day from Mr. Adolph Frankel, 435 Main Street, Hartford, Conn., I learn that he has not received the package I sent to him by your express the 17th of last month. You will kindly investigate the matter and state to me the result.

11. ANOTHER LETTER ON THE SAME SUBJECT.

Gentlemen:—The fifteenth of last month I forwarded by your express a package containing writing materials addressed to Mr. Jacob Cohen, 375 Main St., Providence, R. I. From letters

האב ערהאלטען פון דעם אדרעסאט ערפאהר איך, דאס ער האט נאך דאס דאזיגע פעקעל נים ערהאלטען. איך בעט אייך, אז איהר זאלט גלייך אונטערזוכען דיא זאך און מיר נעבען צו וויסען וואס איהר וועט ווענען דעם אויסגעפינען.

12. צו אן עקספרעסס־געזעלשאפט וועגען פערשפעטיגונג פון געלד פיר א פעקעל, וואס איז געשיקט געווארען פער נאכנאהמע.

מיינע הערדען: — צעהן טעג צוריק, דעם 29טען פון לעטצטען מאנאט, האב איך דורך אייך הערוויסגעשיקט א פעקעל פער נאכנאהמע צו הערדן אלבערט ליוואי, טראי, ניו יארק, פיר וועלכעס איך האב נאך נים ערהאלטען דאס געלד. איך בעט אייך איהר זאלט זעהן וועגען דעם און מיר נעבען צו וויסען דיא אורזאך.

13. ביטע צו אן עקספרעסס־געזעלשאפט צו שיקען נעהמען א פעקעל.

מיינע הערדען: — זייט אזוי גוט און שיקט דעם וואגען נאך א פעקעל, וואס דארף געשיקט ווערען מיט אייער עקספרעסס, און טהוט א געפאלען

אייער ערגעבענעם האררים קופער, 64 עססעקס סטריט.

14. ביטע צו אן עקספרעסס־געזעלשאפט צו שיקען א שילד און א בוך פון קוויטונגען.

מיינע הערדען:—איך בעט אייך נעפעלינסט מיר צו שיקען איינס פון אייערע שילדען און פון אייערע קוויטונגס־ביכער.

15. ביטע צו א פאסט־מייסטער איבערצושיקען בריעף פאסט־רעסטאנט אין אן אנדער ארט.

פאסט־מייסטער, משיקאגא.

ווערטהער הערר: — איך בעט אייך מיט גרויס רעספעקט איבערצושיקען דיא בריעף אדער פאקעטע, וועלכע איהר וועט פיר מיך פון היינט אן ערהאלטען, צו דער „פאסט־רעסטאנט" אבטהיילונג פון דער פאסט־קאנטאר פון ספרינגפיעלד, איללינאיז.

received by me from the addressee I learn that he has not received the said package as yet. I beg you will immediately investigate the matter and state to me the result.

12. TO AN EXPRESS COMPANY ABOUT RETARDING MONEY FOR PACKAGE SENT C. O. D.

Gentlemen:—Ten days ago, the 29th ult., I forwarded through you a package by C. O. D. to Mr. Albert Levy, Troy, N. Y., for which I have not received the amount as yet. Please to see about it and state reason.

13. TO AN EXPRESS COMPANY, REQUESTING TO SEND FOR PARCEL.

Gentlemen:—Kindly send wagon for parcel to be forwarded by your express and oblige
Yours respectfully, Harris Cooper, 64 Essex St.

14. TO AN EXPRESS COMPANY, REQUESTING TO SEND SIGN AND RECEIPT-BOOK.

Gentlemen:—Please to send me, at your earliest convenience, one of your signs and receipt-books.

15. REQUESTING POSTMASTER TO DIRECT LETTERS TO GENERAL DELIVERY DIVISION OF ANOTHER PLACE.

Postmaster, Chicago.

Dear Sir:—I very respectfully request you to direct letters or packages that you may henceforth receive for me, to the General Delivery division of the Springfield, Ill., Post Office.

16. צו אַ פּאָסט־מייסטער וועגען בריעף, וואס מען ערוואַרטעט, אָנגעבּענדיג דעם אָרט, וואו מען זאָל זיי צושיקען.

ווערטהער הערר: — ערלויבט מיר אייך צו מעלדען, דאס איך ערוואַרט איינינע בריעף, וואס וועלען זיין אדרעסירט 65 הענרי סטריט, וועלכע איז יעצט ניט מיין אדרעסע. ווען איהר וועט פיר מיך קריעגען בריעף אזוי אדרעסירט, וועט איהר זיין אזוי גוט זיי לאָזען טראָגען צו 115 גרענד סטריט, וואו איך וואוין יעצט.

17. בּיטע צו אַ פּאָסט־מייסטער איבּערצושיקען זענדונגען אין אַן אַנדער שטאָדט.

ווערטהער הערר: —איך בעט אייך, אז איהר זאָלט שיקען אלע בריעף, וועלכע וועלען פון היינט אָן קומען פיר מיך, נאך באָסטאָן, מאססאטשוזעטטס, 475 וואַ־שינגטאָן סטריט.

18. בּיטע צו אַ פּאָסט־מייסטער איבערצושיקען בריעף צו אַ קעסטעל פון אַ פּאָסט אין אַן אַנדער אָרט.

ווערטהער הערר: — זייט אזוי גוט און שיקט דיא בריעף, וואס איהר וועט פיר מיך ערהאלטען, צו דעם קעסטעל נומער 25 פון דער פּאָסט קאנטאָר אין בייאָן, ניו דזשערזי.

19. צו אַ פּאָסט־מייסטער וועגען אַ ניט־ערהאַלטענעם רעגיסטרירטען בריעף.

ווערטהער הערר: — איהר געפינט דאָ איינגעשלאָסען דיא קוויטונג פון א רעגיסטרירטען בריעף, וועלכען איך האב א מאָנאט צוריק געשיקט צו העררן מאָזעס קעסטנער, 245 מאדיסאָן סטריט, ניו יאָרק, וועלכער מעלדעט מיר, דאס ער האט איהם נאך ניט ערהאלטען. איהר וועט זיין אזוי גוט אונטערזוכען דיא זאך און טאָהן א געפאלען אכטונגספאָל אייערן.

16. TO A POSTMASTER ABOUT EXPECTED LETTERS, DIRECTING WHERE TO SEND THEM.

Dear Sir:—Permit me to inform you that I expect some letters addressed 65 Henry Street, which is not my present address. Should you receive any letters for me so addressed you will kindly order to deliver them at 115 Grand St., where I now reside.

17. REQUESTING A POSTMASTER TO SEND MAIL TO ANOTHER CITY.

Dear Sir:—I beg you will direct all letters that may henceforth be received for me, to Boston, Mass , 475 Washington Street.

18. REQUESTING POSTMASTER TO DIRECT LETTERS TO POST OFFICE BOX OF ANOTHER PLACE.

Dear Sir:—Kindly direct letters received for me to P. O. B. No. 25, Bayonne, N. J.

19. TO A POSTMASTER ABOUT UNRECEIVED REGISTERED LETTER.

Dear Sir:—Enclosed please find receipt of a registered letter sent by me a month ago to Mr. Moses Kestner, 245 Madison Street, New York, who informs me that he has not received it as yet. You will kindly investigate the matter and oblige   **Yours respectfully.**

20. צו א פּאָסט־מיסטער וועגען א פֿעהלענדען פּאַקעט.

פּאָסט־מיסטער, ניו היווען.

ווערטהער הערר : — זעקס וואָכען צוריק, יולי דעם 17טען, צווישען 3 און 5
אוהר נאָכמיטטאָג, האב איך אווענגעלעגט אין דער פּאָסט־אבטהיילונג B א פּאַקעט
מיט ביכער, וועלכעס איז געווען אדרעסירט ,,הערמאן סיננער, 23 סאוטה סטריט,
ב׳אַלטימאָר, מאריליאנד." איך האב זייט דאן פֿון דעם אדרעססאַט ערהאַלטען איינינע
בריעף, אין וועלכע ער זאָגט, דאָס ער האָט דעם פּאַקעט ניט ערהאַלטען ; איך
בעט אייך דעריבער, אז איהר זאָלט זיין אזוי גוט און אונטערזוכען דיא זאַך און מיר
ג׃בען צו וויסען וואָס איהר וועט וועגען דעם אויסגעפֿינען.

21. צו א גאָז־געזעלשאפֿט וועגען עפֿענען דעם גאָז.

אן דיא קאָנסאָלידייטעד גאָז קאָמפּאַני.

מיינע הערען : — זייט אזוי גוט, שיקט א מאן צו עפֿנען דעם גאָז־מעטער
אין 75 מאַדיסאָן סטריט, צימערן נום. 4.

22. צו א גאָז־געזעלשאַפֿט וועגען פֿעריכטען דיא גאָז־רעהרען.

מיינע הערען : — זייט אזוי גוט און שיקט א מאן צו פֿערהאַלטמען דיא
פֿליסונגען אין דיא גאָז־רעהרען אין 64 מאַדיסאָן סטריט, צימערן נום. 9.

23. צו א גאָז־געזעלשאַפֿט וועגען צומאַכען דעם גאָז אין דער
פֿריהערדינגער וואוינונג און עפֿנען אין דער נייער.

מיינע הערען : — זייט אזוי גוט, שיקט א מאן צו פֿערמאַכען דעם גאָז־
מיטער אין 64 מאַדיסאָן סטריט, צימערן נום. 9, און צו עפֿנען דעם מיטער אי׳
מיין נייער וואוינונג, 93 קלינטאָן סטריט, צימערן נום. 7.

20. TO A POSTMASTER ABOUT A MISSING PACKAGE.

Postmaster, New Haven.

Dear Sir:—Six weeks ago, July 17th, between the hours 3—5 P. M., I deposited at P. O. Station B a package containing books and addressed "Herman Singer, 23 South Street, Baltimore, Md." I have since received several letters from the addressee stating he has not received the package; wherefore I beg you will kindly investigate the matter and state to me the result.

21. TO A GAS COMPANY ABOUT OPENING THE GAS.

To the Consolidated Gas Company.

Gentlemen:— Please to send a man to open the gas-meter at 75 Madison Street, rooms No. 4.

22. TO A GAS COMPANY ABOUT MENDING THE GAS PIPES.

Gentlemen:— Please to send a man to stop leaks in gas-pipes at 64 Madison Street, rooms No. 9.

23. TO A GAS COMPANY ABOUT CLOSING THE GAS-METER IN THE FORMER DWELLING AND OPENING IT IN THE NEW ONE.

Gentlemen:— Please to send a man to close the gas-meter at 64 Madison Street, rooms No. 9, and to open same at my new residence, 93 Clinton Street, rooms No. 7.

24. אַ בריעף מיט אַ ביטע צו רעקאָמענדירען אַ לעהרער פיר העבראיש.

סיינט דזשאָזעף, מאָ., אויג. 3, 1901.

העררן דזשאָרדזש אייברעהעמס,
ניו יאָרק.

ווערטהער העררן:

דיא „רודף שלום" געמיינדע פון אונזער שטאָדט, פון וועלכער איך בין א מיטגליעד, האט בעשלאָססען צו עפנען א שולע, וואו אידישע קינדער זאָלען ווערען אונטערריכטעט אין העבראיש, און מיר האבען יעצט נויטהיג א מאַן, וואס זאָל פערנעהמען דיא שטעלע פון א לעהרער. אזוי וויא אייער אָרט האָט א גרויסען נאָמען, דאָס אין איהם געפינען זיך קענער פון העבראיש, וואָס זיינען פעהיג צו אונטעררריכטען, ווענד איך זיך צו אייך אין דעם נאמען פון אונזער געמיינדע, מיט דער ביטע, אז איהר זאָלט אונז רעקאָמענדירען א מאַן, וואס וועט לויט אייער בעסטער מיינונג זיין פעהיג צו פיהרען א העבראישע שולע אין ענגליש. מיר זיינען בערייט דער ריכטיגער פערזאָן צו געבען א געהאלט פון זעכציג דאָללאר א מאָנאט.

איך האָף איהר וועט מיך ענטשולדיגען פיר וואָס איך בעמיהע אייך און איך פערבלייב מיט פריינדליכסטען גרוס,

זעהר אכטונגספאָל אייערער,

איזידאָר דזשאָזעפסאָן.

25. אַנטוואָרט אויף דעם פריהערדיגען בריעף.

ניו יאָרק, אויג. 10, 1901.

הערך איזידאָר דזשאָזעפסאָן,
סט. דזשאָזעף, מאָ.

ווערטהער העררן:

אין אנטוואָרט אויף אייער בריעף פון אויגוסט 3, האָב איך דאָס פערגניגען אייך צו בעריכטען, דאָס איך קען אייך רעקאָמענדירען א מאַן, וואָס וועט ריכטיג פאַססען פיר דיא שטעלע, וועלכע איהר אָפערירט. ער איז א גוטער קענער פון העבראיש, ער איז פעהיג צו אונטערריכטען אין ענגליש און ער איז א פערזאָן מיט א פיינער פערגאַנגענהייט (מיט שעהנער אויפפיהרונג). ער איז בערייט צו געהן אין אייער אָרט זאָגאר אויף א פראָבע, ווען איהר וועט בעצאָהלען זיינע רייזע־קאָסטען. ווען איהר וועט איהם רופען וועט ער קומען צו אייך מיט א געשריעבענער רעקאָמענדאַציאָן.

אכטונגספאָל אייערער,

דזשאָרדזש אייברעהעמס.

24. LETTER ASKING ONE TO RECOMMEND A HEBREW TEACHER.

St. Joseph, Mo., Aug. 3, 1901.

Mr. George Abrahams,
New York City.

Dear Sir:

The Rodeph Sholom Congregation of our city, of which I am a member, has decided to open a school for instruction of Jewish children in Hebrew and we now need a gentleman who might fill the position of teacher- As your place is reputed for having Hebrew scholars able to teach I apply to you, in the name of our congregation, with the request to recommend to us a gentleman who to the best of your knowledge will be competent to conduct a Hebrew school in English. We offer to the right party a salary of sixty dollars a month.

Hoping you will excuse me for my troubling you, I am, with kindest regards,

Yours very respectfully,

Isidor Josephson.

25. REPLY TO THE ABOVE.

New York, Aug. 10, 1901.

Mr. Isidor Josephson,
St. Joseph, Mo.

Dear Sir:

In response to your letter of Aug. 3, I have the pleasure to state that I can recommed to you a gentleman who will be fully suited to the position you offer. He is a good Hebrew scholar able to teach in English and a gentleman with a fine record. He is willing to go to your place even for a trial, if you will pay his transportation. When called, he will come to you with a written introduction.

Yours respectfully,
George Abrahams.

26. אַ צווייטער בריעף פון דער פּאַרטיי, וואָס זוכט דעם לעהרער.

סט. דזשאָזעף, מאָ, אויג. 20, 1901.

הערין דזשאָרדזש אייבּרעהעמס,

ניו יאָרק.

ווערטהער הערר:

מיר זיינען אייך זעהר דאנקבאר פיר אייערע פריינדליכע בעמיהונגען וועגען אונזער שולע. מיר שעצען זעהר פיעל אייער רעקאָמענדאציאָן און מיר שיקען אייך מיט דיזען בריעף א געלד־אַנווייזונג אויף $30, וועלכעס מיר גלויבען וועט זיין גענוג צו דעקען די רייזע־קאָסטען פון דעם מאַן, וואָס איהר רעקאָמענדירט אונז אַלס לעהרער. זאָל ער הערויספאָהרען אזוי גיך וויא ער קען, ווייל מיר האבען נויטהיג זיינע דיענסטע אזוי באלד וויא מעגליך. איהר וועט זיין אזוי פריינדליך איהם מיטגעבען אַן עמפפעהלונגס בריעף.

אכטונגספאָל אייערער,

איזידאָר דזשאָזעפסאָן.

27. עמפּפעהלונגס בריעף פון דעם העברעאישען לעהרער.

ניו יאָרק, אויג. 25, 1901.

הערין איזידאָר דזשאָזעפסאָן,

סט. דזשאָזעף, מאָ.

ווערטהער הערר:

דער איבּערברענגער פון דיזען שרייבען, הערר דזשייקאָב עדעלמאָן, איז דער מאַן, פון וועלכען איך האָב אייך געשריעבען אין דעם לויף פון אונזער קאָררעס־פּאָנדענץ. ער איז א גוטער העברעער און אַן אויסערגעוועהנליכער אָרענטליכער מאַן. איך צווייפעל גאר ניט, דאָס ער וועט פעהיג און געוויסענהאפט (עהרליך) ערפילען זיין פליכט אלס לעהרער און איך רעקאָמענדיר איהם הערצליך צו אייך און צו אייער געמיינדע מיט דער האָפנונג, דאָס ער וועט אייך זעהר צופריעדען שטעלען מיט זיינע דיענסטע.

מיט דער האָפנונג, דאָס איהר וועט איהם אויפנעהמען מיט דער זעלבּיגער פריינדליכקייט, מיט וועלכער איך רעקאָמענדיר איהם צו אייך,

בין איך אכטונגספאָל אייערער,

דזשאָרדזש אייבּרעהעמס.

26. SECOND LETTER FROM PARTY SEEKING A TEACHER.

Mr. George Abrahams,
           New York City.

Dear Sir:

We are very grateful to you for the kind efforts you have made in behalf of our school. We highly value your recommendation and we enclose herewith a money order for the sum of $30 which we believe will sufficiently cover the traveling expenses of the gentleman you recommend to us as teacher. Let him start at his earliest convenience, as we need his services as soon as possible. You will kindly provide him with a letter of introduction.

Yours very respectfully,
                     Isidor Josephson.

27. LETTER INTRODUCING HEBREW TEACHER.

New York, Aug. 25, 1901.

Mr. Isidor Josephson,
           St. Joseph, Mo.

Dear Sir:

The bearer of this, Mr. Jacob **Edelman**, is the gentleman of whom I have written to you during our correspondence. He is a good Hebrew scholar and a gentleman of exceptional integrity. I have not the least doubt that he will competently and conscientiously fill his duty of teacher and I heartily recommend him to you and your congregation in the hope that you will be highly satisfied with his services.

Expecting that you will receive him with the kindness I recommend him to you,

I am,
                 Very resrectfully yours,
                       George Abrahams.

28. איינלאַדונג צו אַ ברית.

ווערטהער הערר:

מיר בעטען אייך אונז צו פערשאפען פערגניגען מיט אייער געזעלשאפט ביי דעם ברית פון אונזער נייגעבאָרענעם זוהן, וואס וועט זיין דאָנערסטאָג, סעפּט. 3, 11 אוהר אין דער פריה, אין אונזער וואָהנונג, 76 נאָרפאָלק סט.

מר. און מרס. לעססער.

29. איינלאַדונג צו אַ בר־מצוה.

ווערטהער הערר:

מיר בעטען אייך אונז צו פערשאפען פערגניגען מיט אייער געזעלשאפט ביי דעם מאָהלצייט, וועלכען מיר גיבען צו עהרע פון אונזער זוהן, וואס איז געוואָרען בר־מצוה. דער מאָהלצייט וועט זיין שבת, סעפּטעמבער 7, 11 אוהר אין דער פריה, אין אונזער וואָהנונג, 65 עססעקס סט.

מר. און מרס. פעלדמאַן.

30. איינלאַדונג צו אַן עפענטליכע חתונה.

מר. און מרס. קאַטץ,

בעטען, אז איהר זאָלט זיין ביי דער האָכצייט פון זייער טאָכטער

סאָפיע

מיט

סעמיועל ראָזען,

זונטאָג, סעפּט. 10, אום 5 אוהר נאָכמיטאָג,

אין דעם „נאָלדען האָלל.“

28.   INVITATION TO A CIRCUMCISION CEREMONY.

Dear Sir:

We request the pleasure of your company at the circumcision ceremony of our new-born son, which will take place on Tuesday, Sept. 3, at 11 A. M., at our residence, 76 Norfolk St.

Mr. and Mrs. Lesser.

29.   INVITATION TO THE COMFIRMATION OF A BOY.

Dear Sir:

We request the pleasure of your company at the dinner given in honor of the confirmation of our son, on Saturday, September 7, at 11 a. m., at our residence, 65 Essex St.

Mr. and Mrs. Feldman.

30.   INVITATION TO A PUBLIC WEDDING.

Mr. and Mrs. Katz,

request your presence at the marriage of their daughter

SOPHIE

to

SAMUEL ROSEN,

on Sunday, September 10, at 5 P. M.,

at the Golden Hall.

31. איינלאַדונג צו אַ פּריוואט חתונה.

ווערטהער פריינד:

ווענען מאנכע אורזאכען וועט אונזער טאָכטער בעקקי'ס חתונה, נעכסטען דאָנערסטאָג, זיין פּריוואט. עס זיינען אָבער דאָ אייניגע פון מיינע אלטע פריינד, וועלכע איך וואָלט וועלען האָבען דערביי, און איך האָף, אז איהר וועט מיר פערשאַפען דאָס פערגניגען, אייך צו זעהן. דיא צערעמאָניע (דיא חופּה) וועט זיין אום האלב פינף נאָכמיטטאָג און נאָך דער חופּה וועלען מיר האָבען א מאָהלצייט. בעקקי שיקט אייך איהר גרוס.

אייער אויפריכטיגער,

ד.

32. פאָרם פון אַ קאַרד פיר איינלאַדונג פון געסט נאָך אַ חתונה.

מר. און מרס. היימען בלענק,

צו הויזע, דאָנערסטאָג, סעפּט. 12, 1901.

פון 5 ביז 7 אוהר נאָכמיטטאָג.

130 מעדיסאָן סטריט.

33. מעלדונג וועגען אָבלעגען אַ חתונה.

מר. און מרס. וויליאם שיף בעדויערן, דאָס דיא קראנקהייט פון זייער טאָכטער, סאָפיע, צווינגט זיי אָבצולעגען איהר חתונה ביז זיא וועט ווערען געזונד.

34. איינלאַדונג צו אַ לויה.

ווערטהער הערר:

איך לאַד אייך איין דורך דיזעס שרייבען צו דער לויה פון מיין ברודער טשארלז, וועלכער איז געשטאָרבען לעצטען שבת. פערפעהלט ניט צו קומען, ווייל אייער זיין דערביי וועט מיר פערשאפען א שטיקעל טרויסט. דיא לויה וועט זיך אָנפאנגען פון דער וואָהנונג פון דעם פערשטאָרבענעם, 112 קלינטאָן סטריט, אום 10 אוהר מאָרגען אין דער פריה.

אייער טרויערנדער פריינד,

נייטהאן בערנסאָן.

31.   INVITATION TO A PRIVATE WEDDING.

Dear Friend:

Owing to some reasons our daughter Beckie's wedding, Thursday next, will be a private one. There are, however, a few of my old friends whom I should be glad to have present, and I hope you will give me the pleasure of seeing you. The ceremony will be at half past four in the afternoon and after the ceremony we will have a dinner. Beckie sends her regards to you.

Sincerely yours,
D.

32.   FORM OF CARD FOR A WEDDING RECEPTION.

Mr. and Mrs. Hyman Blank,
at home, Thursday, Sept. 12, 1901,
from 5 to 7 P. M.

130 Madison St.

33.   NOTE POSTPONING A WEDDING.

Mr. and Mrs. William Schiff regret the illness of their daughter, Sophie, compels them to postpone her wedding until her recovery.

34.   INVITATION TO A FUNERAL.

Dear Sir:

I write to invite you to the funeral of my brother Charles, who departed last Saturday. Do not fail to come as your presence will give me some consolation. The procession will start from the house of the deceased, 112 Clinton St., at 10 A. M. to-morrow.

Your mourning friend,
Nathan Bernson.

.35 אַן אַנדער אַרט איינלאַדונג צו א לויה.

מר. און מרס. בערנסאָן בעטען מר. גאָרדאָן ער זאָל זיין אַזוי גוט און קומען צו דער לויה פון זייער טאָכטער רייטשעל, זונטאָג, סעפּט. 10, אום 10 אוהר אין דער פריה.

30 איסט 105טע סטרים.

.36 איינלאַדונג צו א קאָנצערט (מיט איינגעשלאָסענע טיקעטס.)

ווערטהער הערר:

ביטע אָנצונעהמען דיא איינגעשלאָסענע טיקעטס (בילעטען) פיר א בענעפיט קאָנצערט, וואָס ווערט געגעבען פון דער „עדיוקיישאָנעל סאָסייאיטי" (בילדונגס פעראיין). וויסענדיג דיא אינטערעסע, וועלכע איהר נעהמט אין אַזעלכע ארבייט וואָס דער פעראיין טהוט, האָף איך, אַז איהר וועט זיך ניט ענטזאָגען צו איהם בייצושטייערן אויף דיזער אַרט.

מיט דאַנק אין פאָרויס, זיינען מיר,

זעהר אַכטונגספאָל,

דאָס קאָמיטע.

.37 רופען אַ מיטגליעד צו אַ פערזאַמלונג.

ווערטהער הערר:

איהר זייט געבעטען צו זיין ביי דער פערזאַמלונג פון דער „היברו יאָנג מענ'ס בענעוואָלענט אססאָסיאיישאָן", וואָס וועט שטאַטפינדען דיענסטאָג, סעפּט. 3., 7 אוהר נאָכמיטטאָג, אין דער וואָהנונג פון מר. א. פליישאָ, 207 איסט בראָדוויי.

אויף דעם בעפעהל פון פּרעזידענט,

סעמיועל פינן, סעקרעטער.

35. ANOTHER INVITATION TO A FUNERAL.

Mr. and Mrs. N. Bernson request the favor of Mr. Gordon's presence at the funeral of their daughter Rachel, on Sunday, Sept. 10, at 10 A. M.

30 E. 105th St.

36. INVITATION TO A CONCERT (ENCLOSING TICKETS).

Dear Sir:

Will you accept the accompanying tickets for a benefit concert given by the Educational Society. Knowing your interest in such work as the Society is doing, I hope you will not refuse to contribute towards it in this way.

Thanking you in advance, we are,

Very respectfully yours,

The Committee.

37. CALLING A MEMBER TO A MEETING.

Dear Sir:

You are requested to attend a meeting of the Hebrew Young Men's Benevolent Association, which will take place on Tuesday, September 3, at 7:30 P. M., at the residence of Mr. A. Plato, 207 East Broadway.

By order of the President,

Samuel Finn, Secretary.

38. איינלאַדונג פון א רעדנער צו א פערזאַמלונג.

הערר הענרי איזרייעלס,

ניו יאָרק.

ווערטהער הערר:

דיענסטאָג, סעפט. 3, וועט דיא „היברו יאָנג מענ'ס בענעוואָלענט אססאָ־סיאיישאָן" האָבען א וויכטיגע פערזאמלונג אין 207 איסט בראָדוויי. מיר בעטען אייך זעהר ערנסט אונזער פעראיין צו פערשאפען דיא עהרע, צו ערשיינען אויף דיא פערזאמלונג און האלטען א רעדע. אייער אנוועזענהייט וועט אונז זעהר פיעל העלפען אין אונזערע צוועקען.

מיט דער האָפנונג, דאָס איהר וועט אונז ניט ענטזאגען דיזע געפעלינקייט, זיינען מיר

זעהר אכטונגספאָל אייערע,

דאָס קאָמיטע.

39. א מיטליידס בריעף אויף דעם טוידט פון א מיטגליעד אין דער פאמיליע.

מיין טהייערער פריינד:

איך האב געהערט מיט איניגסטען שמערץ וועגען דעם גרויסען פערלוסט וואָס איהר האָט געהאט, און איך שרייב אייך צו פערזיכערן מיין ערנסטע סימ־פאטהיע. אייער ליעבע צו דעם פערשטאָרבענעם איז געווען צו גרויס, אז מען זאָל אייך קענען טרויסטען; אָבער איך ווינש פון טיעפען הארצען, דאָס אייער בלוטענדעס הארץ זאָל ווערען געטרויסט.

מיט דעם גרעסטען מיטלייד,

בין איך, וויא אימער,

אייער פריינד,

דושאָזעף הערטץ.

38.   INVITATION OF SPEAKER TO A MEETING.

Mr. Henry Israels,
New York City.

Dear Sir:

On Tuesday, Sept. 3, the **Hebrew Young Men's Benevolent** Association will have an important meeting at 207 East Broadway. We very earnestly request you to honor our society by appearing at the gathering and delivering an address. Your presence will help us a great deal in our aims.

Hoping you will not deny us this favor,

We are,

Very respectfully yours,

The Committee.

39.   LETTER OF CONDOLENCE ON THE DEATH OF A MEMBER OF THE FAMILY.

My dear Friend:

I have heard with heartfelt sorrow of the heavy bereavement that has fallen upon you, and write to assure you of my earnest sympathy. Your love for the departed one was too deep to offer you consolation. But I most sincerely wish that comfort may come to your sore heart.

With warmest sympathy,

I am, as ever,

Your friend,

Joseph Hertz.

40. אַ בריעף צו ענטשולדיגען זיך פיר ניט האַלטען וואָרט.

מיין ליעבער הערר ווייסס:

איך שרייב אום זיך צו ענטשולדיגען וואָס איך האָב פערפעהלט צו האַלטען מיין פערשפּרעכען נעכטען צו קומען צו אייך. איך בין נעכטען געווען פערטיג צו אייך צו געהן, מיט א מאָל איז צו מיר געקומען א פריינד און האָט מיך פער־האַלטען אין דער היים.

עס טהוט מיר זעהר לייד וואָס איך האָב געבראָכען מיין פערשפּרעכען צו אייך, אָבער איך גלויב איהר וועט מיר פערצייהען.

זעהר ערגעבען אייער,

אלבערט ניומאַן.

41. ביטע אום ענטשולדיגונג פיר פערציעהען אַן ענטפער אויף א בריעף.

מיין טהייערער פריינד:

איך פערשטעה איהר האָט געווים געדענקט, אז איך האָב אוים נאָכ־לעסיגקייט געלאָזען אייער אנגענעהמען בריעף אזוי לאַנג אָהן אן ענטפער, אָבער איך גלויב איהר וועט מיך פערצייהען, ווען איך וועל אייך מיטטהיילען, דאָס איך בין פיר א צייט געווען קראַנק. איך בין יעצט צוריק געזונד געוואָרען און דער־מאָהנענדיג זיך אַן אייער בריעף נעהם איך מיר דאָס פערגנינגען צו אייך צו שרייבען אייניגע צייל̈ען אום אייך צו ערצעהלען דיא אורזאַך, ווארום איך האָב ביז יעצט געשוויגען.

מיט דער האָפנונג, דאָס דיא פערציעהונג פון מיין ענטפער וועט אייך ניט שוואַך מאַכען אין אייער בריעף־וועקסעל מיט מיר, פערבלייב איך,

וויא אימער, אייער פריינד,

הענרי מאַרקוס.

40. LETTER APOLOGIZING FOR FAILURE TO KEEP AN APPOINTMENT.

My dear Mr. Weiss:

I write to apologize for my failure to keep my appointment with you yesterday. I had been on the point of going to see you when a friend of mine called and detained me at home.

I regret extremely having broken my engagement, but trust you will pardon me.

Most truly yours,

Albert Newman.

41. APOLOGY FOR DELAY IN ANSWERING A LETTER.

My dear friend:

I know you must have thought me neglectful in leaving your welcome letter so long unanswered, but I trust you will forgive me when I tell you that I have been ill for some time. I have just recovered and remembering your letter I take the pleasure to write to you a few lines to tell you the reason why I have hitherto been silent.

Trusting my delay will not discourage you in your correspondence with me, I am,

As ever, your friend,

Henry Marcus.

42. אַ צעטעל וואס ווערט מיטגעשיקט מיט אַ געבורטסטאַג געשאנק.

טהייערע סאראה:

ועט איהר אננעהמען דאָס בוך וואס איך שיק אייך מיט דיזען צעטעל און [illegible] וואונש, אז איהר זאָלט האָבען פיעלע גליקליכע געבורטס־טעג?

אייער עוויגע פריינדין,

פרעדעריקא.

43. אַ צעטעל וואָס ווערט מיטגעשיקט מיט א כלה געשאַנק.

טהייערע מערי:

ביטע אָנצונעהמען דעם גאנג גאָפּלען, לעפעל און מעסערס, וואָס איך שיק אייך מיט דעם איינסטען וואונש, אז איהר זאָלט האבען גליק אין אייער נייעם לעבען.

איך ווינש איהר זאָלט בענוצען מיין געשענק מיט גוטען אפּעטיט ביי פריהשטיקס, מיטטאָגס און אבענד־מאָהלצייטען.

אייער ליעבענדע פריינדין,

מינני.

44. א צעטעל וואס ווערט מיטגעשיקט מיט אַ ניי־יאָהר׳ס געשענק.

מיין טהייערער פריינד:

וועט איהר אָננעהמען דעם באנד פון שעקספּיר׳ס ווערק, וואָס איך שיק אייך מיט דעם בעסטען וואונש פיר א גליקליכעס יאָהר?

אייער אויפריכטיגע פריינדין,

דאָרא סעמיועלס.

42. NOTE ACCOMPANYING A BIRTHDAY PRESENT.

Dear Sarah:

Will you accept the accompanying shawl with my best wishes for many happy returns of your birthday?

Ever your friend,

Frederica.

43. NOTE ACCOMPANYING BRIDAL PRESENT.

Dear Mary:

I beg you will accept the accompanying set of forks, spoons and knives with my most sincere good wishes for your happiness in your new life.

That you may use my present at hearty breakfasts, dinners and suppers is the hearty wish of

Your loving friend,

Minnie.

44. NOTE ACCOMPANYING A NEW YEAR'S PRESENT.

My dear friend:

Will you accept the accompanying volume of Shakespeare's works, with my best wishess for a happy year?

Sincerely your friend,

Dora Samuels.

45. אַ צעטעל וואָס ווערט געשיקט מיט א פאָטאָגראַפישע קאַרטע.

טהייערע בעטסי:

איך שיק דיר היערמיט מיין נייעסטע פאָטאָגראַפישע קארטע. עס איז א א ריכטיגעס בילד און עס וועט דיך אָפט דערמאָהנען אָן

דיין צערטליכע פריינדין,

לילי.

46. בריעף וואָס ווערט מיטגעשיקט מיט א פאָטאָגראַפישע קאַרטע פון א קינד.

מיין ווערטהע מאדאם סטאָון:

איך צווייפעל ניט, דאָס איהר ווילט וויסען וויא מיין קליין קינד זעהט אויס; איך האָף דעריבער, אז איהר וועט אָננעהמען דיא פאָטאָגראַפישע קארטע, וועלכע איך שיק אייך היערמיט; זיא איז גענומען געוואָרען דעם טאָג, ווען זיא איז גע־וואָרען זעקס מאָנאטען, לעצטען פרייטאָג. איך דענק, אז דאָס איז א ריכטיגעס בילד, ווייל מיר האָט געלונגען איהר צו האלטען זעהר רוהיג ביים פאָטאָ־גראפירען.

מיט הערצליכען גרוס צו אייך און צו הערן סטאָון פערבלייב איך,

אימער אייערע פריינדין,

אננא פילד.

47. בריעף וואָס ווערט מיטגעשיקט מיט א געשאַנק פון א זילבערנע האָכצייט.

מיין ווערטהע מאדאם וואלד:

אייער פריינדליכע איינלאדונג צו זיין ביי דער פייערונג פון אייער זילבערנער האָכצייט ערהאלטען, און איך נעהם אָן מיט פערגניגען דיא געלעגענהייט אייך אויסצודריקען מיין גליקוואונש ביי דיזער גרויסארטיגער געלעגענהייט.

וועט איהר אָננעהמען דיא זילבערנע שיידעל, וועלכע איך שיק אייך היער־מיט, אלס א צייכען פון ליעבע און גוטע ווינשע?

אימער אייער פריינדין,

קלארא מענדעלסזאָהן.

45. NOTE ACCOMPANYING A PHOTOGRAPH.

Dear Betsey:

I send you herewith my latest photograph. It is a correct likeness and it will remind you often of

Your affectionate friend,

Lillie.

46. NOTE ACCOMPANYING A PHOTOGRAPH OF A CHILD.

My dear Mrs. Stone:

I do not doubt that you desire to know what my baby looks like; I therefore hope you will accept the accompanying photograph, taken the day she was six months old, last Friday. I think it is a correct likeness, as I succeded in keeping her very still when it was taken.

With love to yourself and to Mr. Stone, I remain,

Ever your friend,

Anna Field.

47. NOTE ACCOMPANYING A SILVER WEDDING GIFT.

My dear Mrs. Wald:

Your kind invitation to be present at the celebration of your silver wedding has been received, and I accept with pleasure an opportunity to present my congratulations upon such a grand occasion.

Will you accept the accompanying silver case as a token of my affection and good wishes?

Ever your friend,

Clara Mendelssohn.

48. דאַנק-בריעף פיר א געבורטס-טאָג געשענק.

מיין טהייערע פריינדין:

א גרויסען דאנק פיר דעם שעהנעם ביכער־שראנק, וועלכען איהר האט מיר געשיקט אלס א געבורטס־טאָג געשענק. מען בעוואונדערט עס זעהר פיעל און איך בין איבער־גליקליך, דאָס איך האָב ערהאלטען אזא גרויסארטיגען צייכען פון אייער פריינדשאפט.

מיט דער האפנונג, דאָס מיר וועלען זיך מיט אייך זעהן היינט אָבענד, ווען מיין מוטער וועט פייערן מיין געבורט מיט א באנקעט (מאָהלצייט),

פערבלייב איך,

אייער טרייע פריינדין,

לאה נאָ'דמאן.

49. דאנק-בריעף פיר אַ פאָטאָגראפישע קאַרטע.

טהייערע האננאה:

א גרויסען דאנק פיר דיא פאָטאָגראפישע קארטע, וועלכע איך האב עבען ערהאלטען. איך דענק דאָס איז א אויסגעצייכענטעס בילד. איך וועל שעצען דאָס בילד זעהר פיעל און עס פערשאפט מיר פערגניגען עס צו זעהן אויף מיין טיש.

מיט הערצליכען גרוס צו אלעמען,

דיין ליעבענדע טאנטע,

מאטהילדא סיימאָנס.

48. NOTE OF THANKS FOR A BIRTHDAY GIFT.

My dear friend:

Many thanks for the beauteful book case you have sent me as a birthday present.   It has been greatly admired and I am more than happy to have received such grand token of your friendship.

Hoping we shall see you this evening, when mamma celebrates the day by a banquet,

I remain,

Truly your friend,

Leah Goldman.

49. NOTE OF THANKS FOR A PHOTOGRAPH.

Dear Hanah:

Many thanks for the photograph I have just received. I think it is a an excellent likeness. I shall value the picture very much, and I am delighted to see it upon my table.

With love to all,

Your affectionate aunt,

Mathilda Simons.

50. דאַנק-בריעף פיר לייהען א בוך.

ווערטהער הערר:

איך שיק אייך היערמיט צוריק אירווינג'ס בוך, וועלכעס איהר האָט מיר געליהען, און איך גיב אייך מיין הערצליכען דאַנק פיר דאָס פערגניגען, וועלכעס עס האָט מיר פערשאפט.

אייער אויפריכטיגער פריינד,

מ. מייקעלס.

51. דאַנק־בריעף פיר א פאָטאָגראַף פון א קליין קינד.

מיין ליעבע מאדאם מייערסאָן:

איך דאנק אייך פון גאנצען הארצען פיר דאָס בילד פון אייער ליעבען קינד. איך האָב שטארק געוואָלט וויסען וויא זיא זעהט אויס און מיר שיינט, דאָס איך זעה זיא יעצט. עס פערשאפט מיר גרויס פערגניגען צו זעהן, דאָס זיא איז א שעהנעס קינד. איך האָף, דאָס איהר וועט זיא אין קורצען ברייננגען נאך ניו יאָרק.

אייער ריכטיגע פריינדין,

אננא האָירש.

52. דאַנק־בריעף פיר א געשענק צו א זילבערנע האָכצייט.

מיין ליעבע מאדאם לאזארום:

אייער זעהר פריינדליכען גליקוואונש און דיא שעהנע זילבערנע שיידעל זיינען מיר עבען אנגעקומען. איך דאנק אייך זעהר הערצליך פיר אייער פריינדליכעס אנדענקען און פיר דיא אויסדריקע פון ליעבע, וועלכע בעגלייטען עס.

הערר אדלער נעהמט אנטהייל אין מיינע הערצליכע גריסע צו אייך.

אייער אויפריכטיגע פריינדין,

רייטשעל אדלער.

50. NOTE OF THANKS FOR THE LOAN OF A BOOK.

Dear Sir:

I return herewith the copy of Irwing you so kindly loaned me, thanking you heartily for the pleasure it has afforded me.

Your sincere friend,
M. Michels.

51. NOTE OF THANKS FOR A BABY'S PHOTOGRAPH.

My dear Mrs. Meyerson:

Thank you with all my heart for the picture of your dear baby. I have longed to know how she looked, and I seem now to see her. It affords me great pleasure to see she is a beautiful child. I hope you will bring her before long to New York.

Truly your friend,
Anna Hirsh.

52. NOTE OF THANKS FOR A SILVER WEDDING PRESENT.

My dear Mrs. Lazarus:

Your very kind note of congratulation and the beautiful silver case have just reached me. Thank you most heartily for your kind remembrance and for the expressions of affection which accompany it.

Mr. Adler joins me in kind regards.

Sincerely your friend,
Rachel Adler.

53. א בריעף צו בעטען לייהען א רייזע־טאַש.

מיין ליעבער העיר פאָירלס:

קענט איהר מיר לייהען א רייזע־טאש פיר א וואָך? אונערוואַרטעט מח איך פאָהרען נאך באָסטאָן פיר איינינע טעג.

ווען איהר קענט מיר לייהען א רייזע־טאש פיר דיא רייזע וועט איהר טהאָן א געפאלען

אייער אויפריכטינען פריינד,

לואיס הײמאַ.

54. בריעף צו א פריינד איהם צו ווינשען גליק צו דער געבורט פון א קינד.

הערר ס. ראָבינס.

מיין ליעבער פריינד:

איך האָב עבען געהערט פון אייער נייעם גליק און איך שרייב אום אייך צו געבען מיין הערצליכען מזל־טוב און דיא בעסטע ווינשע פיר דיא געזונדהייט פון דעם קינד, וואָס איז ביי אייך געבאָרען געוואָרען. עס פרייט מיך צו וויסען, דאָס מאדאם ראָבינס איז געזונד און איך האָף, דאָס אין איינינע טעג הערום וועל איך איהר קענען געבען מיין גראטולאציאָן (גליקוואונש) פערזענליך.

מיט הערצליכסטען גרוס,

אייער אויפריכטינע פריינדין,

ס. מייערס.

55. בריעף צו גראַטולירען א פריינד, וואָס האט געקריעגען אַ דיפּלאָמאַ אויף מעדיצין.

דאָקטאָר אדאָלף גלאסס.

מיין ווערטהער פריינד:

איך האָב עבען געקריעגען דיא נאַכריכט, דאָס איהר האָט מיט ערפאָלג געענדיגט אייער שטודיום פון מעדיצין און דאָס איהר האָט ערהאלטען אייער דיפּלאָמאַ. עמפפאנגט מיין הערצליכסטע גראטולאציאָן, דאָס אייער שטודיום און אייער פלייס האָבען געקריעגען זייער בעלוינונג.

ווינשענדיג אייך ערפאָלג אין אייער נייער קאַריערע, פערבלייב איך,

אימער אייער פריינדין,

דאָרא בלום.

53.   NOTE REQUESTING THE LOAN OF A SATCHEL.

My dear Mr. Pearls:

Can you lend me a traveling satchel for a week? I am unexpectedly obliged to go to Boston for a few days.

If you can lend me a satchel for the journey you will confer a favor on

Your sincere friend,
Louis Hyman.

54.   NOTE CONGRATULATING A FRIEND ON THE BIRTH OF A CHILD.

Mr. S. Robins.

My dear friend:

I have just heard of your new happiness, and write to offer my hearty congratulations and very best wishes for the health of the child born to you. I am pleased to know that Mrs. Robins is well, and I hope in a few days to be able to offer her my congratulations in person.

With kindest regards,
Your sincere friend,
S. Myers.

55.   LETTER CONGRATULATING A FRIEND UPON GAINING A MEDICAL DIPLOMA.

Dr. Adolph Glass,

My dear friend:

I have just been informed that you had successfully completed your medical studies and received your diploma. Accept my most sincere congratulations that your study and application have met their reward.

Wishing you success in your new career,

Ever your friend,
Dora Bloom.

56. איינלאַדונג צו א חנוך פון א הויז.

ניו יאָרק, נאָוועמבער, 1, 1901.

ליעבער פריינד:

איך האָב דאָס פערגנינגען אייך איינצולאַדען צו דעם חנוך פון מיין נייען הויז, וועלכעס איז עבען געענדיגט געוואָרען. איך האָב בעשלאָסען צו מאַכען א מאָהלצייט צו עהרע פון דער געלעגענהייט פיר אלע מיינע פריינד און איך פערלאַנג, אז איהר זאָלט זיין דערביי. דיא צייט, וועלכע איך האָב בעשטימט פיר דיא אויפנאַהמע פון געסט, איז דער 15טער נאָוועמבער, 8 אוהר אבענדס, ווען עס וועט מיך פרייען אייך צו זעהן אין מיין נייער וואוינונג, 179 איסט בראָדוויי.

מיט דער האָפנונג, דאָס איהר וועט אָננעהמען דיזע איינלאַדונג, בין איך,

אייער אויפריכטיגער פריינד,

א. גרינבערג.

57. איינלאַדונג צו דעם חנוך פון א בית־עולם.

„נשמת חיים" קאָנגרעגיישאָן, ניו יאָרק.

ניו יאָרק, יולי 20, 1901.

ווערטהער העררי:

איהר זייט היערמיט איינגעלאַדען צו דעם חנוך פון אונזער נייעם בית־עולם, וועלכער וועט שטאַטפינדען יולי 25, אום 1 אוהר נאָכמיטטאָג. אלע אונזערע מיטגליעדער ווערען אויפגעפאָדערט צו זיין דערביי. פערפעהלט ניט צו קומען. א בעריהמטער רעדנער וועט רעדען צו דיא פערזאַמעלטע און נאָך דער צערעמאָניע וועט געגעבען ווערען א „לאָנטש" (א קליינער מאָהלצייט).

אויף דעם בעפעהל פון פרעזידענט,

דזשייקאָב מארגאָליס, סעקרעטער.

56. **INVITATION TO THE DEDICATION OF A HOUSE.**

New York, November 1, 1901.

Dear friend:

I take pleasure in inviting you to the dedication of my new house which has just been completed. I have decided to give a dinner in honor of the event to all my friends and I desire your presence. The time set for the reception is the 15th of November, 8 P. M., when I shall be glad to see you in my new residence, 179 East Broadway.

Hoping you will accept this invitation, I am,

Sincerely yours,

A. Greenberg.

57. **INVITATION TO THE DEDIATION OF A CEMETERY.**

Nishmath Hayim Congregation, New York.

New York, July 20, 1901.

Dear Sir:

You are herewith invited to the dedication ceremonies of our new cemetery, which will take place July 25, at one o'clock in the afternoon. All our members are required to be present. Do not fail to come. A prominent speaker will address the gathering and a lunch will close the occasion.

By order of the president,

Jacob Margolis, Sec.

58. איינלאַדונג צו דעם חנוך פון א שול.

„משכן ישראל" קאָנגרעגיישאָן, ניו יאָרק.

ניו יאָרק, דעצעמבער 5, 1901.

ווערטהער הערר:

איהר ווערט היערדורך איינגעלאַדען צו זיין ביי דעם חנוך פון אונזער נייער שול, וועלכע האָט זיך געענדיגט בויען דיזע וואָך. דיא צערעמאָניעס וועלען שטאַטפינדען דעצעמבער 10, אום 3 אוהר נאָכמיטטאָג. אלע מיטגליעדער ווערען איינגעלאַדען. פערפעהלט נים צו זיין דערביי. רעוו. סאָפיר מיט דער הילפע פון א כאָר וועלען פיהרען דיא צערעמאָניעס און בעוואוסטע רעדנער וועלען רעדען פאר דיא פערזאַמעלטע.

אויף דעם בעפעהל פון פרעזידענט,

לואיס הייטאַן, סעקרעטער.

59. איינלאַדונג צו דעם סיום פון אַ ספר תורה, וועלכע איז איינגעגעבען געוואָרען אין אַ שול.

ניו יאָרק, אויגוסט 1, 1901.

ווערטהער הערר:

איהר זייט געבעטען צו זיין ביי דעם סיום פון דער ספר תורה, וועלכע איז איינגעגעבען געוואָרען אין אונזער שול. דיא צערעמאָניע וועט שטאַטפינדען דעם 5טען אויגוסט, אום 8 אוהר אבענדס.

אויף דעם בעפעהל פון פרעזידענט,

לואיס הייטאַן, סעקרעטער.

58.   INVITATION TO THE DEDICATION OF A SYNAGOGUE.

Mishkan Israel Congregation, New York.

New York, Dec. 5, 1901.

Dear Sir:

You are herewith invited to attend the dedication ceremonies of our new synagogue the building of which has been completed this week. The ceremonies will take place December 10, at 3 o'clock in the afternoon. All members are invited. Do not fail to be present. Rev. Saphir with the assistance of a choir will conduct the ceremonies and prominent speakers will address the gathering.

By order of the president,

Louis Hyman, Sec.

59.   INVITATION TO THE CEREMONY OF COMPLETING A SCROLL OF THE LAW PRESENTED TO A SYNAGOGUE.

New York, August 1, 1901.

Dear Sir:

Your presence is invited to the ceremony of completing the scroll of the law presented to our synagogue, which will take place on the 5th of August, at 8 o'clock in the evening.

By order of the president,

Louis Hyman, Sec.

פארמולארען פון וועקסלען.

1. פארם פון א וועקסעל, וואס קען איבערגעגעבען ווערען צו אנדערע.

ניו יארק, 1. אויגוסט, 1901.

פיער מאנאט נאך דאטא פערשפרעך איך צו צאהלען צו דזש. פארד, אדער יועמען ער וועט וועלען, דיא סומע פון פינף הונדערט דאללאר, מיט פראצענט. דעם ווערטה פון דיזען געלד ערהאלטען. ג. מון.

2. פארם פון א וועקסעל וואס קען נים איבערגעגעבען ווערען צו אנדערע.

ניו יארק, 1. אויגוסט, 1901.

פיער מאנאט נאך דאטא פערשפרעך איך צו צאהלען צו דזש. פארד, דיא סומע פון פינף הונדערט דאלאר, מיט פראצענטם. דעם ווערטה פון דיזען געלד ערהאלטען. ג. מון.

פארמולארען פון קוויטונגען.

1. פארם פון א קוויטונג פיר געלד, וואס ווערט ערהאלטען אויף רעכנונג.

ניו יארק, 1. אויגוסט, 1901.

ערהאלטען פון ה. ווילליאמז, פיער און זעכציג דאללאר אויף רעכנונג.

ו. וואוד.

2. פארם פון א קוויטונג פיר דעם פולען בעטראג.

ניו יארק, 1. אויגוסט, 1901.

ערהאלטען פון ה. ווילליאמז דיא פולע סומע פון צוויי הונדערט דאללאר, און האב קיינע פארדערונגען געגען איהם ביז דאטא.

ו. וואוד.

FORMS OF PROMISSORY NOTES.

1. FORM OF A NEGOTIABLE NOTE.

New York, August 1, 1901.

Four months after date, for value received, I promise to pay J. Ford, or order, Five Hundred Dollars, with interest.

G. Moon.

2. FORM OF A NOTE NOT NEGOTIABLE.

New York, August 1, 1901.

Four months after date, for value received, I promise to pay J. Ford, Five Hundred Dollars, with interest.

G. Moon.

FORMS OF RECEIPTS.

1. FORM OF RECEIPT FOR MONEY RECEIVED ON ACCOUNT.

New Yoak, August 1, 1901.

Received of H. Williams, Sixty-four Dollars on account.

W. Wood.

2. FORM OF RECEIPT IN FULL.

New York, August 1, 1901.

Received of H. Williams, Two Hundred Dollars in full of all demands to date.

W. Wood.

טעלעגראמען.

פיר געבורטס־טעג.

(טעלעגראמען פון 10 ווערטער.)

ווינשע פיעלע גליקליכע ווידערהאלונגען פון דיזען פייערטאג און א לאנגעס לעבען.

איך ווינש צופריעדענהייט זאל זיין אייער שיקזאל ביז ענדע פון אייער לעבען.

איך ווינש אייך א לאנגעס און גליקליכעס לעבען.

איך ווינש איהר זאלט פייערן דיזען טאג פיר פיעלע יאהרען.

איך ווינש אייערע טעג זאלען פארבייגעהן אהן זארג און ליידען.

איך האף נאך פיעלע מאל אייך אויסצודריקען מיינע גליקווינשע.

איך ווינש איהר זאלט זיין געזונד, צופריעדען און גליקליך אין אייער גאנצען לעבען.

איך ווינש אייך גליק ניט נאר היינט, נאר אלע טאג.

נעהמט אן מיינע הייסע ווינשע פיר אייער גוטע געזונדהייט און גליק.

איך ווינש איהר זאלט דערלעבען צו פייערן אייער הונדערט־יעהריגען געבורטס־טאג.

איך בעדויער וואס איך בין ניטא דערביי; איך האף צו זיין ביי אייער דעבעציגסטען געבורטס־טאג.

TELEGRAMS.

FOR BIRTHDAYS.

(Telegrams of 10 words.)

Many happy returns; may your life be a long one.

May contentment be your portion to end of your days.

I wish that your life may be long and happy.

May you celebrate this day for many years to come.

May your days glide away free from care and troubles.

Hope still many times to express to you my congratulations.

May you enjoy health, contentment, and happines all your life.

Wish you happiness not only to-day, but all the days.

Accept my fervent wishes for your good health and happiness.

May you live long enough to celebrate your hundredth birthday.

Deplore absence; hope to see you at your seventieth birth-day.

(טעלעגראמען פון 15 ווערטער.)

איך גיב אייך מיינע הערצליכסטע גליק־ווינשע. איך ווינש אייך פיעלע גליקליכע וויעדערהאלונגען פון דיזען טאג. מיין גרוס צו אלע פריינד, וועלכע זיינען אנוועזענד.

אין מיטען פון אייער שמחה זאלט איהר ניט פערגעסען אייער פריינד, וועלכער ווינשט אייך א לאנגעס און גליקליכעס לעבען.

איך ווינש אייך א לאנגעס און גליקליכעס לעבען. איך האף נאך פיעלע מאל איך אויסצודריקען מיינע גליק־ווינשע.

נעהמט אן דיא הייסע ווינשע פון מיר און פון מיין פאמיליע פיר אייער לאנגעס לעבען און גליק.

ווען אויך איך בין פערזענליך ניטא ביי דער שמחה, בין איך אבער גייסטיג אנוועזענד, און איך פיהל אזוי וויא איך וואלט פייערן דיא געלעגענהייט מיט אייך צוזאמען.

איינלאדונג ערהאלטען. עס טהוט מיר לייד וואס איך קען ניט זיין דערביי. נעהמט אן מיינע הערצליכסטע גליק־ווינשע. איך טרינק פיר אייער געזונדהייט היינט ביי נאכט.

איך ווינש אייער יעצטיגער יום־טוב זאל זיין דער אנפאנג פון א לאנגער רייהע פון פריידען. א גוטע נאכט.

איך ווינש הלואי וואלט איך זיין אויף אייער שמחה: איך וואלט אויס־לידינען אלע פלעשער פיר אייער געזונדהייט.

(Telegrams of 15 words.)

Extend to you heartiest congratulations. Wish you many happy returns. My respects to friends present.

———

Amid your joys forget not your friend who wishes you a long and happy life.

———

Wish you long prosperous life. Hope still many times to express to you my congratulations.

———

Accept the fervent wishes of my family and myself for your long life and happiness.

———

Though personally absent, am spiritually present, and 1 feel celebrating the occasion with you together.

———

Invitation received. Sorry cannot be present. Accept my heartiest congratulations. I drink your health to-night.

———

May your present celebration be the beginning of a long row of joys. Good night.

———

I wish I were present at your celebration : would empty all bottles for your health.

———

פיר חתונות.

(טעלעגראַמען פֿון 10 ווערטער.)

נעהמט אָן מיינע הערצליכסטע גליק-ווינשע. הלוואי זאָל אייך גליקען אין אייער נייען לעבען.

איך ווינש אייער נייעס לעבען זאָל זיין דער אָנפֿאַנג פֿון גרויסען גליק.

איך ווינש אייער פֿעראיינינונג זאָל אימער ווערען בעגלייטעט מיט מעהר גליק.

נעהמט אָן מיינע הערצליכע גראַטולאַציאָנען און ווינשע פֿיר אייער גליק. גרוס צו דיא נעסטע.

איך ווינש דער וועג פֿון אייער נייען לעבען זאָל זיין אויסגעשפרייט מיט שעהנע בלומען.

איך ווינש איהר ביידע זאָלט לעבען גליקליך און קיינמאָל ניט פֿערגעסען אָן אייערע פֿריינד.

איך ווינש, אז גליק זאָל זיין דער טהייל פֿון אייער נייען לעבען.

איך ווינש יעדעס יאָהר פֿון אייער פֿערהייראַטהעטהעטען לעבען זאָל אַלץ ווערען רייכער אין גליק.

איך ווינש אייער בונד זאָל דויערן ביז צו ענדע פֿון אייערע טעג.

איך ווינש קיין זאַך זאָל ניט פֿערשטערען דאָס לעבען, אין וועלכעס איהר האָט נאָר וואָס הערייננעטראָטען.

FOR MARRIAGES.

(Telegrams of 10 words.)

Accept heartiest congratulations. May you prosper in your new life.

May your new life be the beginning of extreme happiness.

May your union be attended with ever increasing love and happiness.

Accept hearty congratulations and wishes of happiness. Salute to guests.

May your new life's path be strewn with gay flowers.

May you both live happily and never forget your friends.

I wish that happiness may be your new life's lot.

May every year of your married life increase in happiness.

May your union last to the end of your days.

Let nothing mar the life you have just entered upon.

פערצייכניס

פון ענגלישע ווערטער, וועלכע יידען פערגרייזען אין רעדען, און די אנגעבונג פון דער ריכטיגער אויסשפּראַכע.

גרייזיג.	ריכטיג.	די פערטייטשונג.
א גלאָק,	אָ' קלאָק,	א זייגער.
אטאַטשמענט,	עטטעטש'מענט,	בעשלאַג, אַרעסט.
אָלעוויטער,	ע'לעוויטער ראָוד,	די האָכבאַהן.
אָמברעלער,	אָמברעל'לע,	א רעגענשירם.
אנסאָלטעד,	אינסאָל'טעד,	בעליידיגט.
אספּאָז,	אַי סאָפּפּאָוז,	איך גלויב.
אפּאָדער,	עפּפּאָרד',	זיין אין שטאַנד, פערשאַפּען.
אפּאָדערן,	עפּפּאָרדערן,	
אָפּקאָס,	אָוו קאָורס,	נאַטירליך, געוויס.
אפּרייטער,	אָ'פּעריי טאָר,	א שטעפער.
א קערעץ,	א קערעט,	א קאַראַט (4 גראַן).
אָראַיט,	אָ"ל ראַיט,	גאַנץ גוט.
בּאָיערי,	באָרערי,	די באָוערי (א גאַס).
בּיינק,	בענק,	א באַנק (פון געלד).
בייסמאַן,	בּייס'מענט,	א סקליעפּ.
בילדונג,	בּיל'דינג,	א געביידע.
גאַטע,	גאַר'טער,	א פּאָדעסקע.
גראָדע היר!	געט אוט אָוו היר!	אוועג (אָד. ארויס פון דאַנען)!
דאַן טאַן,	דאַון טאַון,	אין אונטערן טייל פון שטאָדט.
דיינק יו,	טהענק יו,	איך דאַנק אייך.

גרייזיג.	ריכטיג.	די פערטייטשונג.
דזשאַירזשע, דזשאַיזשע,	דזשאַיר'זי־,	א טריקאַ־יאַק.
דיפּל,	די'פּאָו,	א וואָקזאַל.
דיפערענץ,	דיפ'פערענס,	אַן אונטערשייד.
דיפערענץ טינג,	דיפ'פערענט טהינג,	אַן אַנדער זאַך.
דראַז,	דראָ־ערז,	אונטער־הויזען.
דרוגיס,	דראָג'גיסט,	אַן אַפּאָטהעקער.
דרעקסעל,	דירעק'שאָן,	אַן אַדרעס.
האָל אָן !	האָולד אָן !	האַלט ! וואַרט !
האַ מאָטש ?	האַו מאָטש ?	וויא פיעל ?
האַר יאָפּ,	האַר'רי אַפּ,	גיך, איילט אייך.
הענקעטשע,	הענ'קערטשי־ף,	א טיכעל, א טאַשענ־טיכעל.
וָאוט,	וואָוט,	א שטימע.
וואַיסטער,	וואַירס,	ערגער.
וואַנסט,	וואָנס,	איין מאָל, א מאָל.
ויסברום,	הוויסק ברו־ם,	א וויש־בעזימעל.
ויסקעס,	הוויס'קערז,	באַקענבאַרדען.
טוואַיסט,	טוואַיס,	צוויי מאָל.
טעמפערענץ,	טעמ'פערענס,	איינגעהאַלטענקייט פון טרינקען.
טרימונג,	טרימ'מינג,	בעפּוצונג, בעזאַץ.
טשאַינע,	טשאַי'נעמען,	א כינעזער.
טשאַנזש, טשאַנדזש,	טשענס,	א צופאַל, א געלעגענהייט, א מעגליכקייט.
טשענזש,	טשיינדזש,	קליינגעלד.
טשעק הענדס,	שייק הענדז,	גיב דיא האַנד.
לאַנטש,	לאָונדזש,	א קאַנאַפּע.
לודלאָוו סטרים,	לאָרל'אָו סטריט,	לאָרלאָו גאַס.

גרייזיג.	ריכטיג.	דיא פערטייטשונג.
לייסטענס,	לאַי'סענס,	אַן ערלויבניס.
ליסט,	ליס,	קאָנטראַקט אויף א הויז.
לענדלער,	לענד'לאָרד,	אַן אייגענטהימער פון א הויז.
מאָנוטש,	מאָר'גיידזש,	א פאַנד, א משכון.
מעדער,	מעט'טער,	זאַך.
מאַטש,	מאַרטש,	א מאַרש.
מאַטשען,	מאַרטשען,	מאַרשירען, געהן.
מאָטשענטיילאָר,	מאָיר'טשענט טיילאָר,	א האנדעלס שניידער.
מאָנראָל סטריט,	מאָנ'ראָו סטריט,	מאָנראָו גאַס.
מאָסטעט,	מאָס'טאַרד,	זענעפט.
מופען,	מו'ווען,	ציעהען.
מע'דיצין,	מעדיסין,	מעדיצין, רפואות.
מעדיצין סטריט,	מע'דיסאָן סטריט,	מעדיסאן גאַס.
נאָ יוסט,	נאָז יוס,	קיין נוץ, עס נוצט ניט.
נעווער מאַי, / נעווער מאַין,	נע'ווער מאַינד,	עס מאַכט ניט אויס.
סאַראַן,	סיט דאַון,	זעצט אייך אַוועג.
סאָיט,	סאַוטה,	זיד, דרום זייט,
סאָסע,	סאָ'סער,	א ספאָדקע, א טאַסע.
סוספענדעס,	סאָספענ'דערז,	שלייקעס, הויזענ־בענדער.
סיזעס,	סיז'זאָרז,	א שער.
סיטיזנער,	סי'טיזן,	א בירגער.
סמוק ביף,	סמאָוקד ביף,	געררייכערטעס פלייש.
סמוקען,	סמאָוקען,	רויכען.
ספאָנדזשקע,	ספאָנדזש־קייק,	טאָרט.
סקרול,	סקרו־	א שרויף.
סקרול־דראַיווער,	סקרו־ דריי'ווער,	א שרויפענ־ציהער.

[illegible]ייזיג.	ריכטיג.	דיא פערטייטשונג.
ענדאָסטען,	ענדאָרסען,	מאכען אַן איבערשריפט.
ענוועלאָק,	ענ'ווילאָופ,	א קאָנווערט.
עני האָל,	ע'ני האָו,	סיי וויא סיי.
עסיק סטריט,	עס'סעקס סטריט	עססעקס גאַס.
עקסטרעסאיז,	עק'סערסאיז,	איבונג, בעוועגונג.
פּאָידער,	פּאַו'דער,	שטויב, א פּולווערל.
פּאָין,	פּאָ'ן,	א משכון, א פֿאַנד.
פּאָי-טיקעט,	פּאָ-נ'-טיק'קעט,	א בילעט פון א פֿאַנד-הויז.
פּאָין-שאָפּ,	פּאָ-נ'-שאָפּ,	א פּאַנד-הייז.
פּאָליצמאַן,	פּאָליסמען,	א פּאָליציסט.
פּאָליטישענער,	פּאָליטיישען,	א פּאָליטיקער.
פּאַלע,	פּאַר'לאָר,	א זאַל.
פּאַרטיקעלע,	פּאַרטי'קיולער.	געניי, פּינקטליך.
פּאָרניטשע,	פּאָיר'ניטשור,	מעבעל.
פּיינטנער,	פּיינ'טער,	א מאלער.
פּינאַנע,	בענענ'ע,	דיא באַנאנאַ, (א מין פרוכט.)
פּינדישען,	פּינישען,	פערענדיגען.
פּינדישער,	פּי'נישער,	א פערענדיגער, א פערענדיגערין.
פּיקטשע,	פּיק'טשור,	א בילד.
פּערלען,	פּעד'לען,	הויזירען.
פּערלער,	פּעד'לער,	א הויזירער.
פּערפּאינען,	פּערפּאָ'נען,	פּערזעצען.
פּראָפּעטע,	פּראָ'פּערטי,	אייגענטהום, פּערמעגען.
פּריטיקעלע,	פּאַרטי'קיולער,	געניי, פּינקטליך.
צאָמים,	סאָמ'מאָנז,	דיא לאַדונג פאר געריכט.
צאָמיסן,	סאָממאָנען,	לאַדען פאר געריכט
ציזן,	סי'-זן,	דיא צייט, דיא יאהרעס צייט.

גרייזיג.	ריכטיג.	די פערטייטשונג.
צינגלמאן,	סינגל׳מען,	אן אונפערהייראטעטער.
צעטלען,	סעטלען,	בעצאהלען, אבמאכען.
קאסטימער,	קאס׳טאמער,	א קונד.
קאפע,	קאפ,	א טאסע.
קאפעטנער,	קאר׳פענטער,	א טשעשליער, א סטאליער.
רעגעלע,	רע׳גיולער,	רעגעלמעסיג.
רעמליעט,	רעמ׳נענט,	א רעסטקע, אן איבעררעסט.
רענד,	רענט,	דירה־געלד.
רענדען,	רענטען,	דינגען.
שאין,	סאין,	א שילד (פון א געשעפט).
שייף,	שייוו,	דיא ראזירונג.
שייפען,	שייווען,	ראזירען.
שאראפ!	שאט אפ!	שטיל! האלט מויל!
שימע,	שעמיז,	א פרויענ־העמד.

ווערטער וואס ווערען געברויכט ניט אין זייער ריכטיגער בעדייטונג:

פיידע (pay-day),	צאהל־טאג	אנשטאט	ווידזשעס, געצאהלט.
פיקל (pickle),	א זויערע אוגערקע,	„	קיו׳קאמבאר א זיסע אוגערקע.
רעווערענד (reverend)	עהרווירדיג (א טיטעל)	„	קלער׳דזשימען א גייסטליכער.
פראפעטע (property)	אייגענטהום	„	האוס א הויז.

יידישע נעמען אין ענגליש.

א פערצייכניס פון יידישע נעמען איבערגעלעגט אויף ענגליש.

1) נעמען פון מאַנסלייט.

יידיש.	ענגליש.	אויסשפּראַכע.
אבא	Abraham (Abe)	איי'ברעהעם (אייב).
אבנר	Abner	עב·נער.
אברהם	Abraham (Abe)	איי'ברעהעם (אייב).
אהרן	Aaron	איי'ראָן.
אוריאל	Uriel	יו'ריעל.
אוריה	Uriah	יוראַי'אַ.
אידעל	Judah	דזשו'דאַ.
אייזיק	Isaac	אַי'זעק.
איסר	Israel	איז'רייעל.
אלחנן	Elhanan	עלהיי'נען.
אליה	Eliah, Elijah	אילאַי'אַ, אילאַי'דזשאַ
אליהו		
אלימלך	Elimelech	אילי'מילעק
אליעזר	Eliezer	אילאַיאי'זער.
אליקים	Eliakim	אילאַי'עקים.
אלכסנדר	Alexander	עליגזענ'דער.
אנשעל	Anselm	ענ'סעלם.
אפרים	Ephraim	אי'פרייאים.
אריה	Leon	לי'אָן.
אריה־לייב		
אשר	Asher	אַ'שער.
בּיינעש	Benedict	בע'נידיקט.
ביינוש		

יודיש.	ענגליש.	אויסשפּראַכע
בנימין	Benjamin	בענ׳דזשעמין.
בנ־ציון	Ben-Sion	בענ־סאַי׳אָן.
בענדעט	Benedict	בע׳נעדיקט.
בער	Bear	פּע־ר.
בצלאל	Bezaleel	בּ־זעלי׳על.
ברוך	Baruch אָר. Benedict	באראָק אָר. בע׳נעדיקט.
גאָטליב	Gottlieb אָר. Theophilus	גאָט׳לי־ב אָר. טהיאָ׳פילאָס.
גבריאל	Gabriel	גיי׳בריעל.
גד	Gad	גאָד.
גדליה	Gedaliah	געדעלאַי׳אַ.
גוטמאַן גוטעל	Gutmann אָר. Goodman	גוט׳מאַן אָר. גוד׳מען.
גימפּעל	Gimpel	גימפּל.
גמליאל	Gamaliel	געמיי׳ליעל.
געצעל	Goetzel	געט־צעל.
גרונם	Gronam	גראָו׳נעם.
גרשון	Gershon	גאָיר׳שאָן.
דוב דוב־בער	Bear	בּערר.
דוד	David	דיי׳וויד.
דן	Dan	דען.
דניאל	Daniel	דיי׳ניעל.
הלל	Hillel	היל׳לעל.
הענאך	Enoch	אי׳נאָק.
הערץ	Herz	הערץ.
העשעל	Heshel	הע׳שעל.

אויסשפראכע.	ענגליש.	יידיש.
וואולף.	Wolf	וואָלף
וואולף.	Wolf	זאב זאב־וואָלף
זעוול.	Zavel	זאוועל
זענוועל.	Zanvel	זאַנוועל
זע׳ביולאָן.	Zebulon	זבולון
סי־נדל, זאָנדל.	Soehndel, Zundel	זונדעל
סיס׳מען.	Zuessmann	זוסמאַן
סאַי׳מאָן.	Simon	זימעל
סי־ס׳קינד.	Suesskind	זיסקינד
זעקעראַי׳אַ.	Zechariah	זכריה
סי־׳ליג.	Seelig	זעליג
זיי׳ראַ.	Zarah	זרח
הייאים, וואַיטע׳ליס.	Hayim .אָד Vitalis	חיים
אי׳נאָק.	Enoch	חנוך
היי׳נען.	Hanan	חנן
איזי׳קיעל.	Ezekiel	חצקאל
טאָובאַי״אַ, טאָובאַי׳עס.	Tobiah .אָד Tobias	טוביה
טהי׳אָודאָור.	Theodore	טודרוס
טראַיטל.	Tritle	טרייטעל
דזשו׳דאַ, לי׳אָן.	Judah .אָד Leon	יהודה
לי׳אָן.	Leon	יהודה־לייב
דזשאָ׳שוא.	Joshua	יהושע
דזשאָו׳על.	Joel	יואל
דזשאָהן.	John	יוחנן
יאָם-טאָב.	Yom-Tob	יום־טוב

יודיש.	ענגליש.	אויסשפראכע.
יונה	Jonah .אָד Jonas	דזשאָו'נא, דזשאָו'נעס.
יונתן	Jonathan .אָד Theodore	דזשאָו'נעטהען, טהי'אָדאָר.
יוסף	Joseph (Joe)	דזשאָו'זעף, (דזשאָו).
יחזקאל	Ezekiel	איזי'קיעל.
יחיאל	Jehiel	דזשיהאי'על.
יעקב	Jacob, James	דזשיי'קאָב, דזשיימז.
יצחק יצחק־אייזיק	Isaac (Ike)	איי'זעק, (איק).
ירוחם	Jeroham	דזשע'ראָוהעם.
ירחמיאל	Jerahmiel	דזשערא'מיעל.
ירמיה	Jeremiah	דזשערעמאי'א.
ישעיה	Isiah	איסיי'א.
ישראל	Israel	איז'רייעל.
כלב	Caleb	קיי'לעב.
כתריאל	Cathriel	קעטה'ריעל.
לוי	Levi	לי'ווי.
ליבערמאַן	Libermann	לי־ב'ערמאַן.
לייזער	Eleazer .אָד Lazarus	איליאיי'זער, לא'זעראָס.
ליפּמאַן	Liebmann	לי־פּ'מען.
לעמעל	Laemmel	לעמ'מעל.
מאנע	Menahem	מע'נעהעם.
מיכאל	Michael	מאי'קייעל, מאי'קעל.
מיכל	Michel	מאי'קעל.
מנחם־מאַן מנחם־מאנע מנחם־מענדעל	Menahem	מע'נעהעם.

אויסשפּראַכע.	ענגליש.	יידיש.
מענעסי'עס, מענעס'סע.	Manasseas, Manasseh	מנשה
מע'נעהעם.	Menahem	מענדעל
מאָו'זעס (מאָו'זי, מאָו).	Moses (Mosie, Moe)	משה
מישאָ'לעם.	Meshulam	משולם
מעטטעטהאַי'עס, מעטטיו.	Mattathias .אָד Matthew	מתתיה
ניי'טהען, טהי'אָדאָר.	Nathan .אָד Theodore	נאָטע
נאָו'אַ.	Noah	נח
ניי'האָם.	Nahum	נחום
ניהימאַי'אַ, ניהימאַי'אָס.	Nehemiah, Nehemias	נחמיה
נאַ'מען.	Nahman	נחמן
נייטהען, טהי'אָדאָר.	Nathan, Theodore	נטע
נאַי'סען.	Nisan	ניסן
נעפּ'טהיילי.	Naphthali	נפתלי
ניי'טהען, טהי'אָדאָר.	Nathan, Theodore	נתן / נתן־נטע
עלעגזענ'דער, סענ'דער.	Alexander, Sander	סענדער
אָבאַדאַי'אַ.	Obadiah	עובדיה
אָו'זער.	Ozer	עוזר
עז'רא.	Ezra	עזרא
עז'ריעל.	Azriel	עזריאל
פּי'בּאָס, לוישען.	Phoebus, Lucian	פייבוש
פי'שעל.	Fishel	פישעל
פּעל'טיעל.	Paltiel	פלטיאל
פּי'ניהעס.	Phinehas	פנחס
פּעס'סאַ.	Pessah	פסח
פּי'רעז.	Perez	פרץ

יודיש.	ענגליש.	אויסשפּראַכע.
פּתחיה	Pethahiah	פּעטהאַהאַי'אַ.
צבי	Zebi, Hirsh	זי'בי, האירש.
צבי־הירש	Zebi-Hirsh	זי'בי־האירש.
צדוק	Zadok	זיי'דאַק.
צמח	Semach	סע'מעק.
קאָפּעל	Koppel	קאָפּ'פּעל.
קלונימוס	Kalonymos	קעלאָ'נימאָס.
קלמן	Clement	קלע'מענט.
ראובן	Reuben	רו'בען.
רפאל	Raphael	ריי'פיעל.
שבח	Shebah	שע'באַה.
שבתי	Sabbathai	סעב'פּעטהיי.
שיימע	Sheima	שי־'מע.
שכנא	Shakhna	שעכ'נע.
שלום	Shalom, Wilfred	שיי'לאָם, וויל'פריער.
שלמה	Solomon	סאָ'לאָמאָן.
שלמה־זלמן	Solomon	סאָ'לאָמאָן.
שמואל	Samuel (Sam)	סע'מיועל (סעם).
שמחה	Simhah, Simon	סימ'האַ, סאַי'מאָן.
שמעון	Simeon, Simon	סי'מיאָן, סאַי'מאָן.
שמעיה	Shemaiah	שעמאַי'אַ.
שמריה	Shemariah	שעמעראַי'אַ.
שמשון	Samson	סעמ'סאָן.
שניאור	Senior	סי'ניאָר.
שעפטעל	Sheftel	שעפּ'טעל.

אויסשפּראַכע.	ענגליש.	יידיש.
שעריי'גע, פּי־באַס	Sheraga, Phoebus	שרגא
שעריי'גע־פּי־באַס.	Sheraga-Phoebus	שרגא־פייבוש
טענ'האַם.	Tanhum	תנחום

2) נעמען פון פרויענצימער.

עליס, קע'ראָולאַין, אַדעלל.	Alice, Caroline, Adelle	איידלע
הענריעט'טע.	Henrietta	איידלע
אַי'דע.	Ida	איטא
עס'נאַ.	Asnah	אסנה
עס'טער.	Esther	אסתר
ביע'לע, בלאַנש.	Byela, Blanche	בּיילע
פּליום, פלאָו'רע.	Blume, Flora	בלומע
בּיריי'קע, בּענידיק'טע.	Beracha, Benedicta	ברכה
ביטהאַי'אַ.	Bithiah	בתיה
גאָול'די, אָ־ריי'ליא.	Golde, Aurelia	גאָלדע
באָו'נע, ע'געטהע.	Bona, Agatha	גוטע
באָו'נע, ע'געטהע.	Bona, Agatha	גיטע
דאָ'ברע, באָו'נע, ע'געטהע.	Dobra, Bona, Agatha	דאָברע
דע'בּאָורא.	Deborah	דבורה
דיו'שע.	Dusha	דושע
דאַי'נאַ.	Dinah	דינה
הינ'די.	Hinde	הינדע
ענ'נע (ענ'ני).	Anna (Annie)	חענע

יידיש.	ענגליש.	אויסשפראכע.
זיסיע	Suesse	זיוס׳סי.
זלאטע	Zlata, Aurelia	זליי׳טע, אָ־רי׳ליע.
זעלדע	Zelta	זעל׳טע.
חוה	Eva, Eve	אי׳ווע, איוו.
חיה	Hiah, Vivien, Livia	האַ׳יאַ, וויווּיען, לי׳וויע.
חיענע	Gianetta, Julia	דזשיאַנעט׳טע, דזשו׳ליע.
חנה	Anna, Grace	ענ׳נע, גרייס.
טאָלצע	Tolza	טאָל׳צע.
טויבע	Taube	טאָ־׳פי.
טילע	Tillie	טיל׳לי.
טעמע	Temma	טעמ׳מאָ.
טריינע	Treune, Adriana	טרו־׳ני, עדריענע.
טשעסנע	Felicia	פילי׳שיע.
יהודית	Judith	דזשו׳דיטה.
יוכבד	Jochebed	דזשאָ׳קיבעד.
לאה	Leah	לי׳אָ.
ליבע	Liebe, Amy, Jasmine	לי־׳בי, איימי, דזשעס׳מין.
מאריאשע	Marianna	מאַריענ׳נע.
מאשע	Masha	מע׳שע.
מושע	Musha	מיו׳שע.
מינע	Minna, Minnie	מינ׳נע, מינ׳ני.
מירע	Myra, Mary	מאַי׳רע, מע־׳רי.
מיכלע	Michla	מיק׳לע.
מלכה	Malcah	מעל׳קאָ.

יידיש.	ענגליש.	אויסשפּראַכע.
מערע	Mary	מע־'רי.
מרים	Miriam, Mary	מיר'יעם, מע־'רי.
נחמה	Nehamah	ניהיי'טאַ.
נעכע	Nekha	ני'כע.
נעמי	Naomi	ניי'אָומי.
סוליע	Sulia	סיו'ליע.
סטירע	Stira, Aurora	סטי'רע, אָ־ראָו'רע.
סלאָווע	Slova	סלאָו'ווע.
עטע	Etta, Henrietta	עט'טע, חענריעט'טע.
פּאיע	Paya	פּיי'ע.
פוינע	Vogel	וואָו'געל.
פינקעל	Finkel	פינ'קעל.
פּעסיע	Pessie	פּעס'סי.
פּערלע	Pearl, Margaret	פּאָירל, מאַר'גערעט.
פריידע	Freude, Elsie, Felicite	פרוי'די, על'סי, פילי'סיט.
צערטעל	Zertel, Caroline	זאָיר'טעל, קע'ראָולאַין.
צביה	Zebiah	זי־באַי'אַ.
ציפּע	Zipporah	זיפּפּאָו'ראַ.
צירע	Zierde	זי־ר'די.
צפּורה	Zipporah	זיפּפּאָו'ראַ.
קוניע	Cunie	קיו'ני.
קיילע	Calie	קיי'לי.
ראשע	Rose (Rosie)	ראָוז (ראָו'זי.)

יודיש.	ענגליש.	אויסשפּראַכע.
רבקה	Rebecca	ריבעק'קע.
רויזע	Rose (Rosie)	ראָוז, (ראָו'זי).
רחל	Rachel	ריי'טשעל.
רייכע	Frederica	פרידעראי'קע.
ריינע	Reine, Catharine	ראי'נע, קע'טהערין.
רייצע	Reize, Julia	ראי'זי, דזשוליע.
שׂאָשע	Zosia	זאָו'זשע.
שיינע	Adelle, Bella	אדעל', בעל'לע.
שימע	Shimme	שימ'מי.
שרה	Sarah	סע'רא.
תּמר	Tamar	טיי'מאַר.
תמרה (טאמארע)	Tamar	טיי'מאַר.

וויכטיגע ידיעות

פון פּאָסט, האַנדעל, באַהנען או. אז. וו.

יונאַיטעד סטייטס פּאָסט.

(United States Mail.)

איינטהיילונג פון פּאָסט זאכען.

פּאָסט־זאכען ווערען אין דער יונאַיטעד סטייטס **פּאָסט** איינגעטהיילט **אין פיער** קלאַסען: ערסטע, צווייטע, דריטע און פערטע.

ערסטע קלאַסע (*First Class*)—צו דיזער קלאַסע געהערען בריעף, פּאָסט־קאַרטען און זאכען, וועלכע זיינען אין גאַנצען אָדער טהיילוויז געשריעבען, סיי צר געמאַכט פיי אָפּען (אויסער מאַנוסקריפּט פון א פּערפּאַסונג, וועלכעס געהט צוזאַמען מיט געדרוקטע פּראָבע־בויגענס דערפון), און אַלע זאכען, וועלכע ווערען געשיקט פערזיעגעלט אָדער צוגעמאַכט אַזוי, דאַס מען קען זיי ניט עפנען. דאָס **פּאָסט**־געלד פיר דיזע אַלע זאכען איז 2 סענט פער אונץ אָדער פיר א טהייל פון אַן אונץ. פּאָסט־קאַרטען קאָסטען צו 1 סענט א שטיק. פיר שטאָדט־בריעף איז דאס פּאָסט־געלד 2 סענטס אין ערטער, וואו עס זיינען דאָ בריעף־טרעגער, און בלויז 1 סענט, וואו עס זיינען קיין בריעף־טרעגער ניטאָ. ווען מען וויל דאס א בריעף זאָל איבער־געגעבען ווערען גלייך, וויא ער קומט אָן אויפ'ן אָרט, דאַרף מען אויסער דער גע־וועהנליכער פּאָסט־מאַרקע הערויפלעגען נאָך א געוויסע 10־סענטיגע מאַרקע, וועלכע איז בעשטימט פיר אזעלכע פעלע. אזעלכע בריעף הייסען „ספּעשיאַל דיליווערי לעטטערז" (*Special Delivery Letters*) און דיא מאַרקעס, וועלכע זיינען בעשטימט פיר אזעלכע בריעף, הייסען „ספּעשיאַל דיליווערי סטאַמפּס" (*Special Delivery Stamps*).

צווייטע קלאַסע (*Second Class*) — צו דיזער קלאַסע געהערען צייטונגען און צייט־שריפטען, וועלכע ווערען הערויסגעגעבען צו בעשטימטע צייטען, ווער־

ניגסטענס פיער מאָל א יאָהר; וועלכע טראָגען דיא דאטע, ווען זיי ווערען הע־רויסגעגעבען, וויא אויך א לויפענדע נומער, און וועלכע ווערען הערויסגעגעבען פון א בעשטימטען אָפפיס און בעשטעהען פון געדרוקטע בויגענס אָהן טאָוולען. אזעלכע צייט־שריפטען דארפען ווערען הערויסגעגעבען מיט דעם צוועק צו פערברייטען זאַ־כען, וואָס האָבען א בעדייטונג פיר דאס פאלק, זיך אבגעבען מיט ליטעראַטור, וויסענשאַפט, קונסט אָדער כפעציעלע פאכען. זיי דארפען האָבען א ליסטע פון אבאָנענטען (סאָבסקראַיבערס) און זייער הויפט צוועק דארף נים זיין צו אַנאָנסי־רען (אדווערטאיזען) א געוויסעס געשעפט. דאס פאָסט־געלד פיר הערויסגעבער און צייטונגס־אגענטורען איז 1 סענט פער פונט אָדער פיר א טהייל פון א פונט; פיר אַנדערע פערזאָנען איז דאס פאָסט־געלד 1 סענט פיר יעדע 4 אונצען אָדער א טהייל דערפון.

דריטע קלאסע (*Third Class*)—צו דיזער קלאסע געהערען ביכער, צייט־שריפטען און אַנדערע געדרוקטע זאכען (וועלכע געהערען נים צו דער צווייטער קלאסע), געדרוקטע פראָבע־בויגענס צום קאָררעגירען (מניה זיין), קאָררעגירטע דרוק־בויגענס און מאַנוסקריפט־קאָפיע, וואָס ווערט געשיקט צוזאמען מיט דעם. דאס פאָסט־געלד דאפיר איז 1 סענט פיר יעדע 2 אונצען אָדער פיר א טהייל דערפון.

פערטע קלאסע (*Fourth Class*) — צו דיזער קלאסע געהערען וואארען, געמליך, אַלע זאכען, וועלכע געהערען נים צו דיא אַנדערע דריי קלאסען און וועלכע זיינען נים שעדליך פיר דיא פאָסט־זעק אָדער פיר דיא פאָסט־לייט און ווענען נים מעהר וויא דאס פאָסט־געזעץ פאָדערט. דאס פאָסט־געלד פיר אזעלכע אַרטיקלען איז 1 סענט פיר יעדע אונץ אָדער פיר א טהייל פון אַן אונץ, מיט אויסנאהמע פון זאמען־קערנער, וואָרצלען, צוויגלאך און פלאנצען, פיר וועלכע דאס פאָסט־געלד איז 1 סענט פיר יעדע 2 אונצען אָדער פיר א טהייל דערפון.

דאָס געוויכט פון פאָסט־זאכען.

א פאקעט, וואָס ווערט געשיקט פער פאָסט, דארף נים ווענען מעהר אַלס 4 פונט, סיידען אַן איינצעלנעס בוך, וואָס ווענט מעהר. פאָסט זאכען, וועלכע געהערען צו דער צווייטער קלאסע, מאכען אַן אויסנאהמע — זיי מעגען ווענען וויא פיעל עס איז.

דיא צאָהלונג פון פּאָסט־געלד.

אויף ערסטע קלאַסע פּאָסט־זאַכען דארף דאָס פּאָסט־געלד בעצאָהלט ווערען אין גאַנצען פאָראוים; אָבער, ווען עס ווערט אַנגעקלעבט א 2־סענטיגע מארקע, נעהמט דיא פּאָסט־זאַך אוועג, ווען אויך זיא זאָל וועגען מעהר אַלס אַן אונץ; דאָס איבריגע פּאָסט־געלד ווערט איינגעמאָהנט פון דער פּערזאָן, צו וועלכער דאָס ווערט געשיקט.

אויף צווייטע קלאַסע פּאָסט זאַכען דארף יעדער דאָס פּאָסט־געלד איינצאָהלען פאָראויס אין גאַנצען; אויסער הערויסגעבער (פּאַבלישערס) אָדער פּערזאָנען, וואָס האָבען אַנגענומען פון צייטונגען אָדער צייט־שריפטען.

אויף דריטע קלאַסע פּאָסט־זאַכען דארף יעדער, אָהן אויסנאַהמע, בעצאָהלען דאָס גאַנצע פּאָסט־געלד פאָראויס.

אויף פערטע קלאַסע פּאָסט־זאַכען דארף דאָס פּאָסט־געלד עבענפאַלס בעצאָהלט ווערען אין גאַנצען פאָראויס.

וואָס עס איז ערלויבט צו שרייבען אָדער דרוקען אויף פּאָסט־זאַכען.

אויף ערסטע קלאַסע פּאָסט־זאַכען—דעם אבזענדער'ס נאָמען און אדרעסע מיט דעם וואָרט *"from"* (פון) אויפ'ן קאָנווערט. אויף פּאָסט־קאַרטען דארף אויף דער זייט פון דער אדרעסע קיין זאַך ניט געשריעבען ווערען אויסער דיא אדרעסע פון דיא פּערזאָנען, צו וועלכע זייא ווערען געשיקט.

אויף צווייטע קלאַסע פּאָסט־זאַכען — דעם נאָמען און דיא אדרעסע פון דיא פּערזאָנען, צו וועלכע זייא ווערען געשיקט; דיא נומערן, וועלכע ווייזען וואו דיא זאַכען זיינען הערייננעטראָגען אין דיא סובסקריפּציאָנס־ביכער; דעם געדרוקטען טיטעל פון א צייט־שריפט; ווערטער אָדער ציפער (אָדער ביידע זאַכען), וועלכע ווייזען אָן דיא צייט, ווען דיא סובסקריפּציאָן לויפט אָב; דיא ווערטער *"Sample copy"* (פּראָבע נומער); דיא צאָהל פון עקזעמפּלאַרען, וועלכע ליעגען אין פּאַקעט; א פערצייכנים פון דרוק־פעהלער; א צייכען (מיט טינט אדער בליישטיפט) אויפמערקזאַם צו מאַכען אויף א וויכטיגע שטעלע אין א צייטונג אָדער צייט־שריפט; רעכנונגען, קוויט־צעטלען (ריסיטס) און אָרדערס פיר סובסקריפּציאָנען, וועלכע ענט־

האלטען בלויז דעם נאָמען, דעם אָרט, וואו ריא זאַך ווערט הערויסגעגעבען, דעם סובסקריפּציאָנס־פּרייז און דיא סומע, וועלכע קומט פיר סובסקריפּציאָן.

אויף דריטע קלאַסע פּאָסט־זאכען — דעם אבזענדער'ס נאמען און אַדרעסע מיט דעם וואָרט "from" (פון); צייכענס מיט בליישטיפט אָדער טינט (אָבער ניט מיט ווערטער) אויפמערקזאם צו מאַכען אויף א געוויסע שטעלע אָדער וואָרט; אויסבעסערונג פון דרוק־פעהלער; אויף דיא לעדיגע בלעטער אָדער אויף דיא דעק־לאַך פון א בוך מעג מען אָנשרייבען א ווידמונג (אַן אויפשריפט פון אכטונג אָדער פריינדשאַפט צו א פּערזאָן), אָבער קיין זאַך, וואָס געהערט צו קאָררעספּאָנדענץ. דיא אַדרעסע דאַרף שטעהן פריי און מען דאַרף לאָזען גענוג אָרט פיר מאַרקעס.

פערטע קלאַסע פּאָסט־זאכען — אין פּאָסט־זאכען פון דיזער קלאַסע מעג מען הערייַנלעגען אַלע ארטען זאכען, וואָס געהערען צו דער דריטער קלאַסע. אויף דעם באַנדראָל (ראַפּפער), בעדעק (קאָווער), אַדרעס־צעטעל (טעג, לייבעל) קען מען שרייבען דעם נאמען און דיא אַדרעסע פון דעם אבזענדער מיט דעם וואָרט "from" (פון); געשריעבענע אָדער געדרוקטע צייכענס; בוכשטאַבען אָדער ציפער, וועלכע גיבען א בעשרייבונג פון דיא איינגעשלאָסענע ארטיקלען; יעדע געדרוקטע זאַך, וועלכע געהערט ניט צו פּערזענליכער קאָררעספּאָנדענץ. דיא אַדרעסע דאַרף שטעהן פריי און מען דאַרף לאָזען גענוג אָרט פיר מאַרקעס.

רעגיסטרירונג.

בריעף און אַלע אנדערע פּאָסט־זאכען קענען, פון זיכערקייט וועגען, רעגיסט־רירט (איינגעשריעבען) ווערען. דיא געצאָהלט פיר רעגיסטרירען איז 8 סענט אויסער פּאָסט געלד.

דאָפּעלטע פּאָסט־קאַרטען.

דאָפּעלטע פּאָסט־קארטען (*Postal cards with paid reply*) זיינען 2 פּאָסט־קארטען אין איינעם: איינע פיר דעם אבזענדער, היא אַנדערע—פיר דעם ערהאַל־טער, אָבצורייסען און צו שרייבען אַן אנטוואָרט. דער פּרייז פון א דאָפּעלטער פּאָסט־קארטע איז פיר אינלאַנד 2 סענטס, פיר אויסלאַנד—4 סענטס. מען קען דרוקען איינענע דאָפּעלטע פּאָסט־קארטען, אָבער דאַן איז דאס פּאָסט־געלד וויא פיר בריעף.

פאָסט בריעף־בוינענס (לעטער שיטס).

אונטער דיזען נאָמען פערקויפען דיא פאָסט־אָפּיסעס בריעף־בוינענס, וועלכע ווערען אזוי צוזאמענגעלעגט, דאס מען קען זייא שיקען אָהן קאָנווערטען. דער פּרייז פיר אזעלכע בריעף־בוינענס איז: פיר איינעם—3 סענטס; פיר צוויי—5 סענטס; פיר פינף—12 סענטס; פיר צעהן—23 סענטס; פיר הונדערט—2.30 ד.; פיר טויזענד—23 דאָללאר.

פאָסט־געלד פיר אויסלאַנד.

דאס פאָסט־געלד פיר אלע אנדערע לענדער, וואָס געהערען צום וועלט פאָסט־פעראיין * (אויסער קאנאדא און מעקסיקאָ), איז וויא פאָלגט:

בריעף פער ½ אונץ	5 סענטס.
פאָסט־קארטען	2 "
צייטונגען און אנדערע דרוק־זאכען, יעדע 2 אונצען	1 "
נעשעפטס־פאפּיערען, דאָקומענטען או. אז. וו., און פאקעטען ביז 10 אונצען	5 "
דיטאָ, מעהר אַלס 10 אונצען, פיר יעדע 2 אונצען	1 "
וואארען־פּראָבען, און פאקעטען, ניט איבער 4 אונצען	2 "
דיטאָ, איבער 4 אונצען, פיר יעדע 2 אונצען	1 "
רעגיסטריר־געלד פיר בריעף און אנדערע זאכען	8 "

געוועהנליכע בריעף נאך אנדערע לענדער, וואָס געהערען צום וועלט פאָסט־פעראיין (אויסער קאנאדא און מעקסיקאָ), ווערען אָוועגגעשיקט סיי מען בעצאהלט זייער פּארטאָ, סיי ניט; פיר אלע אנדערע פאָסט־זאכען מוז פּארטאָ בעצאהלט ווערען פאָראויס, ווענינסטענס אטהייל דערפון.

קאנאדא און מעקסיקאָ.

פאָסט־זאכען, וועלכע ווערען אדרעסירט נאך ערטער אין קאנאדא און מעקסיקאָ, זיינען אונטערוואָרפען אונטער דיא זעלביגע רעגלען וויא פאָסט־זאכען, וואָס ווערען געשיקט נאך ערטער אין דיא פעראייניגטע שטאאטען.

---

*) צום וועלט פאָסט־פעראיין געהערען יעצט כמעט אלע ציוויליזירטע לענדער פון דער וועלט.

פּאָסט געלד-אָנווייזונגען.

(Postal Money Orders.)

פאלגענדע זיינען דיא פּרייזען פון אינלענדישע פּאָסט געלד־אָנווייזונגען:

פּאָסט געלד־אָנווייזונגען			ביז	2.50 $	3	סענט.
"	איבער	2.50	ביז	5 $	5	"
"	"	5	"	10	8	"
"	"	10	"	20	10	"
"	"	20	"	30	12	"
"	"	30	"	40	15	"
"	"	40	"	50	18	"
"	"	50	"	60	20	"
"	"	60	"	75	25	"
"	"	75	"	100	30	"

דיא גרעסטע סומע פון אן איינצעלנער פּאָסט געלד־אָנווייזונג איז 100 ד.

פאלגענדע זיינען דיא פּרייזען פון פּאָסט געלד־אָנווייזונגען פיר אויסלאנד:

פיר סומען			ביז	10 $	10	סענט.
"	איבער	10	ביז	20 $	20	"
"	"	20	"	30	30	"
"	"	30	"	40	40	"
"	"	40	"	50	50	"
"	"	50	"	60	60	"
"	"	60	"	70	70	"
"	"	70	"	80	80	"
"	"	80	"	90	90	"
"	"	90	"	100	1.00	ד.

אַמעריקאַנישעס געלד, מאָס און געוויכט.

1. געלד.

10 מיללס (Mills, M.*)	זיינען	1 סענט (Cent, Ct.).
5 סענטס	"	1 ניקעל (Nickel).
10 סענטס	"	1 דאים (Dime, D.).
25 סענטס	"	1 קוואָרטער (Quarter).
10 דאימס	"	1 דאָללאַר (Dollar, $).
10 דאָללאַרס	"	1 איגל (Eagle, E.).
2 איגלס	"	1 דאָבל־איגל (Double-Eagle, D. E.).

אַנמערקונג. מילל (Mill) איז בלויז דער נאָמען פון א צעהנטעל סענט, אָבער אזא מטבע עקסיסטירט נים.— סענטען ווערען געמאכט פון קופער, ניקעלס—פון ניקעל־מעטאל, דאימס—פון זילבער, דאָללארס—פון פאפיער און זילבער, איגלס און דאָבל־איגלס—פון גאָלד.

2. געוויכט.

א) טראָי־געוויכט.

4 גריינס (Grains, gr.)	זיינען	1 קערעט (Carat, Ca.).
6 קערעטס	"	1 פעננִי־וויים (Pennyweight, dwt.).
20 פעננִי־וויימס	"	1 אונס [אונץ] (Ounce, oz.).
12 אונסעס	"	1 פאונד [פונט] (Pound, lb.).

ב) געוועהנליכעס געוויכט.

16 דרעמס (Drams, dr.)	זיינען	1 אונס (Onnce, oz.).
16 אונסעס	"	1 פאונד (Pound, lb.).

*) דיא בוכשטאבען, וואס שטעהען דא ביי דיא ענגלישע ווערטער, זיינען דיא אב־קירצונגען אדער צייכענס, דורך וועלכע דיא געלדען, מאָסען און געוויכטען ווערען אפט בעצייכענט אין רעכנונגען.

25 פאונדס זיינען 1 קוואָרטער (*Quarter, qr.*).

4 קוואָרטערס " 1 האָנדרעד וויט (*Hundredweight, Cwt.*)

20 האָנדרעדווייטס " 1 טאָן (*Ton, T.*).

3. לענג מאָס.

א) איינפאכעס.

12 אינטשעס [צאָל] (*Inches, in.*) זיינען 1 פוס [פוס] (*Foot, ft.*).

3 פוס [פוס] " 1 יארד (*Yard, yd.*).

5½ יארדס " 1 ראָד (*Rod, r.*).

40 ראָדס " 1 פאָירלאָנג (*Furlong, fur.*).

8 פאָירלאָנגס " 1 מאַיל (*Mile, m.*).

3 מאַילס " 1 ליג (*League, l.*)

ב) קוואדראט מאס.

144 קוואדראט אינטשעס (*Square inch.*) זיינען 1 קוואדר. פוס (*Square foot, Sq. f.*).

9 " פוס זיינען 1 קוואדר. יארד (*Square yard, Sq. yd.*).

30¼ " יארדס זיינען 1 קוואדר. ראד (*Square rod, Sq. rd.*).

40 " ראדס זיינען 1 רוד (*Rood, R.*).

4 רודס זיינען 1 אייקער [אקער] (*Acre, A.*).

640 אייקערס זיינען 1 קוואדר. מאיל (*Square mile, Sq. m.*).

4. נאסע־מאָס.

א) פון ביער, מילך או. אז. וו.

4 דזשיללס (*Gills, gi.*) זיינען 1 פאינט (*Pint, pt.*).

2 פאינטס " 1 קווארט (*Quart, qt.*).

4 קוואַרטס	זיינען	1 גאללאָן (Gallon, gal.).
9 גאללאָנס	"	1 פאַירקין (Firkin, fir.).
2 פאַירקינס אָד. 18 גאל.	"	1 קילדערקין (Kilderkin, kil.).
2 קילדערקינס אָד. 36 גאל.	"	1 בארעל (Barrel, bl.).
1½ בארעלס " 54 "	"	1 האגזהעד (Hogshead, hhd.).
2 האגזהעדס	"	1 באַט (Butt, bt.).

ב) וויינ־מאָס.

4 דזשיללס (Gills, gi.)	זיינען	1 פאינט (Pint, pt.).
2 פאינטס	"	1 קוואַרט (Quart, qt.).
4 קוואַרטס	"	1 גאללאָן (Gallon, gal.).
42 גאללאָנס	"	1 טירס (Tierce, tier.).
2 טירסעס אָד. 84 גאל.	"	1 פאַנטשאָן (Puncheon, pun.).
31½ גאללאָנס	"	1 בארעל (Barrel, bl.).
2 בארעלס אָד. 63 גאל.	"	1 האגזהעד (Hogshead, hhd.).
2 האגזהעדס אָד 126 גאל.	"	1 פאיפ (Pipe, P.).
2 פאיפס אָד. 252 גאל.	"	1 טאָן (Tun, T.).

5. טרוקענעם מאָס.

4 דזשיללס (Gells, gi.)	זיינען	1 פאינט (Pint, pt.).
2 פאינטס	"	1 קוואַרט (Quart, qt.).
4 קוואַרטס	"	1 גאללאָן (Gallon, gal.).
2 גאללאָנס אָד. 8 קוואַרטס	"	1 פעק (Peck, pk.).
4 פעקס	"	1 בושעל (Bushel, bu.).
36 בושעלס	"	1 טשאַלדראָן (Chaldron, ch.).

6. פאַפיער־צאָהל.

24 שיטס [בויגענס] (Sheets)	זיינען	1 קוואיר [ליוועך] (Quire).
30 קוואירס	"	1 רים [ריס] (Ream).

2 ריסס	זיינען	1 באַנדל [פעקעל] (*Bundle*).
5 באַנדלס	"	1 בייל [פאַק] (*Bale*).

7. צאָהלען פון וואארע־ארטיקלען.

20 זאכען	זיינען	1 סקאָור (*Score, sc.*).
12 "	"	1 דאָזן [דוצענד] (*Dozen, dz.*).
12 דאָזן	"	1 גראָסס (*Gross, gr.*).
12 גראָסס	"	1 גרייט גראָסס (*Great gross, g. gr.*).

ענגלישעס געלד.

4 פארטהינגס (*Farthings*)	זיינען	1 פעני (*Penny, d.*).
12 פענס (*Pence*)	"	1 שיללינג (*Shillings, s.*)
5 שיללינגס	"	1 קראון (*Crown, cr.*).
20 שיללינגס	"	1 פאונד [פונט] (*Pound, £*). 1 סאָווערין (*Soverrign, sov.*).
21 שיללינגס	"	1 גיניע (*Guinea, gui.*).

אַנמערקונג. פארטהינגס און פענניס זיינען געמאכט פון קופער; שיללינגס און קראַונס — פון זילבער; פאונדס, סאָווערינס און גיניעס — פון גאָלד.

בעפֿעלקערונג פֿון דיא שטאַאַטען און זייערע הויפֿט־שטעדט.

שטאַאטס.	בעפֿעלקערונג.	הויפֿט־שטעדט.	בעפֿעלקערונג.
Alabama	1,513,017	Montgomery	21,883
Alaska Territory	31,795	Sitka	—
Arizona Territory	59,620	Phoenix	3,152
Arkansas	1,128,179	Little Rock	25,874
California	1,208,130	Sacramento	26,386
Colorado	419,198	Denver	106,713
Connecticut	746,258	Hartford	53,230
Delaware	168,493	Dover	3,061
District of Columbia	230,392	Washington	230,392
Florida	391,422	Tallahassee	2,934
Georagia	1,837,353	Atlanta	65,533
Idaho	84,385	Boise City	2,311
Illinois	3,826,331	Springfield	24,963
Indiana	2,192,404	Indianapolis	105,436
Iowa	1,911,896	Des Moins	50,093
Kansas	1,427,096	Topeka	31,007
Kentucky	1,858,635	Frankfort	7,892
Louisiana	1,118,587	Baton Rouge	10,478
Maine	661,086	Augusta	10,527
Maryland	1,042,390	Annapolis	7,604
Massachusetts	2,238,943	Boston	448 477
Michigan	2,093,889	Lansing	13,102
Minnesota	1,301,826	St. Paul	133,156
Mississippi	1,289,600	Jackson	5,920
Missouri	2,679,184	Jefferson City	6,742

שטאאטס.	בעפעלקערונג.	הויפט-שטאָדט.	בעפעלקערונג.
Montana	132,159	Helena	13,834
Nebraska	1,058,910	Lincoln	55,154
Nevada	45,761	Carson City	3,950
New Hampshire	376,580	Concord	17,004
New Jersey	1,444,933	Trenton	57,458
New Mexico	153,593	Santa Fe	6,185
New York	5,997,853	Albany	94,923
North Carolina	1,617,047	Raleigh	12,678
North Dakota	182,719	Bismarck	2,186
Ohio	3,672,316	Columbus	88,150
Oklahoma Ter.	61,834	Guthrie	2,788
Oregon	313,767	Salem	10,585
Pennsylvania	5,258,014	Harrisburg	39,385
Rhode Island	345,506	Providence	132,146
South Carolina	1,151,149	Columbia	15,353
South Dakota	328,808	Pierre	3,235
Tennessee	1,767,518	Nashville	76,168
Texas	2,235,523	Austin	14,575
Utah	207,905	Salt Lake City	44,843
Vermont	332,422	Montpellier	4,160
Virginia	1,655,980	Richmond	81,388
Washington	349,390	Olympia	4,698
W. Virginia	762,704	Charleston	6,742
Wisconsin	1,686,480	Madison	13,426
Wyoming	60,705	Cheyenne	11,690

נעמען פון דיא שטאאטען אונ זייערע אבקירצונגען.

נאמען.	אבקירצונג.
Alabama (אלאבא'מא)	Ala.
Alaska Territory (אלאס'קא טער'ריטארי)	—
Arizona Territory (אריזא'נא טער'ריטארי)	Ariz.
Arkansas (ארקענ'זעס)	Ark.
California (קאליפאר'ניא)	Cal.
Colorado (קאלארע'דא)	Colo.
Connecticut (קאננע'טיקאט)	Conn.
Delaware (דע'לעווער)	Del.
District of Columbia (דיס'טריקט אוו קאלאמ'ביא)	D. C.
Florida (פלא'רידא)	Fla.
Georgia (זשאר'דזשיא)	Ga.
Idaho (אידא'הא)	Idaho.
Illinois (איללינאיז')	Ill.
Indiana (אינדיע'נא)	Ind.
Indian Territory (אינ'דיען טער'ריטארי)	Ind. T.
Iowa (אי'יאווא)	Iowa.
Kansas (קענ'זעס)	Kans.
Kentucky (קענטאק'קי)	Ky.
Lousiana (לואיזיא'נא)	La.
Maine (מיין)	Me.
Maryland (מע'רילענד)	Md.
Massachusetts (מעססעטשו'זעטטס)	Mass.
Michigan (מי'שיגען)	Mich.
Minnesota (מיננעסא'טא)	Minn.
Mississippi (מיססיססיפ'פי)	Miss.

נאמען.	אבקירצונג.
Missouri (מיססו׳רי)	**Mo.**
Montana (מאָנטאַ׳נא)	**Mont.**
Nebraska (נעבראַס׳קא)	**Neb.**
Nevada (נעוואַ׳דא)	**Nev.**
New Hampshire (ניו חעמפּ׳שיר)	**N. H.**
New Jersey (ניו דזשער׳זי)	**N. J.**
New Mexico Territory (ניו מעק׳סיקאָ טער׳ריטאָרי)	**N. Mex.**
New York (ניו יאָרק)	**N. Y.**
North Carolina (נאָרטה קעראָלאַי׳נא)	**N. C.**
North Dakota (נאָרטה דאַקאָ׳טא)	**N. Dak.**
Ohio (אָהאַי׳אָ)	**O.**
Oregon (אָ׳רעגאָן)	**Ore.**
Pennsylvania (פּעננסילוויי׳ניע)	**Pa.**
Rhode Island (רהאָוד אַי׳לענד)	**R. I.**
South Carolina (סאוטה קעראָלאַי׳נא)	**S. C.**
South Dakota (סאוטה דאַקאָ׳טא)	**S. Dak.**
Tennessee (טעננעססי׳)	**Tenn.**
Texas (טעק׳סאס)	**Tex.**
Utah Territory (יו׳טא טער׳ריטאָרי)	**Utah.**
Vermont (ווער׳מאָנט)	**Vt.**
Virginia (ווירדזשי׳ניא)	**Va.**
Washington (וואַ׳שינגטאָן)	**Wash.**
West Virginia (וועסט ווירדזשי׳ניא)	**W. Va.**
Wisconsin (וויסקאָנ׳סין)	**Wis.**
Wyoming (וואַי׳אָמינג)	**Wyo.**

בעפעלקערונג פון די גרעסטע שטעדם אין די פעראייניגטע שטאַאטען.

שטעדם.	בעפעלקערונג.
New York (ניו יארק), N. Y.	1,710,715
Chicago (טשיקאַ'גאַ), Ill.	1,099,850
Philadelphia (פילאַדעלפיא), Pa.	1,046,964
Brooklyn (ברוקלין), N. Y.	853,945
St. Louis (סיינט לו'איז), Mo.	451,770
Boston (באַס'טאַן), Mass.	448,477
Baltimore (באַל'טימאָר), Md.	434,439
San Francisco (סאַן פראַנסיס'קאַ), Cal.	298,997
Cincinnati (סינסינ'נאַ'טי), O.	296,908
Cleveland (קליוו'לענד), O.	261,353
Buffalo (באַפ'פאַלאָ), N. Y.	255,664
New Orleans (ניו אָרלינז'), La.	242,039
Pittsburgh (פיטסבורג), Pa.	238,617
Washington (וואַ'שיננטאָן), D. C.	230,392
Detroit (דיטראָיט'), Mich.	205,876
Milwaukee (מילוואַ'קי), Wis.	204,468
Newark (ניו'אַרק), N. J.	181,830
Minneapolis (מיננעא'פאָליס), Minn,	164,738
Jersey City (דזשערזי סי'טי), N. J.	163,003

יידישע בעפעלקערונג אין יונאַיטעד סטייטס.

(פריהער און יעצט.)

אין 1818, לויט מאַרדעקאַי נאָאה (מרדכי נח) — — 3,000
„ 1826, לויט אייזעק ס. האַרבי — — — — 6,000
„ 1840, לויט דעם „אמעריקען אלמאנאַק" — — — 15,000
„ 1848, לויט א. מ. בערק — — — — — 50,000
„ 1880, לויט וויליאַם ב. האַקקענבוירג — — — 230,257
„ 1880, לויט אייזעק מאַרקענס — — — — 400,000
„ 1897, לויט דייוויד זולצבערגער — — — — 937,800
„ 1899, לויט דעם „אַמעריקען דזשואיש ייר בוק" — 1,043,800

דיא לעצטע יידישע סטאַטיסטיק, לויט דעם „אַמעריקען דזשואיש ייר בוק' פון 1901—1900, איז וויא פאָלגט:

אָהאיאָ	50,000	מערילענד	35,000
איאָווא	6,000	מאַססאַטשוזעטטס	60,000
אידאַהאָ	2,000	מישיגען	9,000
איללינאָיז	95,000	מיין	5,000
אינדיאַנא	25,000	מיננעסאָטאַ	6,000
אַלאַבאַמאַ	8,000	מיססורי	35,000
אַריזאָנא	2,000	מיססיססיפפי	5,000
אָרעגאָן	5,000	נאָרטה און סאוטה דאַקאָטאַ	3,500
אַרקאַנזאַס	4,000	נאָרטה קאַראָלאַינא	12,000
דזשאָרדזשיא	6,135	ניו דזשערזי	25,000
דיסטריקט קאָלאָמביא	3,500	ניו העמפשיר	1,000
דעלעווער	1,080	ניו יאָרק	400,000
וואיאָמינג	1,000	ניו מעקסיקאָ	1,500
וואשינגטאָן	2,800	נעבראַסקאַ	3,000
וויסקאָנסין	15,000	נעוואַדאַ	2,500
ווירדזשיניא	15,000	סאוטה קאַראָלאַינא	8,000
וועסט ווירדזשיניא	1,500	פלאָרידאַ	3,000
ווערמאָנט	1,000	פעננסילוויניא	95,000
טעננעססי	10,000	קאָלאָרעדאָ	8,000
טעקסאַס	15,000	קאָליפאָרניא	25,000
יוטאַה	5,000	קענזעס	3,000
לואיזיאַנא	12,000	קאָננעטיקוט	8,000
מאָנטאַנא	2,500	קענטאַקקי	12,000
		רהאָד איילענד	3,500

עס זיינען אין דיא יונאַיטעד סטייטס געוויס דאָ מעהר יידען וויא דאָ ווערט אָנגעגעבען; דער „דזשואיש אַמעריקען ייר בוק" איז אָבער זעהר פאָרזיכטיג און צוריקגעהאַלטען.

נעזעצליכע פייער-טעג אין דיא פערשיעדענע שטאַאטען.

יאנואר 1. ניי־יאָהר (*New Year's Day*): אין אלע שטאאטען אויסער ארקאנזאס, מאססאטשוזעטטס, מיססיססיפפי, ניו העמפשיר און רהאָוד אילענד.

יאנואר 8. יאהרעסטאג פון דער שלאַכט אין ניו אָרלינז (*Anniversary of the Battle of New Orleans*): אין לואיזיאנא.

יאנואר 19. גענעראל לי׳ס געבורטסטאָג (*Lee's Birthday*): אין דזשאָרדזשיא, ווירדזשיניא, נאָרטה קעראָלאינא און פלאָרידא.

פעברואר 12. לינקאָלנ׳ס געבורטסטאָג (*Lincoln's Birthday*): אין איללינאָיז, וואשינגטאָן (שטאאט), מיננעסאָטא, ניו דזשערזי און ניו יאָרק.

פעברואר 22. וואשינגטאָנ׳ס געבורטסטאָג (*Washington's Birthday*): אין אלע שטאאטען אויסער איאָווא, ארקאנזאס, דעלעווער, ווערמאָנט און מיסיססיפפי.

מערץ 2. יאהרעסטאָג פון דער אונאבהענגיגקייט פון טעקסאס (*Anniversary of Texan Independance*): אין טעקסאס.

אפריל 19. פאטריאָטען־טאג (*Patriots' Day*): אין מאססאטשוזעטטס.

אפריל 21. יאהרעסטאָג פון דער שלאַכט פון סאן דזשאסינטא (*Anniversary of the Battle of San Jacinto*): אין טעקסאס.

אפריל 26. אנדענקונגס־טאָג צו עהרען פון דיא געפאלענע סאָלדאטען (*Memorial Day*): אין אלאבאמא, דזשאָרדזשיא און פלאָרידא.

מאי 10. אנדענקונגס־טאָג צו עהרען פון דיא געפאלענע סאָלדאטען (*Memorial Day*): אין נאָרטה־קעראָלאניא.

מאי 20. געדענק־טאָג פון דער אונטערשרייבונג פון דער מעקלענבורגער פרייהייטס־ערקלערונג (*Singing of the Mecklenburg Declaration of Independence*): אין נאָרטה קעראָלאינא.

מ א י 30. אנדענקונגס־טאָג צו עהרען פון דיא סאָלדאַטען, וואָס זיינען געפאַלען אין דעם בירגער קריעג (Decoration Day): אין אָהאַיאָ, אָקלעהאָמאַ, אריזאָנא, אָרעגאָן, דיסטריקט אָוו קאָלאָמביא, דעלעווער, וואַיאָמינג, וואשינגטאָן (שטאאט), וויסקאָנסין, ווערמאָנט, טעננעססי, יוטאָה, מאָנטאַנא, מאססאטשוזעטס, מערילענד, מיין, מיננעסאָטא, מיססורי, מישיגען, נאָרטה דאַקאָטא, ניו העמפשיר, ניו יאָרק, נעבראַסקא, נעוואַדא, פעננסילוויינא, קאָלאָרעדאָ, קאַליפאָרניא, קאָננעקטיקאָט און רהאָוד אילענד.

י ו נ י 3. דזשעפפערסאָן דייוויס׳ס געבורטסטאָג (Jefferson Davis's Birthday): אין פלאָרידאַ.

י ו ל י 4. אנדענקונגס־טאג פון דער אונאבהענגיגקייטס ערקלערונג (Independence day): אין אלע שטאאטען.

י ו ל י 24. פיאָנערען טאָג (Pioneers' Day): אין יוטאָה.

א ו י נ ו ס ט 16. אנדענקונגס טאָג פון דער שלאַכט פון בעננינגטאָן (Bénnington Battle Day): אין ווערמאָנט.

ד ע צ ע מ ב ע ר 25. וויהנאַכטס־טאָג (Christmas): אין אלע שטאאטען.

ס ע פ ט ע מ ב ע ר—ד ע ר 1 ס ט ע ר מ א נ ט א ג. ארבייטער־טאָג (Labor Day): אין אָהאַיאָ, איאָווא, איללינאָיז, אינדיאַנא, וואשינגטאָן [שטאאט], מאָנטאַנא, מאססאטשוזעטס, מיין, ניו דזשערזי, ניו העמפשיר, ניו יאָרק, נעבראַסקא, סאוטה דאַקאָטא, פעננסילוויינא, קאָלאָרעדא, קאנזאס און קאָננעטיקאָט.

נ א ו ו ע מ ב ע ר—ל ע צ ט ע ר ד אָ נ ע ר ס ט א ג. דאנק־זאגונגס טאג (Thanksgivings Day): אין אלע שטאאטען.

וואַהל־טעג (Election Days) זיינען געזעטצליכע פייער טעג.

פּראָצענט־געזעץ.

פּראָצענט וואָס איז ערלויבט צו נעהמען לויט געזעץ אין די פערשיעדענע שטאַאַטען.

אָהאַיאָ, 6 פּראָצ.; פער קאָנטראַקט, 8 פּראָצ.
איאָווא, 6 פּראָצ.; פער קאָנטראַקט, 10 פּראָצ.
אידאַהאָ, 10 פּראָצ.; פער קאָנטראַקט, 18 פּראָצ.
איללינאָיז, 5 פּראָצ.; פער קאָנטראַקט, 7 פּראָצ.
אינדיאַנאַ, 6 פּראָצ.; פער קאָנטראַקט, 8 פּראָצ.
אַלאַבאַמאַ, 8 פּראָצ.—סיי אַזוי, סיי פער קאָנטראַקט.
אָקלאַהאָמאַ, 7 פּראָצ.; פער קאָנטראַקט, יעדען פּראָצענט.
אַריזאָנאַ, 7 פּראָצ.; פער קאָנטראַקט, יעדען פּראָצ.
אָרעגאָן, 8 פּראָצ.; פער קאָנטראַקט, 10 פּראָצענט.
אַרקאַנזאַס, 6 פּראָצ.; פער קאָנטראַקט, 10 פּראָצ.
דזשאָרדזשיא 7 פּראָצ.; פער קאָנטראַקט, 8 פּראָצ.
דיסטריקט אָוו קאָלאָמביא, 6 פּראָצ.; פער קאָנטראַקט, 10 פּראָצ.
דעלאַווער, 6 פּראָצ.—סיי אַזוי, סיי פער קאָנטראַקט.
וואַיאָמינג, 8 פּראָצ.; פער קאָנטראַקט, 12 פּראָצ.
וואַשינגטאָן טער.; 7 פּראָצ; פער קאָנטראַקט, 12 פּראָצ.
וויסקאָנסין, 6 פּראָצ.; פער קאָנטראַקט 10 פּראָצ.
ווירדזשיניאַ, 6 פּראָצ.—סיי אַזוי, סיי פער קאָנטראַקט.
וועסט ווירדזשיניאַ, 6 פּראָצ.—סיי אַזוי, סיי פער קאָנטראַקט.
ווערמאָנט, 6 פּראָצ.—סיי אַזוי, סיי פער קאָנטראַקט.
טעננעססי, 6 פּראָצ.—סיי אַזוי, סיי פער קאָנטראַקט.
טעקסאַס, 6 פּראָצ.; פער קאָנטראַקט, 10 פּראָצענט.
יוטאַ, 8 פּראָצ.; פער קאָנטראַקט, יעדען פּראָצ.
לואיזיאַנאַ, 5 פּראָצ.; פער קאָנטראַקט, 8 פּראָצ.
מאָנטאַנאַ, 10 פּראָצ.; פער קאָנטראַקט, יעדען פּראָצענט.
מאַססאַטשוזעטטס, 6 פּראָצ.; פער קאָנטראַקט, יעדען פּראָצ.

מ א ר י ל א נ ד, 6 פּראָצ.—סיי אזוי, סיי פער קאָנטראַקט.

מ י ט ש י נ א ן, 6 פּראָצ.; פער קאָנטראַקט, יעדען פּראָצ.

מ י י ן, 6 פּראָצ.; פער קאָנטראַקט, יעדען פּראָצ.

מ י נ נ ע ס אָ ט א, 7 פּראָצ.; פער קאָנטראַקט, 10 פּראָצ.

מ י ס ס ו ר י, 6 פּראָצ.; פער קאָנטראַקט, 8 פּראָצ.

מ י ס ס י ס ס י פּ פּ י, 6 פּראָצ.; פער קאָנטראַקט, 10 פּראָצ.

נ אָ ר ט ה ד א ק אָ ט א, 7 פּראָצ.; פער קאָנטראַקט, 12 פּראָצ.

נ אָ ר ט ה ק א ר אָ ל א י נ א, 6 פּראָצ.—סיי אזוי, סיי פער קאָנטראַקט.

נ י ו ד ז ש ע ר ז י, 6 פּראָצ.—סיי אזוי, סיי פער קאָנטראַקט.

נ י ו ה ע מ פּ ש י ר, 6 פּראָצ.—סיי אזוי, סיי פער קאָנטראַקט.

נ י ו י אָ ר ק, 6 פּראָצ. — סיי אזוי, סיי פער קאָנטראַקט.—פיר דיא סומע פון 5,000 דאָל. אָדער מעהר איז אונטער געוויסע בעדינגונגען אין דעם שטאאט ניו יאָרק ערלויבט צו נעהמען יעדען פּראָצענט.

נ י ו מ ע ק ס י ק אָ, 6 פּראָצ.; פער קאָנטראַקט, 12 פּראָצ.

נ ע ב ר א ס ק א, 7 פּראָצ.; פער קאָנטראַקט, 10 פּראָצ.

נ ע ו ו א ד א, 7 פּראָצ.; פער קאָנטראַקט, יעדען פּראָצ.

ס א ו ט ה ד א ק אָ ט א, 7 פּראָצ.; פער קאָנטראַקט, 12 פּראָצ.

ס א ו ט ה ק א ר אָ ל א י נ א, 7 פּראָצ.; פער קאָנטראַקט, 8 פּראָצ.

פ ל אָ ר י ד א, 8 פּראָצ.; פער קאָנטראַקט, 10 פּראָצ.

פּ ע נ נ ס י ל ו ו י י נ י א, 6 פּראָצ.—סיי אזוי, סיי פער קאָנטראַקט.

ק אָ ל אָ ר א ד א, 8 פּראָצ.; פער קאָנטראַקט, יעדען פּראָצענט.

ק אַ ל י פ אָ ר נ י א, 7 פּראָצ.; פער קאָנטראַקט, יעדען פּראָצענט.

ק א נ ז א ס, 6 פּראָצ.; פער קאָנטראַקט, 10 פּראָצ.

קאָננעטיקאַט, 6 פּראָצ.; פער קאָנטראַקט, יעדען פּראָצ.

ק ע נ ט א ק ק י, 6 פּראָצ.—סיי אזוי, סיי פער קאָנטראַקט.

ר ה אָ ד א י י ל א נ ד, 6 פּראָצ.; פער קאָנטראַקט, יעדען פּראָצענט.

פרייזען פון טעלעגראמען.

דיא טאקסע פון דעם „וועסטערן יוניאָן טעלעגראף" צווישען ניו יארק און פערשיעדענע ערטער אין דיא פעראייניגטע שטאאטען און קאנאדא.

ערקלערונגען. עס זיינען דאָ צוויי ערליי פרייזען: ביי־טאָגעדיגע און ביי־נאכטיגע. — דיא אָנגעגעבענע פרייזען זיינען פיר טעלעגראמען ביז צעהן ווערטער. — דיא ציפער, וואָס שטעהען פון הינטען אָבגעזונדערט מיט א שטריך, ווייזען דעם פרייז פון יעדען וואָרט איבער צעהן ווערטער. צ. ב. 3—40 בעדייטעט, אז א טעלעגראמע פון צעהן ווערטער קאָסט 40 סענטס, און יעדעס וואָרט איבער צעהן קאָסט 3 סענטס.—דיא אדרעסע און דיא אונטערשריפט ווערען ניט גערעכענט.

נעמען פון דיא ערטער.	ביי טאָג.	ביי נאכט.
אָהאיאָ:		
בעללער, ברידזשפאָרט, ברילליאַנט, מאַרטינז, פעררי.	35—2	25—1
נאָך אַלע אַנדערע ערטער.	40—3	30—2
אייאָווא:		
באָירלינגטאָן, סידאַר ראַפּידז, קלינטאָן, קאָונסיל בלאָפּפס, דייווענפּאָרט, דעז מאָינז, דיובוק, פאָרט מעדיסאָן, גריננעל, איאָווא סיטי, קיאָקאָק, מאָסקאַטין, ניוטאָן, סיאו סיטי, ווילטאָן.	50—3	30—2
נאָך אַלע אַנדערע ערטער.	60—4	40—3
אידאהאָ.	1.00—7	.00 7
איללינאָאיז:		
טשיקאַגאָ, יוניאָן סטאָק יאַרדז, נעשאַנעל סטאָק יאַרדז.	40—3	30—2
נאָך אַלע אַנדערע ערטער.	50—3	30—2

נעמען פון דיא ערטער.	ביי טאג.	ביי נאכט.
אינדיאַנא:		
קאָלאָמבאָס, פארטוויין, אינדיאַנאַפּאָליס, דזשעפּ־פערסאנוויללע, לאפייעטט, לאָגאַנספּאָרט, ניו אָלבאַני, ריטשמאָנד, יוניאָן סיטי.	40—3	30—2
נאך אלע אנ־ערע ערטער.	50—3	40 - 2
אינדיאַן טערריטאָרי.	75—5	60—4
אַלאַבאַמאַ.	50—3	30—2
אָנטאריאָ פּראָווינס (קאנאדא).	40—3	30—2
אָקלאַהאָמאַ טעררימאָרי.	75—5	60—4
אַריזאָנאַ.	1.00—7	1.00—7
אָרעגאָן.	1.00—7	1.00—7
ארקאַנזאַס:		
העלענא, האָט ספּרינגז, ליטטל ראָק, פּאַין בלאָף.	50—3	50—2
נאך אלע אנדערע ערטער.	60—4	40—3
בריטיש קאָלאָמביא:		
אייגסוואָירטה, אַרראָו העד, בּאַלפּאָור, קאָמאַ־פליקס, קאַסלאָ, נאַקאָספּ, נאַניימאָ, נעלסאָן, ניו וועסטמינסטער, ניו דענווער, ראָבסאָן, ראָססלאַנד, סאַנדאָן, סלאָקאַן סיטי, טהרי פּאָרקס, טרייל, וואַנקאָו׳ווער, וויקטאָריאַ, וואָטערלאָאָ, תוואַיט וואָטער, וויגוואַם.	1.25—8	1.00—7
דזשאָרדשזיא.	50—3	30—2
דיסטריקט אָוו קאָלאָמביא.	25—2	25—1
דעלאַווער.	25—2	25—1

נעמען פון דיא ערטער.	ביי טאָג.	ביי נאכט.
וואיאָמינג	75—5	60—4
וואשינגטאָן	1.00—7	1.00—7
וויסקאָנסין	50—3	30—2
ווירדזשיניא:		
אַלעקסאַנדריא, פרעדעריקסבורג, נאָרפאָלק, פּי־טערסבורג, פאָרטס־מאָוטה, ריטשמאָנד, סטאָנ־טאָן, וועסט נאָרפאָלק	35—2	25—1
נאָך אַלע אַנדערע ערטער	40—3	30—2
וועסט ווירדזשיניא:		
פּארקערסבורג, פּיעדמאָנט, הווילינג	35—2	25—1
נאָך אַלע אַנדערע ערטער	40—3	30—2
ווערמאָנט	25—2	25—1
טעננעססי:		
בריסטאָל, קלאַרקסווילל, מעמפיס, נאשווילל	40—3	30—2
נאָך אַלע אַנדערע ערטער	50—3	30—2
טעקסאס:		
דאַללאַס, דעניזאָן, פאָרט וואָירטה, גייַנזווילל, גאַלוועסטאָן, האוסטאָן, פּאַריז, שערמאַן, וויקאָ	75—5	50—3
נאָך אַלע אנדערע ערטער	75—5	60—4
יוטאַה	75—5	60 - 4
לואיזיאַנא	60—4	40—3
מאַניטאָבא (קאַנאַדא)	75—5	60—4
מאָנטאַנא	75—5	60—4
מאַססאַטשוזעטטס	25—2	25—1
מאַרילאַנד:		
אַבערדין, אייקען, אַננאַפּאָליס, צשלאַנד, באַל־טימאָר, באַרקליי סטיישאָן, בלעקס סענטער		

נעמען פון דיא ערטער.	ביי טאג.	ביי נאכט.
ווילל, טשיזאַפּיק סיטי, טשעסטערטאָון, טשאַילדז, קאָלאָראַ, קאָנ־ווינגאָ, קאָרדאָוואַ, קאָמבער־לאַנד, עלעקטאָן, פרעדעריק, גאָלדזבאָראָ, גאָלט, גריווזבאָראָ, הייגערזטאַון, הענקאָק, האַוור דע גראַס, הענדערסאָן, קעננעדיוויללל, לעמסאָן, לעסלי, מאָרידעלל, מאַססי קראָסס ראָוד, מיל־לינגטאָן, נאָרטה איסט, אָקטאָראַראַ, פּערריוויללל, פּאָרט דיפּאָזיט, פּראַיסעס, קווין אַנן, רידזשלי, ראַיזינג סאָן, ראָולענדזווילל, סינגערלין סאָר־לערזווילל, וואָרטאָן	25—2	25—1
נאך אלע אנדערע ערטער	40—3	30—2
מישיגען:		
אַנן אַרבאָר, ביי סיטי, דיטראָיט, איסט סאַגינאָ, פּלינט, מאַונט קלעמענז, פּאָרט הוראָן, סאַ־גינאָ סיטי, סאַוטה ביי סיטי, איפּסילאַנטי	40—3	30—2
מיין	25—2	25—1
מיננעסאָטאַ:		
דולוטה, הייסטינגז, מיננעאַפּאָליס, רעד ווינג, סיינט פּאָל, סטילל־וואָטער, וואַבאַשאַ ווינאָנאַ	50—3	30—2
נאַך אַלע אַנדערע ערטער	60—4	40—3
מיססורי:		
האַנניבאַל, דזשעפּפערסאָן סיטי, קאַנזאַס סיטי, לואיזיאַנאַ, סעדאַליאַ, סיינט דזשאָזעף, סיינט לואיס	52—3	30—2
נאַך אַלע אַנדערע ערטער	60—4	40—3
מיססיססיפּפּי	50—3	30—2
נאָווא סקאָשיא (קאַנאַדאַ)	50—3	30—2
נאָרטה דאַקאָטאַ	75—5	60—4

נעמען פון דיא ערטער.	פיי טאג.	ביי נאכט.
נארטה קאראלײנא	50—3	30—2
ניו בראנסוויק:		
סיינט סטיווענז	35—2	25—1
נאך אללע אנדערע ערטער	50—3	30—2
ניו דזשערזי:		
בלומפילד, קארלסטאדט, איסט ארענדזש, עלי־זאבעטה, גלען רידזש, האבאקען, דזשערזי סיטי, מאנטקלער, מאונטיין סטיישאן, ניו ארק, ארענדזש, ארענדזש וואלי, פאססייאיק, פא־טערסאן, רוטהערפארד, סאוטה ארענדזש, יו־ניאן הילל, וויהאקען	20—1	20—1
נאך אלע אנדערע ערטער	25—2	25—1
ניו העמפשיר	25—2	25—1
ניו יארק:		
אסטאריא, ברוקלין, קאריל, פלאטבוש, פארד־האם האיטס, גאווערנארז איילאנד, האי ברידזש, האנטערז פאינט, קינגזברידזש לאנג איילענד סיטי, מאררים האיטס, ניו יארק סיטי, רייווענד־ וואוד, ריווערדייל, ספויטען דויוויל, וואן קארט־לאנדס, ווילליאמזברידזש, וועודלאן, יאנקערז	20—1	20—1
נאך אלע אנדערע ערטער	25—2	25—1
ניו מעקסיקא	75—5	60—4
נעבראסקא:		
אמאהא	50—3	30—2
נאך אלע אלע אנדערע ערטער	60—4	40—3
נעוואדא	1.00—7	1.00—7
סאוטה דאקאטא	75—5	60—4

נעמען פון דיא ערטער.	ביי טאג.	ביי נאכט.
סאוטה קאראלאינא	50—3	30—2
פלארידא	60—4	40—3
פעננסילוויינא:		
פילאדעלפיא	20—1	20—1
נאך אלע אנדערע ערטער	25—2	25—1
קאלאראדא	75—5	60—4
קאליפארניא	1.00—7	1.00—7
קאנזאס:		
אטשיסאן, לעווענוואירטה	50—3	30—2
נאך אלע אנדערע ערטער	60—4	40—3
קאננעטיקאט	25—2	25—1
קוויבעק (קאנאדא):		
טטאנסטעד	25—2	25—1
נאך אלע אנדערע ערטער	40—3	30—2
קענטאקקי:		
קאווינגטאן, לעקסינגטאן, לואיסוויללל, ניופארט	40—3	30—2
נאך אלע אנדערע ערטער	50 3	30—2
רהאוד אילאנד	25—2	25—1

פרייזען פון איינצעלנע ווערטער פער טעלעגראַף פון ניו יאָרק נאָך פערשיעדענע לענדער.

☞ אין טעלעגראַמען, וואָס געהען נאָך אויסלאַנד, ווערט דיא אַדרעסע און דיא אונ־טערשריפט גערעכענט, און אַ וואָרט איבער 15 בוכשטאַבען ווערט גערעכענט פיר צוויי ווערטער.

נעמען פון דיא לענדער און פרייזען פער וואָרט.

אונגארן, 30 סענט פער וואָרט.
אורוגואי (זיד־אמעריקא), 1 דאָללאַר.
איטאַליען, 32 סענט.
אינדיען, 1.23 דאָל.
אירלאַנד, 25 סענט.
אַלזשיר (אפריקא), 32 סענט.
אלעקסאנדריא (עגיפטען), 56 סענט.
אנטיגוא (בריטיש וועסט אינדיז), 1 54 דאָל.
אַראַנדזש פרי סטייט (אפריקא), 1.52 דאָל.
ארגענטינא (זיד־אמעריקא), 1 דאָל.
באָליוויא (זיד־אמעריקא), 1.25 דאָל.
בארבאדאָס (קליינע אנטילישע אינזלען, וועלבע געהערען צו ענגלאַנד), $1.64.
בולגאריען, 38 סענט.
בורמאה (ענגלישע קאָלאָניע אין זיד־אָסט אזיען), 1.27 דאָל.
בעלגיום, 30 סענט.
בערמודא (ענגלישע אינזעל־גרופע אין דעם אטלאַנטישען מעער, נאָרד־אָסט פון דיא אנטילען), 81 סענט.
בראזיליען (זיד־אמעריקא), 1.35 דאָל.
גואטעמאלא (זיד־אמעריקא), 55 סענט.
גיבראלטאר (אן ענגלישע בעזיצונג צווישען שפאַניען און מאראָקאָ), 43 ס.
גריעכענלאַנד, 38 סענט.
דזשאמייקא (זיד־אמעריקא), 1.14 דאָל.

ד י י ט ש ל א נ ד, 25 סענט.

ד ע מ ע ר א ר א (בריטיש גואיאנא, זיד־אמעריקא), 2.17 דאָל.

ד ע נ ע מ א ר ק, 35 סענט.

ה א א י ט י (זיד־אמעריקא), 1.55 דאָל.

ה א ו ו א נ א (קובא), 40 סענט.

ה אָ ל ל א נ ד, 32 סענט.

ו ו י ק ט אָ ר י א (אויסטראַליען), 1.43 דאָל.

ו ו ע נ ע צ ו ע ל א (זיד־אמעריקא), 1.70 דאָל.

ו ו ע ר א ק ר ו ץ (מעקסיקאָ), 3 דאָל. פיר צעה; ווערטער.

ט א נ נ י ע ר (מאָראָקאָ, אפריקא), 45 סענט.

ט א ס מ א נ י א (זיד־אויסטראַליען), 1.58 דאָל.

ט ע ר ק י י (אייראָפּעאישע), 37 סענט.

ט ע ר ק י י (אזיאטישע), 47 סענט.

ט ר א נ ס ו ו א א ל (זיד־אפריקא), 1.52 דאָל.

ט ר י נ י ד א ד (זיד־אמעריקא), 1.71 דאָל.

ט ש י ל י (זיד־אמעריקא), 1.25 דאָל.

י א ו ו א (אַן אינזעל אין דעם אינדישען מיער), 1.47 דאָל.

י א פּ א ן, 1.76 דאָל.

כ י נ א, 1.60 דאָל.

מ א ל ט א (ענגלישע אינזעל אין דעם מיטעללענדישען מעער צווישען סיציליען און אפריקא), 36 סענט.

מ א ר ט י נ י ק (פראנצויזישע אינזעל אין אמעריקא), 1.32 דאָל.

מ ע ל ב ו ר ן (אויסטראַליען), 1.43 דאָל.

מ ע ק ס י ק אָ ס י ט י (אמעריקא), 1.85 דאָל. פיר צעהן ווערטער.

נ א ט א ל (זיד־אפריקא), 1.52 דאָל.

נ א ס ס א ו (באהאמאס, זיד־אמעריקא), 35 סענט.

נאָרוועגען, 35 סענט.

ניו זעעלאַנד (אויסטראַלישע אינזעל), 1.52 דאָל.

ניו סאָוטה וויילז (אויסטראַליען), 1.45 דאָל.

סאַנטאָ דאָמינגאָ (זיד־אַמעריקאַ), 1.32 דאָל.

סיאַם (אינדאָ־כינעזישער שטאַאַט), 1.19 דאָל.

סידני (ניו סאָוטה וויילז, אויסטראַליען), 1.45 דאָל.

סיינט טהאָמאַס (דענישע אינזעל אין אַמעריקאַ), 1.69 דאָל.

סיננאַפֿאָרע (אינדאָ־כינעזישע קאָלאָניע, וואָס געהערט צו ענגלאַנד), $1.35.

סיציליען (איטאַליענישע אינזעל אין דעם מיטעללענדישען מעער), 32 סענט.

סערביען, 36 סענט.

ענגלאַנד, 25 סענט.

עסטרייך, 34 סענט.

עקוואַדאָר (זיד־אַמעריקאַ), 1.25 דאָל.

פּאַנאַמאַ (צענטראַל־אַמעריקאַ), 97 סענט.

פּאַראַגוואַי (זיד־אַמעריקאַ), 1 דאָל.

פּאָרטאָ ריקאָ (אַמעריקאַ), 1.85 דאָל.

פּאָרטוגאַל, 39 סענט.

פּענאַנג (אַן אַזיאַטישע אינזעל, וואָס געהערט צו ענגלאַנד), 1.35 דאָל.

פּערו (זיד־אַמעריקאַ), 1.25 דאָל.

פֿראַנקרייך, 25 סענט.

ציילאָן (אַן ענגלישע אינזעל, וואָס געפֿינט זיך אין דרום־זייט פֿון הינדוסטאַן), 1.25 דאָל.

ציפּרוס (אַ גרויסע אינזעל אין דעם מיטעללענדישען מעער), 56 סענט.

קאַטשידטשאַינאַ (אינדאָ־כינעזישע פּראָווינץ), 1.35 דאָל.

קאַיראָ (עגיפּטען), 61 סענט.

קאָלאָן (אַמעריקאַ), 97 סענט.

קאללאאָ (פערו, זיד־אמעריקא), 1.25 דאָל.

קאָרעא (מאָנגאָלישעס קעניגרייך צווישען דעם יאפאנעזישען און כינעזישען נעד־
לען מעער), 1.96 דאָל.

קווינזלאנד (ענגלישע פראָווינץ אין אויסטראליען), 1.50 דאָל.

קייפ־קאָלאָניע (זיד־אפריקא), 1.52 דאָל.

רומעניען, 36 סענט.

רוסלאנד (אייראָפּעאישעס), 43 סענט.

רוסלאנד (אזיאטישעס, וועסט), 50 סענט.

רוסלאנד (אזיאטישעס, אָסט) 56 סענט.

שאָטלאנד, 25 סענט.

שווייץ, 30 סענט.

שוועדען, 39 סענט.

שפאניען, 40 סענט.

אייזענבאהנען.

דיא הויפט־אייזענבאהנען פון דיא פעראייניגטע שטאאטען און קאנאדא און דיא שטאאטען אין פראָווינצען, וועלכע זיי געהען דורך.

אטלאנטיק קאָוסט לאַין (*Atlantic Coast Line*):

ווירדזשיניא, נאָרטה קאראָלאַינא, סאָוטה קאראָלאַינא.

אטשיסאָן, טאָפעקא און סאנטא פע אייזענבאהן (*Atchison, Topeka and Santa Fe Railway*):

איללינאָיז, אַיאָווא, מיססורי, קאנזאס, נעבראַסקא, קאָלאָראדאָ, אינדיאַן טערריטאָרי, טעקסאס, ניו מעקסיקאָ, אַריזאָנא, קאליפאָרניא, אָקלאהאָמא.

אַיאָווא סענטראל ריילוויי (*Iowa Central Railway*):

אַיאָווא און איללינאָיז.

איללינאָיז סענטראל ריילראָוד (*Illinois Central Railroad*):

איללינאָיז, אינדיאַנא, מיססורי, אַרקאַנזאַס, וויסקאָנסין, אַיאָווא, מיננעסאָטא, סאָוטה דאַקאָטא, קענטאָקקי, טעננעסי, מיססיססיפפי, לואיזיאַנא.

אינטערנאשיאָנאל ענד גרייט נאָרטהערן ריילראָוד (*International and Great Northern Railroad*):

טעקסאס.

אינטערקאָלאָניאל ריילוויי (*Intercolonial Railway*):

נאָווא סקאָשיא, ניו בראָנזוויק, קוויבעק [קאנאדישע פראָווינצען].

אירִיע ריילראָוד (*Erie Railroad*):

ניו יאָרק, ניו דזשערזי, פעננסילווייניא, אָהאַיאָ, אינדיאַנא, איללינאָיז.

אָרעגאָן ריילראָוד ענד נאַוויגיישאָן קאָמפּאַני (*Oregon Railroad and Navigation Co.*):

אָרעגאָן, וואַשינגטאָן טערריטאָרי, אַידאַהאָ.

באָירלינגטאָן, סידאר ראפידז ענד נאָרטהערן ריילוויי (*Burlington, Cedar Rapids and Northern Railway*):

אַיאָווא, מיננעסאָטא, סאָוטה דאַקאָטא.

באַירלינגטאָן ענד מיססורי ריווער ריילראָוד אין נעבראַסקא (*Burlington and Mis-*
souri River Railroad in Nebraska):

קאַנזאַס, נעבראַסקאַ, קאָלאָראַדאָ, סאַוטה דאַקאָטאַ, וואַיאָמינג, מאָנטאַנאַ, איאָווא, מיססורי.

באַלטימאָר ענד אָהאַיאָ ריילראָוד (*Baltimore and Ohio Railroad*):

ניו דזשערזי, פּעננסילווייניאַ, דעלאַווער, מאַרילאַנד, דיסטריקט אָוו קאָלאָמביאַ, ווירדזשיניאַ, וועסט ווירדזשיניאַ, אָהאַיאָ, אינדיאַנאַ, איללינאָיז.

באַלטימאָר ענד אָהאַיאָ סאַוטהוועסטערן ריילוויי (*Baltimore and Ohio Southwestern*
Railway):

וועסט ווירדזשיניאַ, אָהאַיאָ, אינדיאַנאַ, איללינאָיז, מיססורי.

באָסטאָן ענד אָלבאַני ריילראָוד (*Boston and Albany Railroad*):

מאַססאַטשוזעטטס, ניו יאָרק.

באָסטאָן ענד מיין ריילראָוד (*Boston and Maine Railroad*):

מאַססאַטשוזעטטס, ווערמאָנט, ניו העמפּשיר, קוויבעק [קאַנאַדאַ], מיין.

באָפפאַלאָ, ראָטשעסטער ענד פּיטטסבאָירג ריילוויי (*Buffalo, Rochester and Pits-*
burg Railway):

ניו יאָרק און פּעננסילווייניאַ.

גראַנד טראָנק ריילוויי (*Grand Trunk Railway*):

מיין, ניו העמפּשיר, ווערמאָנט, קוויבעק [קאַנאַדאַ], אָנטאַריאָ [קאַנאַדאַ], איללינאָיז אינדיאַנאַ, מישיגאַן.

גרייט נאָרטהערן ריילוויי (*Great Northern Railway*):

מיננעסאָטאַ, נאָרטה דאַקאָטאַ, סאַוטה דאַקאָטאַ, מאָנטאַנא, אידאַהאָ, וואַשינגטאָן טערריטאָרי.

גראַנד ראַפּידז ענד אינדיאַנא ריילוויי (*Grand Rapids and Indiana Railway*):

אינדיאַנא און מישיגאַן.

דולוטה, סאַוטה שאָר ענד אַטלאַנטיק ריילוויי (*Duluth, South Shore and Atlantic*
Railway):

מישיגאַן, וויסקאָנסין, מיננעסאָטאַ.

דעליעווער, לאקקאוואננא ענד וועסטערן ריילראָוד (*Delaware, Lackawanna and Western Railroad*):

ניו יאָרק, ניו דזשערזי, פעננסילוויינא.

דעלאָווער ענד האָדסאָן ריילראָוד (*Delaware and Hudson Railroad*):

פעננסילוויינא, ניו יאָרק, ווערמאָנט.

דענווער ענד ריאָ גראַנדע ריילראָוד (*Denver and Rio Grande Railroad*):

קאָלאָראַדאָ און ניו מעקסיקא.

האוסטאָן ענד טעקסאס סענטראל ריילראָוד (*Houston and Texas Central Railroad*):

טעקסאַס.

וואָבאש ריילראָד (*Wabash Railroad*):

אָהאַיאָ, אינדיאַנאַ, מישיגאַן, איללינאָיז, מיססוקי, איאָווא.

וויסקאָנסין סענטראל לאינז (*Wisconsin Central Lines*):

איללינאָיז, וויסקאָנסין, מישיגאן, מיננעסאָטאַ.

וועסטערן ניו יאָרק ענד פעננסילוויינא ריילוויי (*Western New York and Pennsylvania Railway*):

ניו יאָרק, פעננסילוויינא.

וועסט שאָור ריילראָוד (*West Shore Railroad*):

זעה „ניו יאָרק סענטראל ענד האָדסאָן ריווער ריילראָוד.“

טאָלידאָ, סיינט לואיס ענד קענזאס סיטי ריילראָוד (*Toledo, St. Louis and Kansas City Railroad*):

אָהאַיאָ, אינדיאַנאַ, איללינאָיז, מיססורי.

טאָלידאָ ענד אָהאַיאָ סענטראל ריילוויי, ענד קאנאהווא ענד מישיגאן ריילוויי (*Toledo and Ohio Central Railway, and Kanawha and Michigan Railway*):

אָהאַיאָ און וועסט ווירדזשיניא.

טעקסאס ענד פאַסיפיק ריילוויי (*Texas and Pacific Railway*):

לואיזיאַנאַ און טעקסאַס.

טערר האָט ענד אינדיאַנאַפּאָלים ריילראָוד (*Terre Haute and Indianapolis Railroad,— Vandalia Line*):

מישיגאַן, אינדיאַנא, איללינאָיז, מיססורי.

טשיזאפיק ענד אָהאיאָ ריילוויי (*Chesapeake and Ohio Railway*):

ווירדזשיניא, וועסט ווירדזשיניא, קענטאַקקי, אָהאיאָ.

טשיקאַגאָ, באָירלינגטאָן ענד קווינסי ריילראָוד (*Chicago, Burlington and Quincy Railroad*):

איללינאָאיז, וויסקאָנסין, איאָווא, מיססורי, נעבראַסקאַ, קאַנזאַס, קאָלאָראַדאָ, וואיאָמינג, סאָוטה דאַקאָטאַ, מאָנטאַנאַ.

טשיקאַגאָ גרייט וועסטערן ריילוויי (*Chicago Great Western Railway*):

איללינאָיז, איאָווא, מיננעסאָטאַ, מיססורי, קאַנזאַס.

טשיקאַגאָ ענד איסטערן איללינאָיז ריילראָוד (*Chicago and Eastern Illinois Railroad*):

אינדיאַנאַ און איללינאָיז.

טשיקאַגאָ, מילוואָקי ענד סיינט פּאָל ריילוויי (*Chicago, Milwaukee and St. Paul Railway*):

איללינאָיז, וויסקאָנסין, מישיגאַן, מיננעסאָטאַ, איאָווא, מיססורי, סאָוטה דאַקאָטאַ, נאָרטה דאַקאָטאַ.

טשיקאַגאָ ענד אַלטאָן ריילראָוד (*Chicrgo and Alton Railroad*):

איללינאָיז און מיססורי.

טשיקאַגאָ ענד גראַנד טראָנק ריילוויי (*Chicago and Grand Trunk Railway*):

מיין, ניו העמפשיר, ווערמאָנט, קוויבעק [קאַנאַדאַ], אָנטאַריאָ [קאַנאַדאַ], איללינאָיז, אינדיאַנא, מישיגאַן.

טשיקאַגאָ ענד וועסט מישיגאַן ריילוויי (*Chicago and West Michigan Railway*):

איללינאָיז, אינדיאַנאַ, מישיגאַן.

טשיקאַגאָ ענד נאָרטהוועסטערן ריילוויי (*Chicago and Northwestern Railway*):

מישיגאַן, איללינאָיז, איאָווא, וויסקאָנסין, מיננעסאָטאַ, נאָרטה דאַקאָטאַ, סאָוטה דאַקאָטאַ.

טשיקאַגאָ, ראָק אילאַנד ענד פּאַסיפיק ריילוויי (*Chicago, Rock Island and Pacific Railway*):

איללינאָיז, איאָווא, מיססורי, נעבראַסקאַ, קאַנזאַס, אָקלאַהאָמאַ טערריטאָרי, אינדיאַן טערריטאָרי, קאָלאָראַדאָ.

יוניאָן פּאַסיפיק, דענווער ענד גאַלף ריילוויי (*Union Pacific, Denver and Gulf Railway*):

טעקסאַס, ניו מעקסיקאָ, קאָלאָראַדאָ, וואַיאָמינג.

יוניאָן פּאַסיפיק סיסטעם (*Union Pacific System*):

קאַנזאַס, נעבראַסקאַ, טעקסאַס, ניו מעקסיקאָ, קאָלאָראַדאָ, וואַיאָמינג, יוטאַ, אידאַהאָ, נעוואַדאַ, מאָנטאַנאַ, אָרעגאָן, וואַשינגטאָן טערריטאָרי.

לאָנג איילאַנד ריילראָוד (*Long Island Railroad*):

לאָנג איילאַנד, ניו יאָרק.

לואיסוויל, ניו אַלבאַני ענד טשיקאַגאָ ריילוויי (*Lousville, New Albany and Chicago Railway*):

אינדיאַנאַ, אילליניאָיז, קענטאַקקי.

לואיסוויללע ענד נאַשוויללע ריילראָוד (*Louisville and Nashville Railroad*):

קענטאַקקי, אינדיאַנאַ, אילליניאָיז, טעננעססי, אַלאַבאַמאַ, פלאָרידאַ, לואיזיאַנאַ, מיסיסיפּי.

ליהאַי וואַללי ריילראָוד (*Lehigh Valley Railroad*):

ניו יאָרק, ניו דזשערזי, פּעננסילוויינאַ.

לייק אירי ענד וועסטערן ריילראָוד (*Lake Erie and Western Railroad*):

אָהאַיאָ, אינדיאַנאַ, אילליניאָיז.

לייק שאָור ענד מישיגאַן סאַוטהערן ריילוויי (*Lake Shore and Michigan Southern Railway*):

ניו יאָרק, פּעננסילוויינאַ, אָהאַיאָ, מישיגאַן, אינדיאַנאַ, אילליניאָיז.

מאָביל ענד אָהאַיאָ ריילראָוד (*Mobile and Ohio Railroad*):

מיססורי, אילליניאָיז, קענטאַקקי, טעננעססי מיססיססיפּי, אַלאַבאַמאַ.

מיין סענטראַל ריילראָוד (*Maine Central Railroad*):

מיין, ניו העמפשיר, ווערמאָנט, קוויבעק [קאַנאַדאַ].

מיננעאַפּאָליס, סיינט פּאָל ענד סאָלט סיינט מארי ריילוויי (*Minneapolis, St. Paul and Sault Ste. Marie Railway*):

מישיגאַן, וויסקאָנסין, מיננעסאָטאַ, נאָרטה דאַקאָטאַ.

מיננעאפאָליס ענד סיינט לואיס ריילראָוד (*Minneapolis and St. Louis Railroad*):

מיננעסאָטאַ, איאָווא, סאַוטה דאַקאָטאַ.

מיססורי, קאַנזאַס ענד טעקסאַס ריילוויי (*Missouri, Kansas and Texas Railway*):

מיססורי, קאַנזאַס, אינדיאַן טעררישאָרי, טעקסאַס.

מישיגאַן סענטראַל ריילראָוד (*Michigan Central Railroad*):

ניו יאָרק, אָנטאַריאָ [קאַנאַדאַ], מישיגאַן, אָהאַיאָ, אינדיאַנאַ, איללינאָיז.

מיססורי פּאַסיפיק ריילוויי (*Missouri Pacific Railway*):

מיססורי, קאַנזאַס, נעבראַסקאַ, קאָלאָראַדאָ, אינדיאַן טעררישאָרי, אַרקאַנזאַס, לואיזיאַנאַ.

נאָרטה־וועסטערן לאַין (*North-Western Line*):

איללינאָיז, מישיגאַן, וויסקאָנסין, איאָווא, נעבראַסקאַ, מיננעסאָטאַ, סאַוטה דאַקאָטאַ, נאָרטה דאַקאָטאַ, וואַיאָמינג.

נאָרטהערן פּאַסיפיק ריילוויי (*Northern Pacific Railway*):

וויסקאָנסין, מיננעסאָטאַ, נאָרטה דאַקאָטאַ, מאָנטאַנאַ, אַידאַהאָ, וואַשינגטאָן טעררישאָרי, אָרעגאָן, מאַניטאָבאַ [קאַנאַדאַ].

נאָרפאָלק ענד וועסטערן ריילוויי (*Norfolk aad Western Railway*):

מערילאַנד, וועסט ווירדזשיניאַ, ווירדזשיניאַ, נאָרטה קאַראָלאַינאַ, אָהאַיאָ.

נאַשוויל, טשאַטטאַנוגאַ ענד סיינט לואיס ריילוויי (*Nashville, Chattanooga and St. Louis Railway*):

דזשאָרדזשיאַ, אַלאַבאַמאַ, טעננעססי, קענטאַקקי.

ניו אינגלאַנד ריילראָוד (*New England Railroad*):

מאַססאַטשוזעטטס, רהאָוד אײלאַנד, קאָננעטיקאַט, ניו יאָרק.

ניו יאָרק, אָנטאַריאָ ענד וועסטערן ריילוויי (*New York, Ontario and Western Railway*):

ניו יאָרק, פּעננסילווייניאַ.

ניו יאָרק, טשיקאַגאָ ענד סיינט לואיס ריילראָוד (*New York, Chicago and St. Louis Railroad*):

ניו יאָרק, פּעננסילווייניאַ, אָהאַיאָ, אינדיאַנאַ, איללינאָיז.

ניו יארק, ניו הייווען ענד הארטפארד רייילראוד (*New York, New Haven and Hartford Railroad*):

מאססאטשוזעטטס, רהאוד איילאנד, קאננעטיקאט, ניו יארק.

ניו יארק, סוסקוועהאננא ענד וועסטערן רייילראוד (*New York, Susquehanna and Western Railroad*):

ניו דזשערזי און ניו יארק.

ניו יארק סענטראל ענד האדסאן ריווער רייילראוד (*New York Central and Hudson River Railroad*):

ניו יארק, ניו דזשערזי, פעננסילווייניא.

סאוטהערן פאסיפיק קאמפאני—סאנסעט, אגדען ענד שאסטא ראוטס (*Southern Pacific Co.—Sunset, Ogden and Shasta Routes*):

לואיזיאנא, טעקסאס, ניו מעקסיקא, אריזאנא, קאליפארניא, נעווארא, ארעגאן, יוטא.

סאוטהערן רייילוויי (*Southern Railway*):

ווירדזשיניא, נארטה קאראלאינא, סאוטה קאראלאינא, דזשארדזשיא, פלארידא, אלאבאמא, מיססיססיפפי, טעננעססי, קענטאקקי.

סאן אנטאניא ענד אראנסאס פאס רייילוויי (*San Antonio and Aransas Pass Railway*):

טעקסאס.

סיבאורד אייר לאין (*Seaboard Air Line*):

ווירדזשיניא, נארטה קאראלאינא, סאוטה קאראלאינא, דזשארדזשיא.

סיינט דזשאזעף ענד גראנד איילאנד רייילראוד (*St. Joseph and Grand Island Railroad*):

מיססורי, קאנזאס, נעבראסקא.

סיינט לואיס סאוטהוועסטערן רייילוויי סיסטעם (*St. Louis Southwestern Railway System*):

מיססורי, ארקאנזאס, לואיזיאנא, טעקסאס.

סיינט לואיס ענד סאן פראנסיסקא רייילראוד (*St. Louis and San Francisco Railroad*):

מיססורי, ארקאנזאס, קאנזאס, אינדיאן טערריטארי, טעקסאס

סינסיננאטי, האמילטאָן ענד דייטאָן ריילוויי (*Cincinnati, Hamilton and Dayton Railway*):

אָהאיאָ און אינדיאַנאַ.

סענטראל ווערמאָנט ריילראָוד (*Central Vermont Railroad*):

קאָננעטיקאָט, מאַססאַטשוזעטטס, ווערמאָנט, ניו יאָרק, קוויבעק [קאַנאַדאַ].

סענטראל פּאַסיפיק ריילראָוד (*Central Pacific Railroad*):

דזשאָרדזשיאַ און אַלאַבאַמאַ.

סענטראל ריילראָוד אָוו ניו דזשערזי (*Central Railroad of New Jersey*):

ניו יאָרק, ניו דזשערזי, פּעננסילווייניאַ.

פאָרט וואָירטה ענד דענווער סיטי ריילוויי (*Fort Worth and Denver City Railway*):

טעקסאַס.

פיטשבאָירג ריילראָוד (*Fitchburg Railroad*):

מאַססאַטשוזעטטס, ניו העמפּשיר, ווערמאָנט, ניו יאָרק.

פּלאָנט סיסטעם (*Plant System*):

סאָוטה קאַראָלאַינאַ, דזשאָרדזשיאַ, אַלאַבאַמאַ, פלאָרידאַ.

פלאָרידאַ סענטראל ענד פּענאינשולאר ריילראָוד (*Florida Central and Peninsular Railroad*):

סאָוטה קאַראָלאַינאַ, דזשאָרדזשיאַ, פלאָרידאַ.

פלינט ענד פּיר מארקעט ריילראָוד (*Flint and Pere Maquette Railroad*):

מישיגאַן.

פּעננסילווייניא ריילראָוד (*Pennsylvania Railroad*):

ניו יאָרק, ניו דזשערזי, פּעננסילווייניאַ, דעלאַווער, מאַרילאַנד, דיסטריקט אָוו קאָלאָמ-ביאַ, אָהאיאָ, אינדיאַנאַ, איללינאָיז.

קאַנאַדיען פּאַסיפיק ריילוויי (*Canadian Pacific Railway*):

ניו בראָנסוויק [קאַנאַדא], מיין, ווערמאָנט, קוויבעק [קאנאדא], אָנטאַריאָ [קאנאדא], מישיגאַן, מאַניטאָבאַ [קאנאדא], בריטיש קאָלאָמביאַ.

קאַנזאס סיטי, פאָרט סקאָטט ענד מעמפיס ריילראָוד (*Kansas City, Fort Scott and Memphis Railroad*):

אַלאַבאַמאַ, מיססיססיפּפּי, טעננעססי, אַרקאַנזאַס, מיססורי, קאַנזאַס.

קווין ענד קרעססענט ראוט (Queen and Crescent Route):

אָהאַיאָ, קענטאָקקי, טעננעססי, אַלאַבאַמאַ, מיססיססיפפי, לואיזיאַנאַ.

קליוולאַנד, סינסיננאַטי, טשיקאַגאָ ענד סיינט לואיס ריילוויי (Cleveland, Cincinnati, Chicago and St. Louis Railway):

אָהאַיאָ, אינדיאַנאַ, מישיגאַן, איללינאַיז.

ריאָ גראַנדע וועסטערן ריילוויי (Rio Grande Western Railway):

קאָלאָראַדאָ און יוטאַ.

רעדינג ריילראָוד סיסטעם—פילאַדעלפיאַ ענד רעדינג ריילראָוד (Reading Railroad System — Philadelphia and Reading Railroad):

ניו דזשערזי, פעננסילווייניאַ.

ווייטקייט צווישען ניו יאָרק און אַנדערע שטעדט.

דיא ווייטקייט צווישען ניו יאָרק און פערשיעדענע אַנדערע שטעדט און דיא צייט וואָס געדויערט צו פאָהרען מיט דיא שנעלסטע באַהנען.

אטלאנטא, דזשאָרדזשיא: 882 מייל; 24½ שטונדען.

אינדיאנאפאָליס, אינדיאַנא: 808 מייל; 23 שטונדען.

אָלבאני, ניו יאָרק: 142 מייל; 4½ שטונדען.

אָמאהא, נעבראַסקא: 1,383 מייל; 43 שטונדען.

באָיזע סיטי, אידאהאָ: 2,736 מייל; 92½ שטונדען.

באלטימאָר, מארילאנד: 188 מייל; 6 שטונדען.

באָסטאָן, מאססאטשוזעטס: 217 מייל; 7 שטונדען.

באָפפאלאָ, ניו יאָרק: 410 מייל; 11½ שטונדען.

ביסמארק, נאָרטה דאקאָטא: 1,738 מייל; 60½ שטונדען.

גאלוועסטאָן, טעקסאס: 1,789 מייל; 56½ שטונדען.

דזשאַקסאָנווילל, פלאָרידא: 1,077 מייל; 31½ שטונדען.

דיטראָיט, מישיגאַן: 743 מייל; 25 שטונדען.

דעדוואוד, סאוטה דאַקאָטא: 1,957 מייל; 65½ שטונדען.

דעזמאָינז, איאָווא: 1,257 מייל; 37½ שטונדען.

דענווער, קאָלאָראַדאָ: 1,930 מייל; 60½ שטונדען.

האַט ספּרינגז, אַרקאַנזאַס: 1,367 מייל; 55 שטונדען.

האַרטפאָרד, קאָננעטיקאַט: 112 מייל; 4 שטונדען.

האַררישבאָרג, פּעננסילווייניא: 182 מייל; 6 שטונדען.

הווילינג, וועסט ווירדזשיניא: 496 מייל; 16½ שטונדען.

העלענא, מאָנטאַנא: 2,423 מייל; 89 שטונדען.

וואשינגטאָן, דיסטריקט אָוו קאָלאָמביא: 228 מייל; 6½ שטונדען.

ווילמינגטאָן, דעלאַווער: 117 מייל; 5 שטונדען.

ווילמינגטאָן, נאָרטה קאַראָלאַינא: 593 מייל; 20 שטונדען.

וויניטא, אינדיאַן טערריטאָרי: 1,412 מייל; 42 שטונדען.

וויקסבאָרג, מיססיססיפּפּי: 1,288 מייל; 50 שטונדען.

טאָפּעקא, קאַנזאַס: 1,370 מייל; 40 שטונדען.

טאַקאָמא, וואַשינגטאָן טערריטאָרי: 3,209 מייל; 127 שטונדען.

טרענטאָן, ניו דזשערזי: 57 מייל; 2 שטונדען.

טשאַטטאַנוגא, טעננעססי: 853 מייל; 32 שטונדען.

טשארלזטאָן, סאוטה קאַראָלאַינא: 804 מייל; 21½ שטונדען.

טשיקאַגאָ, איללינאָיז: 900 מייל; 25 שטונדען.

טשעיענן, וואַיאָמינג: 1,899 מייל; 56 שטונדען.

לואיסוויל, קענטאַקקי: 854 מייל; 34 שטונדען.

מאָנטגאָמערי, אַלאַבאַמא: 1,057 מייל; 30½ שטונדען.

מאָנטפּעליער, ווערמאָנט: 327 מייל; 10½ שטונדען.

מילוואַקי, וויסקאָנסין: 985 מייל; 29¼ שטונדען.

מעמפיס, טעננעססי: 163 מייל; 40 שטונדען.

ניו אָרלינז, לואיזיאַנא: 1,344 מייל; 40 שטונדען.

סאוואננא, דזשאָרדזשיא: 905 מייל: 26 שטונדען.

סאָלט לייק סיטי, יוטא: 2,452 מייל; 71½ שטונדען.

סאן פראנסיסקאָ, קאַליפאָרניא: 3,250 מייל; 124½ שטונדען.

סיינט לואיס, מיססורי: 1,048 מייל; 29 שטונדען.

סיינט פאָל, מיננעסאָטא: 1,300 מייל; 37 שטונדען.

סינסיננאטי, אָהאיאָ: 744 מייל; 23½ שטונדען.

פאָרטלאנד, אָרעגאָן: 3,181 מייל; 114¼ שטונדען.

פאָרטלאנד, מיין: 325 מייל; 12 שטונדען.

פיטטסבאָירג, פעננסילווייניא. 431 מייל; 13 שטונדען.

פילאדעלפיא, פעננסילווייניא: 90 מייל; 3 שטונדען.

פראָווידענס, רהאָוד אילאנד: 189 מייל; 6 שטונדען.

פרעסקאָטט, אריזאָנא: 2,724 מייל; 94 שטונדען.

קאָלאָמבאָס, אָהאיאָ: 624 מייל; 20 שטונדען.

קאנזאס סיטי, מיססורי, 1,302 מייל; 38¼ שטונדען.

קאָנקאָרד, ניו העמפשיר: 292 מייל; 9½ שטונדען.

קארסאָן סיטי, נעווואדא: 3,036 מייל; 109 שטונדען.

קייפ מיי, ניו דזשערזי: 172 מייל; 6 שטונדען.

קליוולאנד, אָהאיאָ: 568 מייל; 19½ שטונדען.

ריטשמאָנד, ווירדזשיניא: 344 מייל; 11¼ שטונדען.

ווייטקייט צווישען ניו יארק און אויסלענדישע שטעדט

און דיא צייט וואס דויערט אהין צו געהן.

אדעלייד (אויסטראליען), דורך סאן פראנסיסקא: 12,845 מייל; 34 טעג.

אטהענס (גריעכענלאנד), דורך לאנדאן: 5,655 מייל; 14 טעג.

אלעקסאנדריא (עגיפטען), דורך לאנדאן: 6,150 מייל; 15 טעג.

אמסטערדאם (האללאנד), דורך לאנדאן: 3,985 מייל; 10 טעג.

אנטווערפּ (האללאנד), דורך לאנדאן: 4,000 מייל; 10 טעג.

באהיא (בראזיליען): 5,870 מייל; 21 טעג.

באטאוויא (יאווא), דורך לאנדאן: 21,800 מייל; 41 טעג.

באמביי (אינדיען), דורך לאנדאן: 9,765 מייל; 27 טעג.

באנגקאק (סיאם), דורך סאן פראנסיסקא: 12,990 מייל; 43 טעג.

בוענאס איירעס (ארגענטינא): 8,054 מייל; 29 טעג.

בערלין, דורך לאנדאן: 4,385 מייל; 10 טעג.

ברעמען, דורך לאנדאן: 4,235 מייל; 10 טעג.

גלאזגאו (שאטלאנד): 3,375 מייל; 10 טעג.

האוואנא (קובא): 1,413 מייל; 3 טעג.

האליפאקס (קאנאדא): 645 מייל; 2 טעג.

האמבורג, דורך לאנדאן: 4,340 מייל; 10 טעג.

האנאלולו (האוואאי), דורך סאן פראנסיסקא: 5,645 מייל; 13 טעג.

האנג־קאנג (כינא), דורך סאן פראנסיסקא: 10,590 מייל; 25 טעג.

וואלפּאראאיסא (טשילי, זיד־אמעריקא), דורך פּאנאמא: 5,910 מייל; 37 טעג.

ויען (עסטרייך), דורך לאנדאן: 4,740 מייל; 12 טעג.

יאָקאָהאַמאַ (יאַפּאַן), דורך סאַן פֿראַנסיסקאָ : 7,348 מייל ; 20 טעג.

לאָנדאָן (ענגלאַנד), דורך קוּווינזטאַון : 3,740 מייל ; 8 טעג.

ליווערפּוּל (ענגלאַנד): 3,540 מייל : 8 טעג.

מאַדריד (שפּאַניען), דורך לאָנדאָן : 4,925 מייל ; 11 טעג.

מעלבוּרן (אוּיסטראַליען), דורך סאַן פֿראַנסיסקאָ : 12,265 מייל ; 32 טעג.

מעקסיקאָ סיטי, פֿער אייזענ־באַהן : 3,750 מייל ; 7 טעג.

סאַנקט־פּעטערסבוּרג (רוסלאַנד), דורך לאָנדאָן : 5,370 מייל ; 12 טעג.

סטאָקהאָלם (שוויידען), דורך לאָנדאָן : 4,975 מייל ; 12 טעג.

סידני (אוּיסטראַליען), דורך סאַן פֿראַנסיסקאָ : 11,570 מייל ; 31 טעג.

פּאַנאַמאַ (אַמעריקאַ) : 2,355 מייל ; 7 טעג.

פּאַריז (פֿראַנקרייך) : 4,020 מייל ; 8 טעג.

פֿלאָרענץ (איטאַליען), דורך לאָנדאָן : 4,800 מייל ; 11 טעג.

קאַלקוּטאַ (אינדיען), דורך לאָנדאָן . 11,120 מייל ; 30 טעג.

קאָנסטאַנטינאָפּעל (טירקיי), דורך לאָנדאָן : 5,810 מייל ; 14 טעג.

קייפּ טאַוון (זיד־אַפֿריקאַ), דורך לאָנדאָן : 11,245 מייל ; 30 טעג.

ראָטטערדאַם (האָללאַנד), דורך לאָנדאָן : 3,935 מייל ; 10 טעג.

ראָם (איטאַליען), דורך לאָנדאָן : 5,030 מייל ; 11 טעג.

ריאָ דע זשאַנייראָ (בראַזיליען) : 6,204 מייל ; 25 טעג.

שאַננהאַי (כינאַ), דורך סאַן פֿראַנסיסקאָ: 9,920 מייל ; 25 טעג.

יונאַיטעד סטייטס פּאַספּאָרט.

פּאַספּאָרטען ווערען אין דיא פעראייניגטע שטאַאטען הערויסגעגעבען נאָר צו בירגער (סיטיזענס). דער וואָס איז א געבאָרענער בירגער דאַרף בלויז האָבען א בעשטעטיגונג פון א נאָטאַר אָדער א פריעדענס ריכטער (דזשאָסטיס אָוו פּיס); דער וואָס איז א געוואָרענער (נאַטוראַליזירטער) בירגער דאַרף צושיקען זיין בירגער־שיין, וועלכען ער קריעגט צוריק פון אָפּפיס מיט'ן פּאַספּאָרט צוזאַמען, און דאַרף האָבען א בעשטעטיגונג פון א נאָטאַר, דאס ער איז דיא פּערזאָן, צו וועמען דער סערטיפיקייט געהערט. דיא אונטערשריפט פון דער ביט־שריפט (אַפּפּליקיישאָן) דאַרף ריבטיג שטימען מוט זיין נאָמען אין דעם בירגער־שיין.

יעדער אַפּפּליקאַנט דאַרף אנגעבען זיין בעשעפטיגונג און דעם אָרט וואו ער וואוינט, און ערקלערען, דאס ער געהט נאך אויסלאַנד בלויז פיר א צייט און דאס ער רעכענט זיך צוריקצוקעהרען אין דיא פעראייניגטע שטאַאטען צו ערפילען זיינע פליכטען אלס בירגער.

דיא פרוי אָדער דיא אלמנה פון א נאַטוראַליזירטען בירגער דאַרף צושיקען דעם בירגער־שיין פון איהר מאַן מיט דער בעשטעטיגונג פון א נאָטאַר, דאס זיא איז דיא פרוי אָדער אלמנה פון דער פּערזאָן, וועמען דער שיין איז הערויסגעגעבען געוואָרען. דיא קינדער פון א נאַטוראַליזירטען בירגער דאַרפען צושיקען דעם בירגער־שיין פון זייער פאָטער מיט דער בעשטעטיגונג פון א נאָטאַר, דאס זייא זיינען דיא קינדער פון דער פּערזאָן, וועמען דער בירגער־שיין איז הערויסגעגעבען געוואָרען, און דאָס זיי זיינען געווען מינדער־יעהריג, ווען זייער פאָטער איז געוואָרען א בירגער.

אין יעדען פאַל דאַרף דער אַפּפּליקאַנט געבען א שבועה, פאַר א נאָטאַר אָדער א פריעדענס־ריכטער, דאס ער איז טריי צו דיא פעראייניגטע שטאַאטען.

אין דער ביטשריפט דאַרף דיא פּערזאָן אָנגעבען דיא פאָלגענדע קען־צייכענס (פּרימעטעס): דיא יאהרען, דיא הויך, דיא געשטאַלט פון שטערן, קאָלאָר פון דיא אויגען, דיא פאָרם פון נאַז, פון מויל, פון קינ־באַק, קאָלאָר פון דיא האָאָר, דיא געזיכטס פאַרב און אַן אלגעמיינע בעמערקונג וועגען דעם געזיכט.

ווען דער אפפליקאנט וויל פאהרען מיט זיין פרויא און מינדער־יעהרינע קינ־דער, אדער דיענסטען, דארף ער בלויז אנגעבען דיא נעמען און דיא יאהרען פון דיזע פערזאנען, און דאן וועט הערויסגעגעבען ווערען איין פאספארט פיר אלעמען. אנדערע פערזאנען, וואס פאהרען מיט, דארפען האבען בעזונדערע פאספארטען.

דיא קאסט פון א פאספארט איז 1 דאללאר; געלד דארף צוגעשיקט ווערען גלייך מיט דער אפפליקיישאן.

א פאספארט דיענט פיר צווייא יאהר פון דער דאטע, וואס ער ווערט הע־רויסגעגעבען, ניט לענגער, אבער מען קען איהם בענייען בייא דיא קאנסלען אין אויסלאנד.

אפפליקיישאנס דארפען זיין אדרעסירט:

Department of State, Passport Division, Washington D. C.

אן אפפליקיישאן בלענק ווערט געשיקט צו יעדען, וואס וויל פיר זיך הערויס־נעהמען א פאספארט, ווען ער שרייבט צום סטייט דעפארטמענט (אויף דיא גע־געבענע אדרעסע) און מעלדעט וואס פיר א בירגער ער איז—א געבארענער אדער א נאטוראליזירטער.

פּערטער טהײל.

מוסטערן צום שרײבען.

I. דער אײ-בי-סי.

Aa Bb Cc Dd Ee Ff Gg Hh

אײטש דזשי עף אי די סי בי אײ.

Ii Jj Kk Ll Mm Nn Oo Pp

פּי אָ ען עם על קײ דזשײ אײ

Qq Rr Ss Tt Uu Vv Ww Xx

עקס דאָבּל-יו װי יו טי עס אַר קיו

Yy Zz

זעד אואַי

II. אָבשטעל-צײכענס.

, ; : . — " ' ? !

III. ציפער.

1 2 3 4 5 6 7 8 9 0

IV. נעמען פון פּערזאָנען.

1) מענליכע נעמען.

Aaron, Bernard, Charles, David,
Edward, Frank, George, Henry,
Isaac, Jacob, Kasimer, Leon, Moses,
Nathan, Oscar, Philip, Robert,
Solomon, Theodore, Ulysses, Victor,
William

2) ווייבליכע נעמען.

Anna, Bertha, Clara, Deborah,
Emma, Flora, Grace, Helen, Isabella,
Jane, Katie, Leah, Minnie, Nellie,
Olivia, Paulina, Rebecca, Sarah,
Victoria

V. פאָרמולאַרען.

1) פון אַ וועקסעל.

New York, August 1, 1896
Four months after date, for value

received, I promise to pay J. Levin, Eight Hundred Dollars, with interest

R. Gross.

(איבערזעצונג.)

פיער מאָנאט נאָך דאטאָ פערשפרעך איך צו צאָהלען צו י. לעווין דיא סומע פון אכט הונדערט דאָללאר, מיט פראָצענט, דעם ווערטה פון דיזע נעלד ערהאלטען.

---

2) פון אַ קוויטונג אויף רעכנונג.

New York, August 1, 1896.

Received of H. Williams, Sixty-four Dollars on account.

I. Wood.

(איבערזעצונג.)

ערהאלטען פון ה. וויליאמז פיער און זעכציג דאָללאר אויף רעכנונג.

---

3) פון אַ קוויטונג פיר דעם פולען בעטראַג.

New York, August 5, 1896.

Received of Ch. Belamy, Two

Hundred Dollars in full of all demands
to date. *S. Morton.*

(איבערזעצונג.)

ערהאַלטען פון טיט. בעלאָמי דיא פולע סומע פון צוויִיא הונדערט דאָללאָר
און האָב קיינע פאָרדערונגען ביז דאַטאָ.

---

4) צו אַ גאַז־קאָמפאַניע וועגען עפנען דעם גאַז.

New York, May 2, 1896.
To the Consolidated Gas Company.
Gentlemen: — Please send a man
to open the gas=meter at 75 Madison
St., Rooms No. 4.
S. Brooks.

(איבערזעצונג.)

מיינע הערען: — זייט אַזוי גוט, שיקט אַ מאַן צו עפנען דעם גאַז־מעטער
אין 75 מעדיסאָן סטריט, צימערן נומ. 4.

---

5) וועגען פערריכטען דיא גאַז־רעהרען.

New York, Sept. 6, 1896.
To the Consolidated Gas Company.
Gentlemen: — Please send a man

to stop leaks in gas-pipes, at 64 Henry St., Rooms No. 9.

I. Brooks.

(איבערזעצונג.)

מיינע העררען: — זייט אזוי גוט שיקט א מאן צו פערשטאַפּען דיא פל־
סונגען אין דיא גאַדרעהרען אין 64 הענרי סטריט, צימערן נומ. 9.

---

6) וועגען צומאַכען און עפנען דעם גאַז.

New York, Oct. 10, 1896.

To the Consolidated Gas Company.

Gentlemen: — Please send a man to close the gas-meter at 64 Madison Street, Rooms No. 9, and to open same at my new residence, 93 Jefferson St., Rooms No. 7.

S. Rrooks.

(איבערזעצונג.)

מיינע העררען: — זייט אזוי גוט, שיקט א מאן צו פערמאַכען דעם גאַז
מעטער אין 64 מעדיסאַן סטריט, צימערן נומ. 9, און צו עפנען דעם ועלבען אין
מיין נייער וואוינונג, 93 דזשעפפערסאַן סטריט, צימערן נומ. 7.

VI. אַדרעסען.

1) אַדרעס צו אַ מאַן.

Mr. J. Davidson,
110 River Street,
Troy, N. Y.

2) אַדרעס צו אַ פרוי.

Mrs. Rebecca Davidson,
64 Chestnut Street,
Philadelphia, Pa

3) אַדרעס צו אַ פרײלײן.

Miss Annie Goodman,
10 Lombart Street,
Baltimore, Md.

VII. קורצע בריעף.

New York, Oct. 2, 1896.

Dear Charles:—

Please inform me when and by

what railroad line you will arrive in New Jersey; I wish to meet you at the depot.

Yours,

I. Gordon.

(איבערזעצונג.)

זיי אזוי גוט לאָז מיך וויסען ווען און מיט וועלבער אייזענ־באהן ליניע דוא וועסט אָנקומען אין ניו דזשערזי; איך וויל דיר העריויסגעהן ענטגעגען אויפ'ן וואקזאל.

Chicago, Nov. 6, 1896.

Mr. D. Abrahams,

City.

Dear Sir:—

Kindly send my order by to-morrow. I will send you check immediately after receipt of goods.

Yours truly,

A. Bernards.

(איבערזעצונג.)

זייט אזוי גוט און שיקט מיין בעשטעלונג ביז מאָרגען. איך וועל אייך שיקען א טשעק (באנק־אָנווייזונג) גלייך נאָך דעם וויא איך וועל ערהאלטען דיא וואארע.

Philadelphia, Oct. 9, 1896.

Mr. N. Pearls,

Baltimore.

Dear Sir: —

Please send me check for goods sent to you last week.

I expect more orders from you.

Yours respectfully,

M. Daniel.

(איבערזעצונג.)

זייט אַזוי גוט שיקט מיר אַ טשעק פיר דיא וואַארע, וואָס איז אייך געשיקט געוואָרען פאָריגע וואָך.

איך ערוואַרט נאָך בעשטעלונגען פון אייך.

אנדערע מוסטערן צום שרייבען.

Sir :—

I have been informed that you give large orders for cloth, and having a large assortment of the article, I think that I can fully satisfy you, and beg leave to offer you my services. I should be happy if you would honor me with a trial order.

Hoping that I shall soon receive your answer with an order, I remain

Your obedient servant.

‎(דיא איבערזעצונג פון דיזען אויפזאץ געפינט זיך אויף זייטע 56,
‎נומער 6.)

Sir :—

I have received yours of the 18th inst., with your invoice and bill of lading enclosed. I remit you, by this mail, a bill of exchange upon Messrs. Davis and Co. for $450, and beg you will send me at your earliest conve= nience 45 pieces of cloth about $1.25 a yard, and 15 pieces of lining at 15 or 20 cts. a yard, leaving to you the selection of the same.

I remain,

Respectfully yours.

(איבערזעצונג אויף זייטע 56, נומער 8.)

Dear Sir :—

While I must confess that the goods received from you up to May last were as good as I wished them to be, I am sorry to be compelled to tell you that the last three parcels sent are so bad that in offering them to my customers I would surely injure my business. Under these circumstances you can easily understand that unless you send me proper goods in exchango of them, I must withdraw my correspondence and establish a connection with another firm.

Your immediate answer will oblige

Yours respectfully,

Aaron Sachs.

(איבערזעצונג אויף זייטע 64, נומער 17.)

Dear Sir :—

It is of great consequence to me, to have in ten days the small sum of $125, to be able to fulfil my engagements towards Messrs. Smith & Co. The confidence of this firm is of great importance to me, as my whole business depends upon them. You will therefore oblige me by assisting me with the above sum for six weeks. Please favor me with an early reply.

Yours trully,

Abraham Simons.

(איבערזעצונג אויף זייטע 82, נומער 44.)

Dear Sir :—

I must confess that at this moment I find it difficult to fulfil your wish; but to give you a proof of the confidence which I place in your punctuality, I send you enclosed an order for $125.

Respectfully.

(איבערזעצונג אויף זייטע 82, נומער 45.)

Dear Sir :—

You would oblige me much by lending me sixty dollars for five weeks. If you wish, I can give you good security, and shall return the money punctually at the expiration of that time.

Yours truly.

(איבערזעצונג אויף זייטע 84, נומער 47.)

Dear Sir :—

I am happy to be able to comply with your request. I require no security, your word is sufficient. As I have the ready money with me, you can call for it when you wish.

Yours &c.

(איבערזעצונג אויף זייטע 84, נומער 48.)

Dear Sir :—

I have always made it a principle in life never to borrow or lend money. I there= fore trust you will excuse my conduct which may seem harsh on my part, but which I have ever found to be the safest and the kindest course for all parties.

I remain,

Yours very faithfully.

(איבערזעצונג אויף זייטע 84, נומער 49.)

Sir :—

A heavy misfortune in my family, and the failure of several of my customers, oblige me to ask you to prolong my terms of payment for about six months, and request you to obtain for me from the rest of my creditors a similar delay. You know my character. I have always acted honestly and conscientiously towards my business friends, and therefore believe to merit some consideration.

Assuring you that you and all the rest of my creditors will be satisfied at the expiration of the said term.

I remain,

Most respectfully.

(איבערזעצונג אויף זייטע 80, נומער 41.)

Sir :—

    The news of your embarrassment has indeed given me much trouble, and I thought it my duty to do all I could to assist you.

    I have agreed with the rest of your creditors to allow you twelve months' time.

                I remain,

                    Yours truly.

(איבערזעצונג אויף זייטע 80, נומער 42.)

Sir :—

    I am sorry to inform you that I cannot consent to your request.

    Your creditors held a meeting last night and resolved to allow you one month longer to meet your engagements. If at the expiration of that time their claims are not satisfied, they will have recourse to the law.

                I remain,

                    Yours truly.

(איבערזעצונג אויף זייטע 80, נומער 43.)

Dear Sir :—

It is great consequence to me to have in ten days the small sum on $125, to be able to fulfil my engagements towards Messrs. Smith & Co. The confidence of this firm is of great importance to me, as my whole business depends upon them. You will there= fore oblige me by assisting me with the above sum for six weeks. Please favor me with an early reply.

Yours truly.

(איבערזעצונג אויף זייטע 82, נומער 44.)

Dear Sir :—

I must confess that at this moment I find it difficult to fulfil your wish; but to give you a proof of the confidence which I place in your punctuality, I send you enclosed an order for $125.

Respectfully.

(איבערזעצונג אויף זייטע 82, נומער 45.)

Dear Sir :—

At this moment I find it impossible to advance you the sum you ask me for in your letter of yesterday. I am at present so short of cash that I can scarcely pay the current expenses of my business. I hope that my refusal will not embarras you, but that you will find the necessary assistance with some other friends.

Yours most respectfully.

(איבערזעצונג אויף זײטע 82, נומער 46.)

Dear Sir :—

You would oblige me much by lending me sixty dollars for five weeks. If you wish, I can give you good security, and shall return the money punctually at the expiration of that time.

Yours truly.

(איבערזעצונג אויף זײטע 84, נומער 47.)

Chicago, April 10, 1899.

Dear Sir :—

I take the liberty of informing you that I have this day established a wholesale dry=goods business, and beg leave to solicit your orders, which will be executed with the utmost care and punctuality.

Hoping you will favor me with your orders, I beg leave to hand you inclosed my price=current, which will no doubt induce you to do business with me.

As to any inquiries you might wish to make, I refer you to Messrs. Hay & Brown, who will be ready to give you any information.

Your obedient servant.

(איבערזעצונג אויף זייטע 88, נומער 52.)

Chicago, April 10, 1899.

Dear Sir :—

We beg leave to inform you that we have established on this day, in this place, a wholesale dry-goods business, under the firm of Block & Co.

Business relations with New York enable me to offer a well assorted stock of the newest and most tasteful articles in the above line of business.

Our capital is such that we can allow our friends, us to prices and terms, all possible advantages. We therefore take the liberty of soliciting your orders.

To merit the confidence which may be hlaced in us, will be always our earnest endeavor.

Most respectfully.

(איבערזעצונג אויף זייטע 88, נומער 53.)

Dear Sir :—

I fulfil the painful duty to announce to you the death of Mr. Jacob Hart of this place.

At the same time I beg leave to inform you that I have purchased from the heirs the leather business hitherto carried on by the deceased with all its debts, and that I shall conduct the same without any alteration, but under the firm of H. Moss.

The confidence, which you have placed in the deceased, please to transfer to his successor, who will do his utmost to deserve it.

Please to note my signature and be= lieve me.

Most respectfully.

(איבערזעצונג אויף זייטע 92, נומער 56.)

Dear Sir :—

After a peried of many years, which I have continually devoted to business, it is my intention to retire from business. I have therefore, on this day, transferred the whole of my business with all its debts, to my son Samuel Baker, who for the last ten years has been my assistant.

Thanking you for the friendship and kindness, which you have shown to me, I request you to extend same to my son, who will continue the business without the least alteration for his own account.

I remain, with sincere regard.

Your obedient servant.

(איבערזעצונג אויף זייטע 96, נומער 61.)

Gentlemen :—

Perceiving by your advertisement in the Herald of Saturday that you are in want of a clerk, I beg to inclose testimonials, and venture to hope that from my previous experience in the line of business you pursue, I should be of some use in your establishment. My habits of life are such as to assure regularity in the discharge of my duties, and I can only assure you that, should you honor me with your confidence, I shall spare no pains to acquit myself to your satisfaction.

I remain, Gentlemen,

Your obedient servant.

(איבערזעצונג אויף זייטע 96, נומער 62.)

Gentlemen :—

In answer to your question as to the salary I should expect, I beg to express my perfect satisfaction with the offer you propose, and can assure you that, should we ultimately come to terms, no pains will be spared on my part to deserve the confidence imposed in me. With regard to the guarantee required, Mr. Samson's name will, I trust, be satisfactory.

I remain, Gentlemen,

Your obedient servant.

(איבערזעצונג אויף זייטע 98, נומער 63.)

Dear Sir :—

A man by the name Myers, called upon me to=day and asked employment in the capacity of a clerk. As he tells me that he was formerly engaged by you, you would oblige me by informing me whether he is trustworthy, and if you think he would answer my purpose.

Yours truly.

(איבערזעצונג אויף זייטע 98, נומער 64.)

Dear Sir :—

Mr. Myers, about whom you make inquiries, was eight years in my employ, and always behaved to my entire satisfaction. With pleasure I answer for his character, and recommend him as a man of ability.

Yours truly.

(איבערזעצונג אויף זייטע 98, נומער 65.)

My Dear Sir :—

Allow me to introduce to you my friend, David Burger, a distinguished teacher of this place. Any attention you may be able to show him will be a personal favor.

Yours most truly.

(איבערזעצונג אויף זייטע 100, נומער 67.)

To whom it may concern :—

The bearer, Mr. David Burger, is well known to us as a very estimable young man, possessing qualifications which will render him serviceable in any position of trust. He is a thorough bookkeeper and familiar with several modern languages. We will cheerfully answer to all inquiries about him.

Brown & Samson.

(איבערזעצונג אויף זייטע 100, נומער 68.)

Dear Sir :—

As I intend to set off within a few days for Baltimore, I respectfully request you to give me a letter of recommendation to Mr. Jacob Green, your friend, whose acquaintance will prove very useful to me.

I am, dear Sir, yours, &c.

(איבערזעצונג אויף זייטע 102, נומער 69.)

Sir :—

I wish you would kindly let me know the day and hour I may call on you, in order to present to you the letter of re=commendation which Mr. Johnson, of New York, gave me to you.

I have the honor to be, Sir,

Your most obedient servant.

(איבערזעצונג אויף זייטע 102, נומער 70.)

Esteemed Sir:—

Feeling desirous of obtaining a situa-tion as a conductor in the service of the Elevated Railway Company, for which I believe myself fully competent, I refer you to the enclosed letter of recommenda-tion from Mr. Henry George in my favor, which I hope may prove satis-factory.

Should I, by your kind assistance, obtain the situation I seek I will be most grateful to you.

I remain, esteemed Sir,

Your humble servant.

(איבערזעצונג אויף זייטע 102, נומער 71.)

Dear Father :—

I consider it one of the principal duties of my life to express to you my filial veneration. Your birthday again offers me one of these opportunities, and I avail myself of it to send you, in the accom= panying parcel, a trifling testimonial of my sincere respect and filial affection. May I see you celebrate your birthday in old age, and may health and contentment be your portion to the end of your days.

Your obedient son.

(איבערזעצונג אויף זייטע 106, נומער 2.)

Dear Uncle :—

I beg you to accept, in your approach=ing birthday, the assurance of my sin=cerest love and respect. You have given me so many proofs of your kindness, have so often assisted me, that I should be void of all feeling, if I did not acknowledge how happy I am to be one of your rela=tives. May you live to an old age, and may you celebrate this festive day for many, many years to come.

Your nephew.

(איבערזעצונג אויף זייטע 108, נומער 5.)

Dear Friend :—

Congratulations on the return of a birth=day may be looked upon as a custom, but you know that it is not in this spirit that I write to you. It is not because it is fashionable, but because my heart impels me, that I write to you to=day. May you enjoy health, contentment and happiness to the end of your days, and continue to entertain for me that friend= ship which is one of my greatest blessings.

Your affectionate friend.

(איבערזעצונג אויף זייטע 110, נומער 8.)

Dear Charles :—

What would I not give, if on the anniversary of your birth-day, love would lend me wings to fly to you! How happy am I, that I know you to be mine. This conviction fills my heart with joy and urges me to send you my best wishes for your health and happiness. Accept also the little present which accompanies these lines, my own hands have made it. I know it will be dear to you. That you may soon return is the wish of

Your Annie.

(איבערזעצונג אויף זייטע 112, נומער 10.)

Dear Sir :—

I have been most agreeably surprised to-day by your letter which informs me that your lady has presented you with a little boy, asking me at the same time to be present at the entertainment which will be given by you in honor of the occasion. This proof of your confidence I value highly and shall not fail to call at your house at the appointed time.

With my best wishes for the health of your lady and the infant, I remain

Yours respectfully

(איבערזעצונג: אויף זייטע 120 נומער 18.)

My dear Son :—

.I thank you for your kind wishes
on my birth=day; they spring from your
heart. As long a life as you wish for me,
I do not desire, but I wish much to live
to see you provided for, that our family
may have a new support in you, if I
should be called away.

You may expect from me all that I
can do for your real interest.

Your affectionate father.

(איבערזעצונג אויף זייטע 122, נומער 20.)

	DATE DUE		